LES CARRÉS DCG 10

10e éd.
2019-2020

Pascale Recroix

COMPTABILITÉ APPROFONDIE

Gualino une marque de Lextenso

Pascale Recroix est Professeur en classes préparatoires au DCG. Elle enseigne le droit fiscal (UE 4), la finance d'entreprise (UE 6), la comptabilité (UE 9) et la comptabilité approfondie (UE 10).

Dans la même collection :

- DCG 1 Fondamentaux du droit, 4e éd. 2019-2020 (L. Simonet).
- DCG 2 Droit des sociétés et des groupements d'affaires, 8e éd. 2019-2020 (L. Simonet).
- DCG 3 Droit social, 1re éd. 2019-2020 (L. Morel-Pouliquen).
- DCG 4 Droit fiscal, 1re éd. 2019-2020 (P. Recroix).
- DCG 5 Économie contemporaine, 1re éd. 2019-2020 (H. Kontzler et A. Reichart).
- DCG 6 Finance d'entreprise, 9e éd. 2019-2020 (P. Recroix).
- DCG 6 Exercices corrigés de Diagnostic financier de l'entreprise, 1re éd. 2019-2020 (P. Recroix).
- DCG 7 Management, à paraître.
- DCG 8 Systèmes d'information de gestion, 5e éd. 2019-2020 (L. Monaco).
- DCG 9 Comptabilité, 1re éd. 2019-2020 (P. Recroix).
- DCG 9 Exercices corrigés de Comptabilité, 1re éd. 2019-2020 (P. Recroix).
- DCG 10 Comptabilité approfondie, 10re éd. 2019-2020 (P. Recroix).
- DCG 10 Exercices corrigés de Comptabilité approfondie, 8e éd. 2019-2020 (P. Recroix).
- DCG 11 Contrôle de gestion, 8e éd. 2019-2020 (C. Baratay et L. Monaco).
- DCG 11 Exercices corrigés de Contrôle de gestion, 6e éd. 2019-2020 (C. Baratay).
- DCG 12 Anglais des affaires, à paraître.
- DCG 13 Communication professionnelle, à paraître.

70, rue du Gouverneur général Éboué
21131 Issy-les-Moulineaux cedex
ISBN 978 - 2 - 297 - 07538 - 1
ISSN 2269-2304

Suivez-nous sur www.gualino.fr

Contactez-nous sur **gualino@lextenso.fr**

Le concept

À l'occasion de la mise en application à la rentrée 2019 des **nouveaux programmes** des différentes UE (unités d'enseignement) du **Diplôme de comptabilité et de gestion** (DCG), la collection « **Les Carrés DCG** » se renouvelle :

– chaque livre est **structuré en conformité avec le nouveau programme** de chaque UE et correspond à une unité d'enseignement qui donne lieu à **une épreuve** ;

– la pédagogie tient compte des notions nouvelles introduites dans les programmes : **compétences attendues, savoirs associés, guides pédagogiques** ;

– ainsi, chaque livre est un **véritable manuel synthétique d'acquisition des connaissances** ; son contenu est :

- **plus développé** : les étudiants peuvent apprendre leur cours et acquérir les compétences ainsi que les savoirs associés,
- **plus complet** : le cours est enrichi d'applications corrigées pour mettre en pratique les compétences acquises. Un cas final conforme à l'examen est présenté à la fin de l'ouvrage pour que l'étudiant soit prêt le jour de l'épreuve,
- **plus visuel** : les maquettes sont modernisées pour être plus aérées et plus attractives ;

– il est **à jour de l'actualité la plus récente.**

Le présent ouvrage est tout entier consacré à l'**UE 10 « Comptabilité approfondie »** et à l'épreuve correspondante : épreuve écrite portant sur l'étude d'une ou de plusieurs situations pratiques avec, le cas échéant, une ou plusieurs questions.

Vous trouverez dans les pages suivantes (4 à 6) **le programme officiel de l'UE 10 ainsi que le sommaire** de ce manuel synthétique d'acquisition des connaissances. Vous pourrez ainsi facilement naviguer dans ce livre et trouver, à tout instant, les connaissances recherchées.

Rappelons que les UE 9 « *Comptabilité* », UE 10 « *Comptabilité approfondie* », UE 11 « Contrôle de gestion » et l'UE 6 « *Finance d'entreprise* » constituent l'**axe 2 « Gestion comptable et financière »** et ont pour objet de permettre au titulaire du DCG de disposer d'une démarche et des outils nécessaires pour enregistrer l'information comptable et financière, pour réaliser une analyse de la situation d'une organisation et disposer d'éléments d'aide à la prise de décision.

Programme officiel de l'UE 10 - Comptabilité approfondie

Niveau L : 170 heures – 14 ECTS

L'UE de « comptabilité approfondie », dans la continuité de l'UE de « comptabilité », vise à compléter et approfondir les notions comptables de base.

1 - PROFESSION ET NORMALISATION COMPTABLE (15 heures)

Sens et portée de l'étude : Connaître les enjeux actuels de la comptabilité à travers la présentation de la profession comptable et de la normalisation comptable.

1.1 - Profession comptable

Sens et portée de l'étude : Positionner le rôle de la profession comptable au sein du monde économique.

Compétences attendues	Savoirs associés
– Identifier les modalités d'exercice de la profession, ses missions et ses responsabilités. – Expliquer les rôles des organisations professionnelles et le statut de leurs membres. – Appliquer les règles déontologiques à respecter par les experts-comptables et les commissaires aux comptes, dans une situation donnée.	– Organisations professionnelles, leurs principaux rôles et leurs liens avec les régulateurs publics : • ordre des experts-comptables ; • compagnie nationale des commissaires aux comptes ; • haut conseil du commissariat aux comptes. – Diversité des statuts et des modalités d'exercice de la profession : • expert-comptable ; • commissaire aux comptes ; • comptable salarié ; • comptable public. – Principales missions de l'expert-comptable et du commissaire aux comptes. – Nature des responsabilités du comptable salarié, du comptable public, de l'expert-comptable et du commissaire aux comptes. – Notion d'éthique et de déontologie et principes fondamentaux de comportement à observer par la profession.

1.2 - Normalisation comptable

Sens et portée de l'étude : Comprendre l'importance de la normalisation comptable et sa place dans une économie mondialisée.

Compétences attendues	Savoirs associés
– Identifier les normalisateurs internationaux et nationaux, analyser leurs rôles. – Positionner le Plan comptable général (PCG) dans le contexte évolutif de la normalisation internationale. – Identifier les principes fondamentaux de la comptabilité et justifier le rôle d'un cadre conceptuel. – Citer les référentiels comptables applicables en France.	– Normalisateurs internationaux et principaux rôles : • « *International Accounting Standards Board* » (IASB) ; • « *International Public Sector Accounting Standards Board* » (IPSASB). – Normalisateurs nationaux et principaux rôles : • Autorité des normes comptables (ANC) ; • Autorité des marchés financiers (AMF) ; • Conseil de normalisation des comptes publics (CNOCP). – Principes comptables applicables en France pour les comptes individuels. – Notion de groupe et référentiels comptables applicables en France pour les comptes consolidés. – Définition et rôle d'un cadre conceptuel. – Comparaison du cadre français et du cadre conceptuel des « *International Financial Reporting Standards* » (IFRS) dont la notion de juste valeur et le principe de la prééminence de la réalité sur l'apparence.

2 - ACTIF (70 heures)

Sens et portée de l'étude : Identifier et comprendre les problèmes posés par la comptabilisation des actifs, les solutions apportées et leurs impacts.

2.1 - Principes généraux

Sens et portée de l'étude : Connaître la définition de l'actif et les règles d'activation.

Compétences attendues	Savoirs associés
– Caractériser les différentes catégories d'actif. – Exposer les conditions d'activation. – Exposer les principes d'évaluation des actifs.	– Définition, catégories d'actif et conditions d'activation. – Principes d'évaluation des actifs à l'entrée et postérieurement à leur entrée.

2.2 - Immobilisations corporelles et incorporelles

Sens et portée de l'étude : Définir les immobilisations corporelles et incorporelles et appliquer les règles de leur évaluation et de leur comptabilisation.

Compétences attendues	Savoirs associés
– Identifier et distinguer les immobilisations corporelles et incorporelles. – Exposer et appliquer les règles d'inscription à l'actif, d'évaluation et d'enregistrement des immobilisations corporelles et incorporelles. – Évaluer et comptabiliser les opérations portant sur les immobilisations corporelles et incorporelles à l'entrée et postérieurement à leur entrée. – Analyser les conséquences d'un choix de comptabilisation, notamment sur la présentation des comptes annuels, dans une situation donnée. – Présenter les informations à fournir en annexe.	– Principes d'évaluation des immobilisations corporelles et incorporelles à l'entrée et postérieurement à leur entrée : • détermination de la valeur d'entrée et incorporation des frais et charges ; • évaluation à l'inventaire (amortissement comptable, amortissement fiscal et dépréciation éventuelle) ; • sortie des immobilisations et prise en compte des frais de cession ; • comptabilisation des régularisations de TVA. – Opérations de location-financement. – Cas spécifique de la clause de réserve de propriété. – Cas spécifiques relatifs aux immobilisations corporelles : • composants ; • sinistres ; • réévaluation libre. – Cas spécifiques relatifs aux immobilisations incorporelles : • redevances annuelles ; • opérations de recherche et développement ; • brevets et marques ; • logiciels et sites internet ; • fonds commerciaux.

2.3 - Stocks

Sens et portée de l'étude : Définir les stocks et mettre en œuvre les règles de leur évaluation et de leur comptabilisation.

Compétences attendues	Savoirs associés
– Exposer et appliquer les règles d'inscription à l'actif, d'évaluation et d'enregistrement des stocks. – Évaluer et comptabiliser les opérations portant sur les stocks à l'entrée et postérieurement à leur entrée. – Analyser les conséquences d'un choix de comptabilisation notamment sur la présentation des comptes annuels, dans une situation donnée. – Présenter les informations à fournir en annexe.	– Principes d'évaluation des stocks à l'entrée et postérieurement à leur entrée. – Cas spécifiques : • quotas d'émission de gaz à effet de serre et instruments assimilés ; • clause de réserve de propriété ; • sinistres.

2.4 - Actifs financiers

Sens et portée de l'étude : Définir les actifs financiers et appliquer les règles de leur évaluation et de leur comptabilisation.

Compétences attendues	Savoirs associés
– Identifier et caractériser les différentes catégories d'actifs financiers. – Exposer et appliquer les règles d'inscription à l'actif, d'évaluation et d'enregistrement des titres. – Évaluer et comptabiliser les opérations portant sur les actifs financiers à l'entrée et postérieurement à leur entrée. – Analyser les conséquences d'un choix de comptabilisation, notamment sur la présentation des comptes annuels, dans une situation donnée. – Présenter les informations à fournir en annexe.	– Définitions et catégories d'actifs financiers. – Principes d'évaluation des actifs financiers à l'entrée et postérieurement à leur entrée : • détermination de la valeur d'entrée et incorporation des frais d'acquisition ; • actions entièrement et partiellement libérées, actions gratuites ; • évaluation à l'inventaire. – Cas de rachats par l'entité de ses propres actions et obligations. – Acquisition et cession de droits préférentiels de souscription et de droits d'attribution, de bons de souscription d'actions et d'obligations. – Obligations souscrites à l'émission, acquises ou vendues après leur émission.

3 - PASSIF (40 heures)

Sens et portée de l'étude : Identifier et comprendre les problèmes posés par la comptabilisation des passifs, les solutions apportées et leurs impacts.

3.1 - Capitaux propres

Sens et portée de l'étude : Définir les capitaux propres et maîtriser les règles de leur évaluation et de leur comptabilisation.

Compétences attendues	Savoirs associés
– Exposer et appliquer les règles relatives aux opérations de variation des capitaux propres des sociétés selon leur forme juridique. – Analyser les opportunités et les risques d'une modalité d'augmentation de capital, et/ou d'affectation du résultat. – Évaluer et comptabiliser les variations de capitaux propres dans les comptes individuels. – Analyser les conséquences d'un choix de comptabilisation, notamment sur la présentation des comptes annuels, dans une situation donnée. – Présenter les informations à fournir en annexe.	– Variations du capital : • apports initiaux ; • augmentation de capital ; • réduction de capital ; • amortissement du capital ; • traitement comptable des frais liés aux opérations sur le capital ; • cas particuliers : apports partiellement libérés et leurs appels ultérieurs, versements anticipés et actionnaires retardataires ou défaillants, bons de souscription d'actions, droits préférentiels de souscription et droits d'attribution. – Affectation du résultat, y compris les cas particuliers du paiement des dividendes en actions et du versement d'acomptes sur dividendes. – Provisions réglementées : définition et principes de comptabilisation.

3.2 - Passif externe

Sens et portée de l'étude : Définir les passifs externes et appliquer les règles de leur évaluation et de leur comptabilisation.

Compétences attendues	Savoirs associés
– Caractériser les différentes catégories de passif. – Exposer et appliquer les conditions d'inscription au passif. – Évaluer et comptabiliser les opérations portant sur certains passifs à leur entrée et postérieurement à leur entrée. – Analyser les conséquences d'un choix de comptabilisation, notamment sur la présentation des comptes annuels, dans une situation donnée. – Présenter les informations à fournir en annexe.	– Définition, catégories de passifs externes et conditions d'inscription : provisions, dettes, charges à payer, passifs éventuels. – Cas particuliers de provisions : • provisions pour retraites et obligations similaires ; • provisions pour restructuration ; • limitation de la provision pour perte de change, coûts de démantèlement, d'enlèvement et de remise en état de site ; • provisions pour gros entretien ou grandes révisions. – Engagements financiers et passifs financiers. – Emprunts obligataires, dans leur forme ordinaire, non convertibles, avec ou sans prime de remboursement : • émission, service de l'emprunt, régularisations d'inventaire ; • émission de bons de souscription d'obligations ; • annulation par l'entité de ses propres obligations.

4 - CHARGES ET PRODUITS (30 heures)

Sens et portée de l'étude : Appréhender l'importance de la notion de temps dans le processus comptable et la question de rattachement des charges et des produits au résultat de l'exercice.

Compétences attendues	Savoirs associés
– Exposer et appliquer les traitements comptables relatifs au rattachement des charges et des produits. – Évaluer et comptabiliser les opérations citées et plus particulièrement celles se déroulant sur plusieurs exercices. – Analyser les conséquences d'un choix de comptabilisation, notamment sur la présentation des comptes annuels, dans une situation donnée. – Présenter les informations à fournir en annexe.	– Abonnement des charges et des produits. – Évènements postérieurs à la clôture. – Contrats à long terme. – Dispositifs associant le personnel aux performances de l'entreprise. – Impôt sur les sociétés. – Aides aux entreprises : subventions, aides à l'emploi, abandons de créance. – Changements comptables.

5 - ENTITÉS SPÉCIFIQUES (15 heures)

Sens et portée de l'étude : Identifier et appliquer les adaptations des règles de comptabilisation aux associations et aux collectivités territoriales.

Compétences attendues	Savoirs associés
– Exposer les spécificités propres aux associations et aux collectivités territoriales. – Citer les principales particularités comptables des associations et des collectivités territoriales. – Évaluer et comptabiliser les principales opérations.	– Associations : • cadre légal et réglementaire ; • principales sources de financement et obligations d'information liées ; • principales opérations comptables ; • documents de synthèse. – Collectivités locales : • cadre légal et réglementaire ; • principe de séparation de l'ordonnateur et du comptable public et leurs fonctions ; • notions de budget et d'équilibre budgétaire ; • principales opérations comptables ; • contrôle des comptes.

L'épreuve 10 Comptabilité approfondie est une épreuve portant sur l'étude d'une ou de plusieurs situations pratiques avec, le cas échéant, une ou plusieurs questions.

Durée : 3 heures – Coefficient : 1

Sommaire

PARTIE 2 Actif **45**

PARTIE 3 Capitaux propres 187

Chapitre 13. La constitution de sociétés 189

Chapitre 14. Les variations de capital 203

PARTIE 6 Entités spécifiques 339

PARTIE 1

PROFESSION ET NORMALISATION COMPTABLE

Selon le programme officiel de l'examen, cette partie va vous permettre de connaître les enjeux actuels de la comptabilité à travers la présentation de la profession comptable et de la normalisation comptable.

Chapitre 1

LA PROFESSION COMPTABLE

Selon le programme officiel de l'examen, ce chapitre va vous permettre de positionner le rôle de la profession comptable au sein du monde économique.

Vous développerez ainsi les compétences suivantes :

- *Identifier les modalités d'exercice de la profession, ses missions et ses responsabilités ;*
- *Expliquer les rôles des organisations professionnelles et le statut de leurs membres ;*
- *Appliquer les règles déontologiques à respecter par les experts-comptables et les commissaires aux comptes, dans une situation donnée.*

I L'expert-comptable

A La diversité des statuts et les modalités d'exercice de la profession

1 La profession comptable salariée

Il existe deux types de contrats de travail pour la profession comptable salariée :

- ***le contrat de droit public*** : le comptable public est un fonctionnaire du Trésor public. Le titre de comptable public est obtenu par voie de concours organisés par le ministère de l'Économie et des Finances ;
- ***le contrat de droit privé*** : le comptable salarié est lié par un contrat de travail à un employeur de droit privé. Sa fonction est liée à la nature des travaux qui lui sont confiés.

2 La profession comptable libérale

L'exercice de la profession comptable libérale repose sur la nature de la mission réalisée. Il s'agit d'une ***mission contractuelle***.

Les missions principales de l'expert-comptable sont les suivantes :

Une mission de présentation des comptes annuels	– attester de la cohérence et de la vraisemblance des comptes annuels ; – assurer la concordance des déclarations de fin d'année avec les comptes annuels ; – développer des missions complémentaires : assistance administrative, mission de conseil en matière fiscale, juridique, financière, d'organisation et de gestion.
Une mission de révision des comptes annuels	– présenter une attestation indiquant qu'il n'a pas relevé d'éléments remettant en cause la régularité et la sincérité des comptes annuels, ni l'image fidèle du patrimoine, de la situation financière et du résultat de l'entreprise à la clôture de l'exercice.
Une mission d'audit des comptes annuels	– réaliser des missions d'audit contractuel. À l'issue de ses travaux, le réviseur délivre une attestation de sincérité (certification).

Outre leurs missions principales, les experts-comptables peuvent également assurer des missions secondaires, telles que :

- accompagner les entrepreneurs dans la création de leur entreprise, dans la recherche de financements ;
- aider les entreprises dans les démarches de dissolution ou de liquidation de leur entreprise ;
- conseiller les entreprises dans le choix des statuts juridiques ;
- établir les déclarations fiscales et assister l'entreprise en cas de contrôle fiscal ;
- aider les entreprises dans la gestion du personnel (recrutement, contrats de travail, licenciements, établissement des fiches de paie, déclarations sociales) ;
- assister les TPE et les PME dans leur transformation numérique.

B La lettre de mission

L'expert-comptable dresse une lettre de mission relative à la tenue de la comptabilité et à l'élaboration des comptes annuels de son client. La lettre de mission est un contrat écrit obligatoire liant le cabinet et son client, contenant les mentions suivantes :

- les parties du contrat ;
- les obligations de chaque partie ;
- les prestations réalisées par l'expert-comptable ;
- les délais ;
- les honoraires.

Ces mentions permettent :

- d'organiser la relation entre les parties ;
- de réaliser la mission le plus efficacement possible ;
- de limiter les situations litigieuses ;
- de servir de preuve en cas de litige.

C Les incompatibilités

L'expert-comptable ne peut exercer des activités portant atteinte à son indépendance. Sa profession est ***incompatible avec tout emploi salarié*** (sauf au service d'un expert-comptable ou d'une société d'expertise comptable) et avec l'exercice d'une activité commerciale ou des fonctions d'agent d'affaires. De plus, une personne ne peut pas être à la fois expert-comptable et commissaire aux comptes de la même société.

Les conditions d'exercice de la profession sont assouplies ; l'activité commerciale ou d'intermédiaire est possible pour les sociétés d'expertise comptable à trois conditions :

- être réalisée à titre accessoire ;
- ne pas être de nature à mettre en péril l'exercice de la profession ou l'indépendance des associés experts-comptables ;
- ne pas être de nature à mettre en péril le respect par les experts-comptables des règles inhérentes à leur statut et à leur déontologie.

La loi *Macron* a étendu le champ d'intervention des experts-comptables en les autorisant à s'associer avec des professionnels juridiques ou judiciaires réglementés. Les experts-comptables peuvent désormais réaliser des activités de nature technique, économique ou administrative sans qu'elles soient effectuées pour des clients pour lesquels ils assurent une mission principale d'ordre comptable.

D La nature des responsabilités

Le ***comptable public*** est intégralement et personnellement responsable de sa gestion et dispose d'une totale indépendance à l'égard du directeur de l'établissement et de l'autorité qui l'a nommé.

Le ***comptable salarié*** met en jeu sa responsabilité dans l'exercice de sa fonction car il détient des informations confidentielles.

L'***expert-comptable*** est responsable sur les plans civil, pénal et disciplinaire de ses manquements aux règles légales et déontologiques :

– *responsabilité civile* : l'expert-comptable est tenu responsable, à l'égard de ses clients, des conséquences des fautes et négligences commises dans l'exercice de sa mission ;
– *responsabilité pénale* : l'expert-comptable est tenu responsable des infractions d'escroquerie ou d'abus de biens sociaux, de l'exercice illégal de la profession, de l'omission ou de passation d'écritures inexactes ou fictives, de l'établissement de faux bilans, comptes et autres documents, de la négligence des règlements, etc. ;
– *responsabilité disciplinaire* : l'expert-comptable est tenu de respecter les règles déontologiques d'indépendance, de probité et de discrétion. En cas de manquement disciplinaire, il s'expose à des sanctions, allant de la simple réprimande à la radiation de l'Ordre.

II Le commissaire aux comptes

A La profession de commissaire aux comptes

Le commissariat aux comptes peut être exercé ***en nom propre ou sous forme de société***. Toute personne physique doit être inscrite auprès d'une cour d'appel, après enquête de moralité et vérification des diplômes. Le commissaire aux comptes (CAC) doit, devant la cour d'appel dont il relève, prêter serment de remplir les devoirs de sa profession avec honneur et probité, de respecter et de faire respecter les lois.

B La nomination du commissaire aux comptes

Les nouvelles règles de désignation des CAC sont entrées en vigueur depuis le 27 mai 2019, au lendemain de la date de parution du décret au Journal officiel, annoncé par la loi PACTE du 22 mai 2019, publiée au JO du 23 mai 2019.

La désignation d'un CAC est obligatoire :

– dans les sociétés commerciales (hors EIP « entités d'intérêt public »), quelle que soit leur forme (SA, SCA, SNC, SCS, SARL, SAS), qui franchissent deux sur trois seuils suivants : 4 Mds € de total bilan ; 8 Mds € de chiffre d'affaires ; 50 pour le nombre moyen de salariés. Ces seuils ont été introduits pour les SA et les SCA, tandis que pour les SAS, SARL, SNC, SCS, il s'agit d'un rehaussement des seuils d'audit légal ;
– dans les sociétés (hors EIP) qui contrôlent une ou plusieurs sociétés, dès lors que l'ensemble formé par la mère et ses filiales excède deux des trois seuils d'audit retenus ;

- dans les sociétés contrôlées, directement ou indirectement, par une personne ou une entité contrôlante, qui contribuent de manière significative à l'activité du groupe (filiale significative) et qui franchissent deux des trois seuils suivants : 2 Mds € de total bilan ; 4 Mds € de chiffre d'affaires ; 25 pour le nombre moyen de salariés ;
- dans les EIP.

Peuvent nommer volontairement un ou plusieurs CAC :

- l'AGO d'une SA ou d'une SCA ;
- les associés d'une SAS ;
- un ou plusieurs associés d'une SARL ou d'une SNC, représentant au moins 25 % du capital.

Peuvent bénéficier de la mission d'ALPE (audit légal dans les petites entreprises) :

- les sociétés souhaitant désigner volontairement un CAC ;
- les sociétés (hors EIP) contrôlant une ou plusieurs sociétés, lorsque l'ensemble mère-filles dépasse deux des trois seuils d'audit retenus ;
- les filiales significatives qui dépassent deux des trois seuils précités ;
- les sociétés, dont le mandat du CAC est en cours, qui ne dépassent pas deux des trois seuils retenus au titre du dernier exercice clos antérieurement au 27 mai 2019. Celles-ci peuvent, en accord avec leur CAC, demander à ce dernier de mener sa mission jusqu'à son terme, selon les nouvelles modalités relatives à la mission d'ALPE. La durée de cette nouvelle mission est limitée à 3 ans. Afin de pouvoir réaliser ses diligences lors de ces mandats limités à 3 ans, le CAC sera dispensé de certains rapports et autres travaux de la société auditée.

Le CAC est nommé par les statuts lors de la constitution de la société, par l'AGO par la suite, pour une ***durée de six exercices comptables***. Cette durée peut être renouvelée à la demande de la société. Un CAC suppléant est toujours nommé sur la même durée que le CAC titulaire et intervient lorsque le CAC titulaire ne peut plus exercer sa mission. Pour certifier les comptes consolidés, il y a nomination de deux CAC, indépendants l'un de l'autre, et de deux CAC suppléants.

Le CAC doit mener sa mission légale à son terme. Sa démission doit être réservée à des motifs légitimes (cessation d'activité, motif personnel impérieux, difficultés insurmontables dans l'accomplissement de sa mission, etc.), sans volonté de se soustraire à ses obligations (procédure d'alerte, de révélation de faits délictueux, etc.) et sans générer de préjudice pour l'entité.

C Les missions du commissaire aux comptes

La mission du CAC a un caractère permanent. Le CAC exerce une ***mission légale.***

1 Les missions légales du CAC

Les missions du CAC reposent sur une ***obligation légale*** : « *garantir la fiabilité de l'information financière et comptable produite par les entreprises* ». Le CAC peut, sous sa responsabilité, se faire assister par des experts ou des collaborateurs pour l'accomplissement de ses contrôles. Il peut utiliser des travaux réalisés par un prestataire désigné par l'entreprise, sous réserve d'avoir évalué la compétence du prestataire et les risques encourus.

Les principales missions du CAC sont les suivantes :

Une mission générale d'audit	– certifier la régularité et la sincérité des comptes annuels ; – contrôler la conformité de la comptabilité de l'entité avec les règles en vigueur ; – vérifier la concordance des comptes annuels avec les informations données dans le rapport de gestion relatives aux procédures de contrôle interne portant sur l'élaboration et le traitement de l'information comptable et financière ; – s'assurer que l'égalité a été respectée entre les actionnaires de l'entité ; – certifier le montant global des rémunérations des 5 ou 10 personnes les mieux rémunérées selon l'effectif ; – déclencher la procédure d'alerte ; dans les 6 mois du déclenchement de la procédure d'alerte, le CAC peut reprendre la procédure au point où elle avait été arrêtée, dès lors que la continuité de l'exploitation s'avère compromise et que l'urgence commande l'adoption de mesures immédiates ; – signaler, lors de la prochaine AG, les irrégularités ou inexactitudes relevées ; – révéler au procureur de la République les faits délictueux.
Une mission permanente	– se faire communiquer sur place toutes les pièces utiles (livres, documents comptables et registres des procès-verbaux) pour pouvoir effectuer des contrôles précis et intervenir à tout moment.
Missions particulières	– intervenir à la suite d'une décision prise par l'entreprise, dans le cadre de la suppression des droits de souscription et d'attribution, de l'augmentation d'une réduction de capital, de la distribution d'acomptes sur dividendes, de la transformation juridique de la société, etc. ; – attester des délais de paiement des clients et de la représentativité des organisations professionnelles d'employeurs ; – établir un manuel de procédures spécifiques pour lutter contre le blanchiment d'argent et le financement du terrorisme.

2 Les autres missions du CAC

Les autres missions du CAC sont les suivantes :

Des missions d'interventions à la demande des dirigeants de la société	– attester des comptes intermédiaires avant une demande d'emprunt ; – donner une opinion sur des comptes prévisionnels ou des certifications pour l'obtention de subventions ; – examiner les comptes prévisionnels ; – examiner les comptes pro-forma, etc.
Des missions d'interventions particulières	**Commissariat aux apports** : – apprécier la valeur des apports en nature ; – vérifier que le montant net de l'actif apporté par la ou les sociétés absorbées soit au moins égal à l'augmentation de capital de la société absorbante. **Commissariat à la fusion** : – vérifier la pertinence des valeurs relatives attribuées aux actions des sociétés participant à l'opération ; – apprécier le caractère équitable du rapport d'échange proposé.

D Les incompatibilités

Les fonctions du CAC sont incompatibles avec toute activité de nature à porter atteinte à son indépendance, avec tout emploi salarié et avec toute activité commerciale. Il doit éviter toute situation de conflit d'intérêts et doit éviter de se placer dans une position qui compromettrait son indépendance, ou qui pourrait être perçue comme de nature à compromettre son impartialité. Le CAC ne doit pas s'immiscer dans la gestion de la société qu'il contrôle. Il ne peut exercer une mission de conseil. En application du ***principe de non-immixtion***, il lui est interdit de fournir à la société qu'il contrôle, tout conseil ou toute autre prestation de services qui n'entre pas dans les diligences liées à sa mission. Il ne peut prendre, recevoir ou conserver, directement ou indirectement, un intérêt auprès de la société dont il est chargé de certifier les comptes.

E Les responsabilités du commissaire aux comptes

Dans le cadre de ses fonctions, le CAC est responsable sur les plans civil, pénal et disciplinaire :

- ***responsabilité civile*** : le CAC est responsable, à l'égard de la société et des tiers, des conséquences dommageables des fautes et négligences commises dans l'exercice de ses fonctions (certification inexacte d'un bilan) ;

- ***responsabilité pénale*** : le CAC est tenu responsable des infractions relevant de l'exercice illégal de la profession (violation des incompatibilités de la profession avec d'autres activités), de l'usage illicite du titre de CAC, d'une information mensongère sur la situation de la société, du défaut de révélation de faits délictueux ;
- ***responsabilité disciplinaire*** : le CAC est tenu de respecter la loi, le règlement et le code de déontologie ; les sanctions prévues vont du simple avertissement à la radiation de la liste sur laquelle doit être inscrit le CAC pour exercer ses fonctions.

1 Les étapes de l'audit financier

La démarche suivie par le CAC peut se représenter de la façon suivante :

- planification de la mission ;
- prise de connaissance de l'entité et évaluation du contrôle interne ;
- analyse des risques ;
- contrôle et examen des comptes ;
- rédaction d'un rapport d'audit.

2 La planification de la mission

La mission du CAC est définie dans une lettre de mission (NEP 210), établie par ses soins la première année de son mandat. La société auditée doit accuser réception et confirmer son accord. Un plan de mission est établi et un programme de travail est élaboré.

3 L'évaluation du contrôle interne

Le ***contrôle interne*** est l'ensemble des procédures mises en place par la direction afin de s'assurer de la fiabilité des enregistrements et des comptes annuels qui en découlent. Il doit permettre le contrôle du travail comptable (exhaustivité, réalité, exactitude), le contrôle du personnel de l'entreprise (respect du principe organisationnel de la séparation des tâches), le bon fonctionnement des processus internes (sauvegarde des actifs, fiabilité de l'information financière, conformité aux lois et règlements). Il repose sur un certain nombre de principes : l'organisation établie par la direction, l'intégration (autocontrôle), la permanence (pérennité des systèmes de régulation), l'universalité (toutes les personnes physiques de l'entité sont concernées), l'indépendance (contrôle indépendant des méthodes, procédés et moyens de l'entité), l'harmonie (adéquation du contrôle externe aux caractéristiques de l'entité), l'information (critères de pertinence, d'utilité, d'objectivité et de communicabilité).

Le CAC évalue le contrôle interne afin de prévenir et maîtriser les risques d'anomalies significatives résultant de l'activité de l'entité (erreurs, fraudes) et définir des procédures d'audit. Des tests de procédures sont mis en place pour apprécier le contrôle interne.

4 L'analyse des risques

a Le risque d'audit

L'approche par les risques est nécessaire pour que le CAC puisse, d'une part, optimiser le rapport entre le coût de son contrôle, le temps disponible, l'identification des risques et le niveau de confiance obtenu et, d'autre part, obtenir des informations probantes afin de porter un jugement pertinent sur les états financiers. Selon la NEP 200, l'opinion du CAC nécessite qu'il obtienne l'assurance que les comptes ne comportent pas d'anomalies significatives.

Le ***risque d'audit*** est le risque que le CAC exprime une opinion différente de celle qu'il aurait émise s'il avait identifié toutes les anomalies significatives dans les comptes. Il traduit le risque d'erreurs significatives sur les états financiers et le risque de non-détection de ces erreurs.

Le risque d'audit peut être décomposé de la façon suivante :

- ***risque inhérent*** : risque d'une d'anomalie significative dans les comptes, inhérente au secteur (marché en régression), à l'environnement financier (faillite des tiers), etc. ;
- ***risque lié au contrôle*** : risque d'une anomalie significative non prévenue, ni détectée par le contrôle interne ;
- ***risque de non-détection propre à la mission d'audit*** : risque de non-détection par le CAC d'une anomalie significative (risque lié à la notion de seuil de signification) ; plus le risque d'anomalies significatives est élevé, plus le CAC met en œuvre des procédures d'audit complémentaires en vue de réduire le risque de non-détection.

b Le seuil de signification

Compte tenu de la taille importante des sociétés et de la nécessité d'arriver à un coût raisonnable, le CAC ne peut pas toujours tout contrôler et doit donc utiliser une approche par les risques en collectant des éléments probants pour exprimer une assurance raisonnable concernant la régularité, la sincérité et l'image fidèle des comptes. Le CAC détermine un ***seuil de signification*** au moyen de son jugement professionnel, à partir de critères tels que le chiffre d'affaires HT, le résultat de l'exercice, les capitaux propres, etc.

Le seuil de signification représente le montant, défini par le CAC, à partir duquel une anomalie est considérée comme significative (montant au-delà duquel les décisions économiques ou le jugement fondé sur les comptes sont susceptibles d'être influencés). Plus le seuil est élevé, plus le risque est faible.

5 Le contrôle externe et l'examen des comptes

Après avoir apprécié le contrôle interne, le CAC doit effectuer un contrôle des comptes et un examen des documents de synthèse afin de s'assurer que les principes comptables fondamentaux sont effectivement respectés. Un contrôle interne de qualité diminue le risque d'anomalies significatives, renforce l'assurance d'audit et facilite le contrôle externe légal.

a La collecte d'éléments probants

Les éléments collectés par le commissaire aux comptes comprennent les informations recueillies au cours de l'audit et au cours des audits précédents. Ils doivent être suffisants et appropriés pour permettre au CAC de fonder son opinion sur les comptes. Le CAC observe et analyse les éléments significatifs (documents, pièces comptables), demande des informations complémentaires, effectue des tests de procédures (tests de détail, procédures analytiques), afin de vérifier certains calculs, d'apprécier les informations financières à partir de variations des états financiers entre l'exercice concerné et l'exercice précédent et d'effectuer des comparaisons avec les données sectorielles.

b Les sondages

Le CAC est amené à utiliser la technique des sondages. Il peut utiliser la méthode d'échantillonnage statistique, reposant sur trois éléments principaux :

- ***la taille de l'échantillon*** : le CAC doit prendre en compte :
  - le risque d'échantillonnage (risque que la conclusion à laquelle parvient l'auditeur sur la base d'un échantillon sélectionné soit différente de celle obtenue si l'évaluation avait porté sur l'ensemble de la population),
  - l'erreur tolérable (erreur maximale que l'auditeur peut accepter dans une population, liée au seuil de signification fixé par le CAC),
  - l'erreur escomptée (erreur que le CAC s'attend à trouver dans une population) ;
- ***la sélection de l'échantillon*** : le CAC doit sélectionner un échantillon représentatif de la population (sélection aléatoire, sélection systématique, sélection au hasard) ;
- ***l'évaluation des résultats*** : le CAC doit analyser les erreurs détectées dans l'échantillon, projeter ces erreurs à l'ensemble de la population et réévaluer le risque d'échantillonnage.

6 Le rapport d'audit

À l'issue de ses travaux, le CAC exprime une opinion dans son rapport général qui peut prendre trois formes possibles pour la certification des comptes :

- ***certification pure et simple*** : le CAC a obtenu l'assurance que les comptes sont établis selon les règles et les principes applicables et que les informations données dans l'annexe des comptes sont suffisantes ;
- ***certification avec réserve*** : le CAC est en désaccord avec l'application de certaines règles ou méthodes comptables mais cela ne suffit pas pour refuser la certification des comptes ; il émet donc une réserve ;
- ***refus de certification*** : le CAC est en désaccord avec l'application de certaines règles ou méthodes comptables. L'incidence de ce désaccord affecte les comptes et est lourde de conséquences. Le CAC n'a pas pu mettre en œuvre toutes les procédures qu'il estimait nécessaires et ne peut donc pas se forger une opinion sur les comptes.

III Les organisations professionnelles

A L'Ordre des experts-comptables (OEC)

Pour pouvoir exercer sa profession à titre libéral, l'expert-comptable doit être inscrit à l'Ordre des experts-comptables (OEC), institution nationale placée sous la tutelle du ministère de l'Économie, des Finances et du Budget.

L'OEC est composé du Conseil supérieur de l'OEC (CSOEC) et de Conseils régionaux de l'OEC (CROEC).

Les principales missions de l'OEC sont les suivantes :

- assurer la promotion de la profession ;
- protéger les intérêts de ses membres ;
- affirmer sa contribution à l'évolution et au redressement de l'économie du pays et préconiser les mesures susceptibles d'atteindre ces objectifs dans l'intérêt général du public.

En matière de normes comptables, l'OEC publie des avis et recommandations qui constituent des éléments de la doctrine comptable. Il élabore les normes liées à l'exercice professionnel (NEP), soumises à homologation ministérielle.

B La Compagnie nationale des commissaires aux comptes (CNCC)

La Compagnie nationale des commissaires aux comptes (CNCC) ***regroupe tous les commissaires aux comptes inscrits en France***. Elle est un établissement d'utilité publique doté de la personnalité morale et placé auprès du garde des Sceaux.

Ses principales missions sont les suivantes :

- concourir au bon exercice de la profession, à sa surveillance et à la défense de l'honneur et de l'indépendance de ses membres ;
- coordonner l'action des conseils régionaux ;
- émettre des ***normes d'exercice professionnel*** (NEP) ;
- émettre des normes d'exercice professionnel diligences directement liées (NEP DDL) pour les missions contractuelles ;
- émettre un avis sur des projets de loi et de décret qui lui sont soumis.

En matière de normes comptables, la CNCC publie des bulletins trimestriels qui constituent des éléments de la doctrine comptable.

C Le Haut conseil du commissariat aux comptes (H3C)

Le Haut conseil du commissariat aux comptes (H3C) est une autorité indépendante rattachée au garde des Sceaux. Organe de surveillance de la profession de CAC, il a pour principales missions :

- d'organiser les contrôles de l'activité des professionnels ;
- d'émettre un avis sur le Code de déontologie de la profession ;
- d'émettre un avis sur les normes d'exercice professionnel ;
- d'identifier et promouvoir les bonnes pratiques professionnelles ;
- de définir et superviser les orientations et le cadre des contrôles périodiques des CAC.

IV Les règles déontologiques

La déontologie constitue l'ensemble des règles et devoirs applicables par les membres d'une profession et se matérialise par un Code de déontologie qui a un caractère légal et est opposable aux professionnels. Elle permet d'assurer la qualité de la prestation du professionnel.

A La déontologie des experts-comptables

L'expert-comptable est tenu au secret professionnel, au devoir de conseil, au droit de rétention et au respect des normes professionnelles.

Les critères fondamentaux de l'éthique professionnelle des experts-comptables sont les suivants :

- ***l'indépendance***, les contraignant à écarter toute situation susceptible de présumer d'un manque d'indépendance intellectuelle et matérielle ;
- ***la compétence***, acquise par une formation initiale validée par un diplôme, une expérience professionnelle et une formation continue tout au long de leur activité ;
- ***l'intégrité***, leur imposant d'être droits et honnêtes dans toutes leurs relations ;
- ***l'objectivité***, leur imposant une démarche professionnelle menée en dehors de toute influence excessive ou de conflits d'intérêts susceptibles de compromettre leur jugement professionnel ;
- ***la confidentialité***, leur imposant de ne pas divulguer des informations confidentielles ou de s'en servir à titre personnel ou au bénéfice de tiers.

Le décret n° 2007-1387 du 27 septembre 2007 portant Code de déontologie des professionnels de l'expertise comptable se divise en quatre chapitres :

Devoirs généraux	– l'expert-comptable complète et met à jour régulièrement sa culture professionnelle et ses connaissances générales ; – il prend soin d'examiner chaque cas afin de renforcer ses certitudes avant de faire une proposition à son client ; – il est libre de donner son avis, il doit être sincère et objectif. Il nuance les hypothèses et conclusions qu'il formule ; – il ne doit jamais se placer dans une situation pouvant nuire à son libre arbitre ; – il ne doit jamais se trouver en situation de conflit d'intérêts.
Devoirs envers les clients	– l'expert-comptable a un devoir d'information et de conseil envers ses clients ; – il a l'obligation de poursuivre la mission jusqu'à son terme normal ; – il a l'obligation de dénoncer le contrat dès la survenance d'un événement susceptible de le placer dans une situation de conflit d'intérêts ou de porter atteinte à son indépendance.
Devoirs de confraternité	– l'expert-comptable a un devoir d'assistance et de courtoisie réciproques ; – en cas de changement d'expert-comptable, le confrère prédécesseur doit en être informé. Le nouvel expert-comptable doit s'assurer que l'offre n'est pas motivée par la volonté du client d'éluder l'application des lois et règlements.
Devoirs envers l'Ordre	– en cas de poursuites judiciaires, de litige contractuel, l'expert-comptable doit informer le Président du conseil régional de l'Ordre.

B La déontologie des commissaires aux comptes

Les principes fondamentaux repris dans le Code de déontologie des commissaires aux comptes sont les suivants :

Intégrité	Le CAC exerce sa profession avec honnêteté et droiture. Il s'abstient de tout agissement contraire à la probité et à l'honneur.
Impartialité	Le CAC veille à conserver une attitude impartiale. Il fonde ses conclusions et ses jugements sur une analyse objective de l'ensemble des données dont il a connaissance, sans préjugé ni parti pris.
Indépendance	Le CAC doit être indépendant de la personne ou de l'entité dont il est appelé à certifier les comptes. L'indépendance se caractérise par l'exercice en toute liberté, en réalité et en apparence, des pouvoirs et des compétences qui lui sont confiées par la loi.
Compétence	Le CAC doit posséder les connaissances théoriques et pratiques nécessaires à l'exercice de ses missions. Il maintient un niveau élevé de compétence par la mise à jour régulière de ses connaissances et sa participation à des actions de formation.
Discrétion	Le CAC respecte le secret professionnel auquel la loi le soumet. Il fait preuve de prudence et de discrétion dans l'utilisation des informations qui concernent des personnes ou des entités à l'égard desquelles il n'a pas de mission légale.
Confraternité	Le CAC se garde de tout acte ou propos déloyal à l'égard d'un confrère ou susceptible de ternir l'image de la profession.

Chapitre 2

LA NORMALISATION COMPTABLE

Selon le programme officiel de l'examen, ce chapitre va vous permettre de comprendre l'importance de la normalisation comptable et sa place dans une économie mondialisée.

Vous développerez ainsi les compétences suivantes :

- *Identifier les normalisateurs internationaux et nationaux, analyser leurs rôles ;*
- *Positionner le Plan comptable général (PCG) dans le contexte évolutif de la normalisation internationale ;*
- *Identifier les principes fondamentaux de la comptabilité et justifier le rôle d'un cadre conceptuel ;*
- *Citer les référentiels comptables applicables en France.*

I Les sources du droit comptable

Les règles comptables trouvent leur origine dans des sources hiérarchisées :

Traités internationaux

↓

Textes communautaires
(règlements européens et directives européennes)

↓

Textes nationaux
(lois, ordonnances)

↓

Textes réglementaires
(décrets et arrêtés)

↓

Textes d'ordre professionnel
(avis, recommandations, PCG)

↓

Autres sources
(jurisprudence et doctrine)

II La définition de la normalisation comptable

La normalisation comptable est la ***procédure selon laquelle sont élaborées les normes de la comptabilité*** qui constituent un ensemble de règles, de principes, de méthodes d'élaboration et de présentation des comptes des entités. Les principaux intérêts de la normalisation sont la production d'une information financière sincère et l'établissement de comparaisons internationales. Les normes comptables définissent les principes comptables et les règles d'élaboration et de présentation de l'information financière. L'élaboration de telles normes est établie au plan national (Code de commerce, PCG, normes d'exercice professionnel), au plan européen (règlements et directives) et au plan international (normes IFRS).

Trois référentiels sont utilisés : le référentiel américain, le référentiel international et le référentiel européen.

III La présentation et le rôle des normalisateurs internationaux

Les sources comptables internationales sont de deux ordres :

– les ***normes IFRS*** (*International Financial Reporting Standards*), publiées par l'IASB (International Accounting Standards Board) ;

– les ***US GAAP*** (*Generally Accepted Accounting Principles*), publiées par le FASB (*Financial Accounting Standards Board*).

Les normes internationales offrent peu d'options comptables, permettant ainsi à toutes les entités d'utiliser les mêmes méthodes, dès lors qu'elles répondent aux mêmes critères.

Les principaux rôles des normalisateurs internationaux sont les suivants :

– l'IASB est chargé, d'une part, d'élaborer et de publier les normes comptables internationales (normes IFRS) au sein de l'IASCF (*International Accounting Standards Committee Foundation*), et d'autre part, de promouvoir leur acceptation dans le monde en vue d'assurer la convergence internationals des normes comptables ;

– le *Financial Accounting Standards Board* (FASB) est chargé d'élaborer les normes comptables et de reporting du secteur privé aux États-Unis. US GAAP est un référentiel à caractère international ;

– l'*International Public Sector Accounting Standards Board* (IPSASB) est chargé de développer les normes *International Public Sector Accounting Standards* (IPSAS), qui sont des normes comptables internationales destinées à être utilisées par le secteur public (gouvernement, collectivités locales, collectivités territoriales, etc.). Les IPSAS sont inspirées des normes IFRS. L'IPSASB adapte, si besoin, les normes IFRS pour le public, tout en essayant de maintenir les principes comptables et les textes originaux des normes IFRS, excepté si un élément essentiel lié au secteur public rend nécessaire une différentiation.

IV La présentation et le rôle des normalisateurs européens

Dans le cadre de l'harmonisation de l'information financière au sein des États membres, c'est la *Commission européenne* (CE) qui élabore les règlements et les directives. L'*European Financial Reporting Advisory Group* (EFRAG), créé en 2001 avec les encouragements de la Commission européenne afin de servir l'intérêt général, est chargé de donner un avis technique à la Commission européenne dans l'adoption des normes comptables internationales (IFRS) et de s'assurer que cet avis soit pris en considération par l'IASB.

V La présentation et le rôle des normalisateurs nationaux

En France, ***l'Autorité des normes comptables (ANC)***, créée en janvier 2009, est le régulateur comptable unique.

Ses principales missions sont les suivantes :

- établir, sous forme de règlements, les prescriptions comptables générales et sectorielles que doivent respecter les personnes physiques ou morales soumises à l'obligation légale d'établir des documents comptables conformes aux normes de la comptabilité privée ;
- émettre un avis sur toute disposition législative ou réglementaire contenant des mesures de nature comptable applicables à ces personnes, élaborée par les autorités nationales ;
- émettre, de sa propre initiative ou à la demande du ministre chargé de l'économie, des avis et des prises de position, dans le cadre de l'élaboration des normes comptables internationales ;
- veiller à la coordination et à la synthèse des travaux théoriques et méthodologiques conduits en matière comptable, et proposer toute mesure dans ces domaines, notamment sous forme d'études et de recommandations.

Les règlements de l'ANC sont publiés au Journal officiel après homologation par arrêté ministériel pris après avis du garde des Sceaux, ministre de la Justice et du ministre chargé du Budget. Ils deviennent alors obligatoires et s'intègrent au PCG.

Plusieurs autres organismes influencent la normalisation comptable française :

- l'Ordre des experts-comptables (OEC) ;
- la Compagnie nationale des commissaires aux comptes (CNCC) ;
- l'Autorité des marchés financiers (AMF), issue de la fusion de la Commission des opérations de bourse (COB), du Conseil des marchés financiers (CMF) et du Conseil de discipline de la gestion financière (CDGF). Elle influence la normalisation par la publication d'avis et de recommandations ;
- le Conseil de normalisation des comptes publics (CNOCP), organisme consultatif place auprès du ministre chargé des Comptes publics, en charge de la normalisation comptable de toutes les personnes publiques et privées exerçant une activité non marchande et finances en grande partie par des ressources publiques.

VI Le cadre conceptuel

A La définition d'un cadre conceptuel

Le cadre conceptuel est un ***système cohérent d'objectifs et de principes fondamentaux*** liés entre eux, susceptibles de conduire à des normes solides et d'indiquer la nature, le rôle et les limites de la comptabilité financière et des états financiers.

B Le cadre conceptuel anglo-saxon

Les pays anglo-saxons furent les premiers à se doter d'un cadre conceptuel explicite (normes de l'IASB). Le référentiel de l'IASB entraîne l'obligation pour toutes les entités de respecter l'ensemble des normes IFRS.

Le cadre conceptuel anglo-saxon traite particulièrement des questions suivantes :

Objectif des états financiers	Fournir une information financière qui soit utile aux investisseurs et aux créanciers actuels et potentiels pour prendre des décisions.
Utilisateurs des états financiers	Les apporteurs de capitaux sont privilégiés.
Hypothèses d'élaboration des états financiers	Continuité de l'exploitation.
Caractéristiques qualitatives des états financiers	Pertinence de l'information et image fidèle.
Définition des éléments des états financiers	Actif, passif, capitaux propres, charges, produits.
Fait générateur de comptabilisation d'un élément	Probabilité que tout avantage économique futur de l'élément soit en provenance ou à destination de l'entité et évaluation du coût avec fiabilité.

C Le cadre conceptuel français

Il n'existe pas de cadre conceptuel explicite dans le référentiel français. Le Code de commerce, les règlements (dont le Plan comptable général) énoncent les ***caractéristiques qualitatives des comptes annuels et précisent les principes généraux à respecter***. Le cadre conceptuel français est alors un cadre comptable implicite.

Les normes françaises obligatoires sont contenues dans le Plan comptable général (PCG). Celui-ci comprend l'ensemble des définitions, des principes et des règles comptables et s'applique obligatoirement aux personnes physiques et morales tenues d'établir des comptes annuels. Des adaptations sont possibles selon l'activité des entités mais leur adoption doit être effectuée dans les mêmes formes que le PCG ; leur utilisation doit être mentionnée dans l'annexe.

1 Les caractéristiques qualitatives des comptes annuels

« *Les comptes doivent être réguliers, sincères et donner une image fidèle du patrimoine, de la situation financière et du résultat de l'entreprise.* » :

- ***l'image fidèle*** est une notion globale qui intègre le respect des principes comptables et l'obligation de fournir toute information utile et pertinente pour permettre à des tiers d'avoir, à travers les états financiers, une perception exacte de la réalité économique de l'entreprise. L'image fidèle est, en quelque sorte, la meilleure traduction possible de la situation de l'entreprise ;
- ***la régularité*** est la conformité aux règles et procédures en vigueur ;
- ***la sincérité*** est l'application de bonne foi des règles et procédures.

2 Les principes comptables applicables en France

Les états financiers doivent respecter les principes comptables suivants :

- ***la continuité de l'exploitation*** : l'entreprise est présumée continuer à fonctionner dans un avenir prévisible sans réduction sensible du rythme et de l'étendue de ses activités ;
- ***l'indépendance des exercices*** : l'activité de l'entreprise est découpée en exercices comptables ; les produits et les charges sont comptabilisés au fur et à mesure qu'ils sont acquis et qu'ils sont engagés et enregistrés dans les états financiers de la période concernée ; l'objectif est de déterminer le résultat comptable de la période concernée ;
- ***la nominalisme monétaire (coûts historiques)*** : les biens acquis sont inscrits à l'actif du bilan selon la méthode des coûts historiques (coût d'acquisition) ;
- ***la prudence*** : la comptabilité est établie sur la base d'appréciations prudentes pour éviter le risque de transférer, sur des périodes d'avenir, des incertitudes présentes susceptibles de grever le patrimoine et les résultats de l'entité ;

- ***la permanence des méthodes*** : les méthodes d'évaluation retenues ne peuvent être modifiées d'un exercice à l'autre, sauf exceptions (changement exceptionnel dans la situation de l'entité) ;
- ***l'importance relative*** : les états financiers doivent faire apparaître les opérations dont l'importance peut influencer les évaluations ou les décisions économiques des utilisateurs ;
- ***la non compensation*** : aucune compensation ne peut être opérée entre les postes d'actif et de passif du bilan ou entre les postes de charges et de produits du compte de résultat (principe formel en France avec des exceptions en normes IFRS) ;
- ***l'intangibilité du bilan*** : le bilan d'ouverture d'un exercice doit correspondre au bilan de clôture avant répartition de l'exercice précédent.

3 L'utilisation des normes IFRS en France

Jusqu'en 2005, les règles comptables et l'évolution du PCG ont été inspirées par les normes IFRS pour une meilleure homogénéisation des comptes et pour faciliter les retraitements des comptes consolidés, le but étant la convergence des règles françaises vers les normes IFRS.

La convergence du PCG vers les normes IFRS a impliqué des modifications de règles comptables figurant dans le PCG, s'appliquant à la fois aux comptes sociaux et aux comptes consolidés.

Depuis le 1er janvier 2005, les normes IFRS ont remplacé obligatoirement les règles françaises dans les comptes consolidés des sociétés cotées sur un marché réglementé de l'Union européenne. Les sociétés non cotées sur un marché réglementé peuvent, sur option, appliquer les normes IFRS pour leurs comptes consolidés. En revanche, pour les comptes sociaux, les règles françaises s'appliquent obligatoirement aux sociétés, cotées ou non.

PARTIE 2

ACTIF

Selon le programme officiel de l'examen, cette partie va vous permettre d'identifier et de comprendre les problèmes posés par la comptabilisation des actifs, les solutions apportées et leurs impacts.

Certains prérequis sont attendus pour l'évaluation de l'UE 10 ; ils relèvent de l'UE 9 et seront développés dans cette partie pour les candidats qui n'auraient pas suivi cette UE.

Chapitre 3
PRINCIPES GÉNÉRAUX

Selon le programme officiel de l'examen, ce chapitre va vous permettre de définir les actifs et les règles d'activation.

Vous développerez ainsi les compétences suivantes :

- *Caractériser les différentes catégories d'actifs ;*
- *Exposer les conditions d'activation ;*
- *Exposer les principes d'évaluation des actifs.*

I La définition de l'actif

Un ***actif*** est un élément identifiable du patrimoine de l'entreprise générant une ressource que l'entité contrôle du fait d'événements passés et dont elle attend des avantages économiques futurs.

La comptabilisation d'une immobilisation corporelle nécessite que les deux conditions suivantes réunies :

- l'entreprise doit bénéficier des avantages économiques générés par l'immobilisation ;
- l'entreprise doit pouvoir évaluer son coût avec une fiabilité suffisante.

II La distinction entre immobilisations, charges et stocks

Les ***immobilisations*** sont des actifs destinés à servir de façon durable à l'activité de l'entreprise.

Les ***charges*** correspondent aux éléments qui ne répondent pas à la définition et aux critères de comptabilisation d'un actif ainsi qu'à ceux qui répondent à ces critères mais qui ne sont pas destinés à être utilisés au-delà de l'exercice en cours, à savoir une durée supérieure à 12 mois.

Les ***stocks*** sont des biens destinés à être vendus dans le cours normal de l'activité ou en cours de production pour une telle vente ou destinés à être consommés dans le processus de production ou de prestations de services sous forme de matières premières ou de fournitures.

III Les différentes catégories d'immobilisations

On distingue trois catégories d'immobilisations :

- ***les immobilisations incorporelles*** : actifs monétaires sans substance physique ;
- ***les immobilisations corporelles*** : actifs physiques détenus pour être utilisés dans la production de biens et de services, pour être loués à des tiers, ou à des fins de gestion interne, et dont l'entité attend qu'ils soient utilisés au-delà de l'exercice en cours ;
- ***les immobilisations financières*** : éléments représentant des créances assimilables à des prêts et des droits dans le capital d'autres sociétés.

IV Les immobilisations acquises de faible valeur

Les immobilisations acquises pour une valeur maximum unitaire de 500 € HT (logiciels de faible valeur, petits matériels de bureau et petits matériels industriels) peuvent être comptabilisées en charges.

V Les principes d'évaluation des actifs

Les immobilisations acquises à titre onéreux sont comptabilisées au coût d'acquisition alors que les immobilisations acquises à titre gratuit sont comptabilisées à leur valeur vénale.

Les immobilisations acquises par voie d'échange sont comptabilisées à leur valeur vénale à condition que cet échange ait une substance commerciale et que la valeur vénale soit évaluée avec fiabilité.

Les immobilisations produites par l'entreprise sont comptabilisées à leur coût de production.

Chapitre 4

LES IMMOBILISATIONS CORPORELLES

Selon le programme officiel de l'examen, ce chapitre va vous permettre de définir les immobilisations corporelles, d'appliquer les règles de leur évaluation et de leur comptabilisation.

Vous développerez ainsi les compétences suivantes :

- *Identifier et distinguer les immobilisations corporelles ;*
- *Exposer et appliquer les règles d'inscription à l'actif, d'évaluation et d'enregistrement des immobilisations corporelles ;*
- *Évaluer et comptabiliser les opérations portant sur les immobilisations corporelles à l'entrée et postérieurement à leur entrée ;*
- *Analyser les conséquences d'un choix de comptabilisation, notamment sur la présentation des comptes annuels, dans une situation donnée ;*
- *Présenter les informations à fournir en annexe.*

I Les principes d'évaluation des immobilisations corporelles à l'entrée

A Les règles d'évaluation des immobilisations corporelles

1 La détermination de la valeur d'entrée

La valeur d'entrée d'une immobilisation ***comprend obligatoirement*** :

- un prix d'achat net des remises, rabais et escomptes de règlement ;
- des droits de douane et des taxes non récupérables ;
- des coûts directement attribuables pour mettre l'actif en place et en état de fonctionner (frais de transport, frais de montage et d'installation, frais d'essais de bon fonctionnement), honoraires de certains professionnels (architectes, géomètres, évaluateurs, etc.) ;
- une estimation initiale des coûts de démantèlement, d'enlèvement et de restauration du site sur lequel l'immobilisation est située.

Certains ***frais d'acquisition peuvent, sur option, être activés***. L'option est globale et irrévocable. Les frais d'acquisition concernés sont :

- les honoraires notaires, les frais d'actes, les droits de mutation et les droits d'enregistrement ;
- les coûts d'emprunts si les conditions d'activation sont réunies.

L'activation est une ***méthode de référence*** (règlement ANC 2018-01 du 20 avril 2018).

Les frais, qui ne sont pas activés, sont comptabilisés en charges.

REMARQUE
Concernant l'acquisition de véhicules, la carte grise et les frais d'immatriculation peuvent être affectés dans le coût d'acquisition (compte 2182) ou inscrits dans un compte de charges (compte 635). Ils ne supportent pas la TVA. Les options (peinture métallisée et autres options) font partie du coût d'acquisition. Les frais de carburant sont comptabilisés dans un compte de charges (compte 6061).

2 Le cas particulier des ensembles immobiliers

Le coût d'acquisition d'un ensemble immobilier doit être ventilé car seule la fraction du prix correspondant à la construction est amortissable.

a La valeur d'entrée d'un terrain

La valeur d'entrée d'un terrain ***comprend obligatoirement*** :

- le prix d'achat net des remises, rabais et escomptes de règlement ;
- certaines redevances (redevance pour la création de locaux à usage de bureaux, etc.) ;
- la participation pour la construction en surdensité et pour dépassement du plafond légal de densité ;
- la participation aux travaux de voirie effectués par la commune ;
- le prix du droit au bail acquis pour pouvoir démolir les locaux et libérer le terrain en vue d'édifier une construction ;
- les frais destinés à rendre le terrain libre (frais de démolition d'un immeuble situé sur le terrain dans le but de rendre le terrain nu sans reconstruction immédiate) ;
- l'indemnité d'éviction et de résiliation du bail consenti sur le terrain.

b La valeur d'entrée d'une construction

La valeur d'entrée d'une construction ***comprend obligatoirement*** :

- le prix d'achat net des remises, rabais et escomptes de règlement ;
- certaines redevances (taxe locale d'équipement, taxe départementale d'espace vert, taxe de transformation de locaux d'habitation en locaux de bureaux) ;
- le prix du droit au bail de l'immeuble acquis ;

- les travaux d'aménagement et d'installation, les travaux de terrassement et d'assainissement d'un terrain dans le but de le rendre constructible, les frais de démolition d'un immeuble vétuste situé sur le terrain en vue d'une reconstruction immédiate, les frais d'études, les honoraires de certains professionnels (architectes, géomètres, évaluateurs, etc.) ;
- l'indemnité d'éviction de l'immeuble ou de résiliation du bail en vue d'obtenir la libre disposition des locaux acquis.

ATTENTION

Lorsque les frais d'acquisition sont activés, ils doivent être affectés proportionnellement à la valeur du terrain et de la construction.

APPLICATION CORRIGÉE

Un ensemble immobilier a été acquis le 01/01/N pour 300 000 € (dont 50 000 € pour le terrain). Les droits d'enregistrement sont de 15 000 € (non soumis à TVA), les honoraires du notaire sont de 7 500 € HT, l'indemnité d'éviction de l'immeuble est de 25 000 €, la participation aux travaux de voirie est de 2 000 €.

Déterminer la valeur d'entrée de l'ensemble immobilier.

Éléments	Construction		Terrain	
	Prix d'achat et coûts attribuables	Frais d'acquisition	Prix d'achat et coûts attribuables	Frais d'acquisition
Prix d'achat HT	250 000		50 000	
Honoraires notaire (1)		6 250		1 250
Droits d'enregistrement (2)		12 500		2 500
Indemnité d'éviction	25 000			
Travaux de voirie			2 000	
Total	275 000	18 750	52 000	3 750

(1) 7 500 x 250 000 / 300 000 = 6 250 ; 7 500 x 50 000 / 300 000 = 1 250
(2) 15 000 x 250 000 / 300 000 = 12 500 ; 15 000 x 50 000 / 300 000 = 2 500

Correction

L'entreprise adopte la méthode de référence, les frais d'acquisition sont activés :

Valeur d'entrée de la construction = 275 000 + 18 750 = 293 750

Valeur d'entrée du terrain = 52 000 + 3 750 = 55 750

L'entreprise opte pour l'enregistrement des frais d'acquisition en charges :

Valeur d'entrée de la construction = 275 000

Valeur d'entrée du terrain = 52 000

B La période d'incorporation des coûts

Le point de départ ***d'attribution*** des coûts est la date à laquelle la Direction a pris et justifié sur le plan technique et financier la décision d'acquérir ou de produire l'immobilisation pour l'utiliser ou la céder ultérieurement, et démontré qu'elle générera des avantages économiques futurs.

Les coûts cessent d'être activés lorsque l'immobilisation est en état de fonctionner.

Sont exclus du coût d'acquisition de l'immobilisation :

- les coûts supportés avant ou pendant le développement de l'immobilisation, qui ne sont pas nécessaires pour mettre l'actif en état de fonctionner (formation du personnel, frais administratifs généraux) ;
- les coûts supportés au-delà de la mise en service (coût de réinstallation, pertes d'exploitation).

Ces dépenses sont comptabilisées en charges.

APPLICATION CORRIGÉE

Une entreprise a acquis une machine-outil le 01/03/N pour 100 000 € HT. Elle a versé un acompte de 30 000 € au fournisseur et une commission de 5 000 € HT à un intermédiaire. La machine a été livrée le 01/10/N. La facture est jointe à la livraison et a été réglée par chèque bancaire sous déduction d'un escompte de règlement de 1 % du prix de la machine. Les frais de port s'élèvent à 2 000 € HT et les frais d'installation à 1 500 € HT. Le coût de la formation du personnel s'est élevé à 1 200 € HT.

L'entreprise a financé l'acquisition par un emprunt de 50 000 €, contracté le 01/03/N, remboursable par annuités constants sur 5 ans au taux annuel de 3 %. La machine est mise en service le 01/12/N.

La méthode de référence est retenue. Les coûts d'emprunts sont activables.

Suite à un problème lors de la mise en route, l'entreprise a fait intervenir une entreprise le 15/12/N pour remettre en état la machine. La facture s'est élevée à 1 000 € HT. Une perte d'exploitation liée au problème de mise en route a été constatée pour 4 000 €.

Calculer la valeur d'entrée de la machine.

Correction

Valeur d'entrée de la machine

Éléments	Prix d'achat net	Coûts directement attribuables	Frais d'acquisition activés
Prix d'achat	100 000		
– Escompte	– 1 000		
Commission			5 000
Frais de port		2 000	
Frais d'installation		1 500	
Coûts d'emprunts			1 125
Total	99 000	3 500	6 125

Les coûts d'emprunts sont activés à partir de la date de la souscription (01/03/N) à la date de la mise en service de la machine (01/12/N) : 50 000 x 3 % x 9 / 12 = 1 125.

Les coûts de formation ne sont pas incorporables au coût d'acquisition car ils ne sont directement liés à la mise en état d'utilisation de l'actif. La perte d'exploitation est subie après la mise en état d'utilisation de l'actif et le coût de la remise en état ne sont pas incorporables au coût de l'actif car ils interviennent après la mise en état d'utilisation de la machine et n'entrent donc pas dans la période d'incorporation des coûts.

Valeur d'entrée de la machine = 99 000 + 3 500 + 6 125 = 108 625

C Les conditions d'activation des coûts d'emprunts

Les coûts des emprunts peuvent être inclus dans le coût de l'immobilisation sous certaines conditions. Ils doivent concerner la période de production de l'actif, jusqu'à la date d'acquisition ou de réception définitive et se rapporter à un actif éligible, c'est-à-dire qui exige une longue période de préparation ou de construction avant de pouvoir être utilisé ou vendu.

Les coûts d'emprunts sont facilement identifiables lorsqu'il s'agit d'emprunts spécifiques. Pour les emprunts non spécifiques, un taux de capitalisation moyen doit être déterminé.

ATTENTION

L'activation des coûts d'emprunts concerne l'ensemble des immobilisations incorporelles et corporelles éligibles de l'entreprise.

APPLICATION CORRIGÉE

Pour financer l'acquisition d'une immobilisation de 350 000 € HT, une entreprise A a contracté deux emprunts remboursables au taux annuel de 4,5 % ; le premier emprunt contracté le 01/07/N est de 100 000 €, le second emprunt contracté le 01/12/N est de 250 000 €.

Pour le démarrage de son activité, une entreprise B a contracté trois emprunts :

- 100 000 € le 01/01/N, remboursable au taux de 4 % ;
- 200 000 € le 01/03/N, remboursable au taux de 4,5 % ;
- 300 000 € le 01/04/N, remboursable au taux de 5 %.

Ces emprunts participent au financement d'une construction évaluée à 300 000 €, débutant le 15/04/N et se terminant le 15/12/N. Les dépenses ont été engagées comme suit : 200 000 € le 15/04/N, 60 000 € le 15/09/N et 40 000 € le 15/11/N.

Calculer les coûts d'emprunts.

Correction

Emprunts spécifiques

Coût des emprunts = (100 000 x 4,50 % x 6 / 12) + (250 000 x 4,50 % x 1 / 12) = 2 250 + 937,50 = 3 187,50

Emprunts non spécifiques

Taux de capitalisation = [(100 000 x 4 %) + (200 000 x 4,50 %) + (300 000 x 5 %)] / 600 000 = 4,67 %

Coût des emprunts = (200 000 x 4,67 % x 8 / 12) + (60 000 x 4,67 % x 3 / 12) + (40 000 x 4,67 % x 1 / 12) = 7 082,84

D Le tableau récapitulatif des différentes dépenses

Les principales dépenses relatives à l'acquisition d'une immobilisation sont résumées dans le tableau suivant :

Éléments	Dépenses obligatoirement rattachées du coût d'acquisition		Dépenses rattachées au coût d'acquisition ou, comptabilisées en charges	Dépenses exclues du coût d'acquisition n
	Prix d'achat	Coûts directement attribuables	Frais d'acquisition et coûts d'emprunts	Charges
Prix d'achat net de remises et d'escompte	X			
Droits de douane et TVA non récupérable	X			
Frais nécessaires à la mise en place de l'actif : frais de port, frais d'installation et de montage, honoraires ingénieur conseil pour installation, frais d'essais de bon fonctionnement, honoraires architectes, géomètres, experts, évaluateurs, coût de préparation du site, frais de démolition et travaux de reconstruction		X		
Coût de démantèlement, d'enlèvement et de restauration du site		X		
Honoraires notaire, frais d'actes, commissions, courtages, droits d'enregistrement, droits de mutation			X	
Coûts d'emprunt			X	
Frais non directement attribuables pour mettre l'actif en place : frais d'essais après mise en service, frais de formation du personnel, coûts d'ouverture d'une nouvelle installation, frais d'introduction d'un nouveau produit				X
Coûts administratifs généraux				X

E Les coûts de démantèlement

Les coûts de démantèlement sont constatés dès l'installation de l'actif et sont indépendants du niveau d'activité. Ils sont inscrits à l'actif en plus du coût d'entrée de l'immobilisation, en contrepartie d'une ***provision pour coûts de démantèlement, d'enlèvement et de remise en état.*** Ils s'étalent par le biais d'un amortissement au même rythme d'amortissement que l'amortissement de l'immobilisation.

F Le traitement comptable

1 La comptabilisation de l'acquisition d'une immobilisation corporelle

La comptabilisation comprend les étapes suivantes :

1. Avances et acomptes versés

238	Avances et acomptes versés sur immobilisations corporelles	X	
512	Banques		X
	Facture d'acompte n° …		

2. Réception de la facture
Activation des frais d'acquisition et des coûts d'emprunt

21.	Immobilisations corporelles – Actif de support (*valeur d'entrée*)	X	
21.	Immobilisations corporelles – Actif de démantèlement	X	
44562	TVA sur immobilisations (*sauf coûts d'emprunt et démantèlement*)	X	
238	Avances et acomptes versés (*solde*)		X
404	Fournisseurs d'immobilisations		X
1581	Provisions pour remise en état		X
796	Transferts de charges financières *(coûts d'emprunt)*		X
	Facture n° …		

Option des frais d'acquisition en charges

21.	Immobilisations corporelles – Actif de support (*valeur d'entrée*)	X	
21.	Immobilisations corporelles – Actif de démantèlement	X	
44562	TVA sur immobilisations (*sauf démantèlement*)	X	
622	Rémunérations d'intermédiaires et honoraires	X	
44566	TVA sur biens et services	X	
6354	Droits d'enregistrement et de timbre *(pas de TVA)*	X	
238	Avances et acomptes versés (*solde*)		X
404	Fournisseurs d'immobilisations		X
1581	Provisions pour remise en état		X
	Facture n° …		

Les intérêts sur emprunts sont comptabilisés à terme échu à l'échéance (compte 661).
Pour un emprunt contracté en cours d'année, des ICNE sont comptabilisés à la clôture.

3. Règlement de la facture

404 512	Fournisseurs d'immobilisations Banques *Avis de débit n° ...*	X	 X

APPLICATION CORRIGÉE

Une entreprise a fait installer une plateforme. La plateforme est opérationnelle le 31/12/N. La facture s'élève à 1 000 000 € HT. L'exploitation doit durer 20 ans et la société devra remettre en état le site à l'issue de la durée d'exploitation. Le coût de cette remise en état est estimé à 50 000 €.

Comptabiliser l'écriture d'acquisition.

Correction

Écriture d'acquisition

	31/12/N		
2151.1	Installations complexes spécialisées – Actif de support	1 000 000	
2151.2	Installations complexes spécialisées – Actif de démantèlement	50 000	
44562	TVA sur immobilisations	200 000	
404	Fournisseurs d'immobilisations		1 200 000
1581	Provisions pour remise en état		50 000
	Facture n° ...		

2 La comptabilisation échelonnée des coûts directement attribuables et des frais d'acquisition activés

Les factures des coûts directement attribuables et des frais d'acquisition activés, intervenant après la date de la réception de la facture d'acquisition de l'immobilisation, sont comptabilisées en charges ou en en-cours. Une régularisation doit être opérée à la clôture de l'exercice.

La comptabilisation comprend les étapes suivantes :

1. Réception de la facture d'acquisition de l'immobilisation

21 44562 404	Immobilisations corporelles *(prix d'achat net)* TVA sur immobilisations Fournisseurs d'immobilisations *Facture n° ...*	X X	 X

2. Réception des factures liées aux coûts engagés

6. 44566 401	Comptes de charges (*) TVA sur biens et services (*) Fournisseurs *Facture n° …*	X X	 X

(*) Utiliser les comptes 231 et 44562 si les dépenses sont comptabilisées en en-cours.

3. Régularisation à la clôture

21 722	Immobilisations corporelles Production immobilisée – Immobilisations corporelles (*) *Pour régularisation*	X	 X

(*) Utiliser le compte 231 si les dépenses ont été comptabilisées en en-cours.

APPLICATION CORRIGÉE

Une entreprise a commandé le 01/03/N une machine pour 100 000 € HT. La société a reçu et réglé le 15/04/N la facture relative à une commission à un intermédiaire pour 1 200 € HT. La facture de la machine est reçue le 20/09/N. La mise en service a lieu le 20/09/N. L'entreprise retient la méthode de référence.

Calculer la valeur d'entrée de la machine et comptabiliser les écritures nécessaires.

Correction

Valeur d'entrée de la machine

Valeur d'entrée = 100 000 + 1 200 = 101 200

	15/04/N		
6221	Commissions et courtages sur achats	1 200	
44566	TVA sur biens et services	240	
512	Banques		1 440
	Facture n° …		
	20/09/N		
215	Installations techniques, matériel et outillage industriels	100 000	
44562	TVA sur biens et services	20 000	
404	Fournisseurs d'immobilisations		120 000
	Facture n° …		
	31/12/N		
215	Installations techniques, matériel et outillage industriels	1 200	
722	Production immobilisée – Immobilisations corporelles		1 200
	Régularisation des charges par nature		

Vérification : 100 000 + 1 200 = 101 200

3 Les régimes particuliers de TVA sur acquisitions d'immobilisations corporelles

a Les travaux immobiliers

Les travaux immobiliers sont assimilés à des prestations de services. Une partie de la TVA est déductible au versement de l'acompte, le solde au règlement de la facture (sauf option pour les débits).

La comptabilisation comprend les étapes suivantes :

1. Avances et acomptes versés

238	Avances et acomptes versés sur immobilisations corporelles *(TTC)*	X	
44562	TVA sur immobilisations *(Acompte TTC / 1,20)* x 20 %	X	
512	Banques		X
4458	TVA à régulariser ou en attente		X
	Facture d'acompte n° ...		

2. Réception de la facture

Une retenue de garantie, égale en principe au plus à 5 % du montant des travaux, peut être prévue au profit du maître de l'ouvrage.

213	Constructions *(valeur d'entrée Vo)*	X	
44564	TVA sur encaissements *(Vo x 20 %)* – TVA sur acompte	X	
4458	TVA à régulariser ou en attente *(solde)*	X	
238	Avances et acomptes versés *(solde)*		X
4047	Fournisseurs d'immobilisations – Retenue de garantie		X
4041	Fournisseurs d'immobilisations		X
	Facture n° ...		

3. Règlement de la facture

4041	Fournisseurs d'immobilisations	X	
44562	TVA sur immobilisations *(Montant réglé / 1,20)* x 20 %	X	
512	Banques		X
44564	TVA sur encaissements		X
	Avis de débit n° ...		

4. Règlement de la retenue de garantie

4047	Fournisseurs d'immobilisations – Retenue de garantie	X	
44562	TVA sur immobilisations *(Retenue de garantie / 1,20)* x 20 %	X	
512	Banques		X
44564	TVA sur encaissements		X
	Avis de débit n° ...		

b Les acquisitions d'immobilisations assujetties à un coefficient de déduction inférieur à 1

Dans le cas où la TVA est non déductible (CDE = 0) ou déductible partiellement (0 < CDE < 1), cela sera précisé dans le contexte.

La TVA non déductible augmente la valeur d'entrée de l'immobilisation.

L'écriture comptable est la suivante :

21 44562 404	Immobilisations corporelles *(valeur d'entrée + TVA non déductible)* TVA sur immobilisations *(valeur d'entrée x 20 % x CDE)* Fournisseurs d'immobilisations *Facture n° …*	X X	 X

TVA non déductible = Valeur d'entrée x 20 % x (1 – CDE)

4 Le traitement comptable des acquisitions d'immobilisations à l'étranger

Le coût de l'immobilisation est converti en monnaie nationale au cours du jour de l'opération.

a Les acquisitions intracommunautaires

La TVA est exigible à la date de la réception de la facture si cette dernière est délivrée avant le 15 du mois suivant la livraison ; dans ce cas, la TVA est auto-liquidée.

L'écriture comptable est la suivante :

2. 44562.2 404.2 4452	Immobilisations TVA déductible intracommunautaire sur immobilisations Fournisseurs d'immobilisations UE TVA due intracommunautaire *Facture n° …*	X X	 X X

APPLICATION CORRIGÉE

Une entreprise a acquis une machine auprès d'un fournisseur allemand le 01/08/N pour 10 000 € (facture jointe).

Comptabiliser l'écriture d'acquisition.

Correction

Écriture d'acquisition

	01/08/N		
215 44562.2 404.2 4452	Matériel TVA déductible intracommunautaire sur immobilisations Fournisseurs d'immobilisations UE TVA due intracommunautaire *Facture n° …*	10 000 2 000	 10 000 2 000

b Les importations

Deux possibilités s'offrent à l'entreprise :

- ***la TVA peut être autoliquidée***, sur autorisation de l'administration des douanes, sous réserve de remplir certaines conditions (avoir effectué au moins 4 importations au cours des 12 mois précédant la demande, disposer d'un système de gestion des écritures douanières et fiscales permettant le suivi des opérations d'importation, ne pas avoir commis d'infractions graves ou répétées aux dispositions douanières et fiscales et justifier d'une solvabilité financière suffisante au cours des 12 mois précédant la demande). La TVA est autoliquidée dès la réception de la facture, au même titre que les acquisitions intracommunautaires.

L'écriture comptable est la suivante :

2.	Immobilisations	X	
44562	TVA sur immobilisations	X	
404	Fournisseurs d'immobilisations		X
4455.	TVA due sur importations		X
	Facture n° …		

- ***la TVA est exigible au moment du dédouanement***. La TVA est déductible lorsque l'entreprise est en possession des documents douaniers.

La comptabilisation nécessite deux écritures :

Réception de la facture

2.	Immobilisations	X	
404	Fournisseurs d'immobilisations		X
	Facture n° …		

Réception de la facture du transitaire en douane

2.	Immobilisations *(droits de douane + frais accessoires activés)*	X	
44562	TVA sur immobilisations (*)	X	
443	Opérations particulières avec l'État		X
	Facture du transitaire		

(*) TVA sur la valeur de l'immobilisation et sur les droits de douane et frais accessoires.

APPLICATION CORRIGÉE

Une entreprise a acquis le 01/03/N une machine auprès d'un fournisseur américain pour un montant de 100 000 €. Le 03/03/N, elle reçoit la facture du transitaire. Les droits de douane sont de 15 000 € HT.

Comptabiliser les écritures relatives à cette acquisition.

Correction

Valeur d'entrée de la machine

Valeur d'entrée = 100 000 + 15 000 = 115 000

TVA déductible au 03/03 = (100 000 + 15 000) x 20 % = 23 000

	01/03/N		
215	Matériel	100 000	
404	Fournisseurs d'immobilisations		100 000
	Facture n° …		
	03/03/N		
215	Matériel	15 000	
44562	TVA déductible sur immobilisations	23 000	
443	Opérations particulières avec l'État		38 000
	Facture du transitaire		

Cas où l'entreprise opte pour l'autoliquidation : (on négligera les droits de douane)

	01/03/N		
215	Matériel	100 000	
44562	TVA sur immobilisations	20 000	
404	Fournisseurs d'immobilisations		100 000
4455.	TVA due sur importations		20 000
	Facture n° …		

5 L'acquisition d'une immobilisation à titre gratuit

L'immobilisation reçue à titre gratuit provoque un enrichissement du patrimoine de l'entité et doit être comptabilisée comme un produit exceptionnel.

L'écriture comptable est la suivante :

21	Immobilisations corporelles	X	
778	Autres produits exceptionnels		X
	Acquisition gratuite d'immobilisations corporelles		

II Les principes d'évaluation des immobilisations corporelles produites

A Les règles d'évaluation des immobilisations produites

Le coût de production (CP) d'une immobilisation produite par l'entreprise pour elle-même comprend les éléments suivants :

- le coût d'acquisition des matières consommées ;
- les coûts engagés directs et indirects au cours des opérations de production :

Coûts variables + (Coûts fixes x Coefficient de sous-activité)

- les coûts d'emprunt activés sur option (si conditions réunies).

Les dépenses suivantes sont exclues du coût de production de l'immobilisation :

- les dépenses qui ne sont pas directement liées à la préparation de l'actif en vue de son utilisation (frais de recherche, frais d'administration générale, frais de formation) ;
- les amortissements dérogatoires car ils ne sont pas économiquement justifiés ;
- le coût de la sous-activité.

REMARQUE

En suractivité : CP = MP consommées + Coûts variables + Coûts fixes

En sous-activité : CP = MP consommées + Coûts variables + (Coûts fixes x Coefficient de sous-activité)

Le coût de la sous-activité étant exclu du coût de production de l'immobilisation, il reste comptabilisé en charges dans le résultat de l'exercice.

B Le traitement comptable

1 Les immobilisations produites sur un seul exercice

Lorsque l'immobilisation est achevée et mise en service, les frais engagés comptabilisés au préalable en charges au fur et à mesure de l'avancement des travaux, sont neutralisés par le biais d'un compte de production immobilisée.

La loi de simplification de la vie des entreprises supprime l'obligation de constater une livraison à soi-même soumise à TVA dès lors que l'acquisition du bien auprès d'un autre assujetti aurait ouvert droit à la déduction intégrale de la TVA.

L'écriture comptable est la suivante :

21 722 796	Immobilisations corporelles Production immobilisée *(sauf coûts d'emprunt)* Transferts de charges financières *(coûts d'emprunt activés)* *Coût de production de l'immobilisation achevée*	X	 X X

APPLICATION CORRIGÉE

Une entreprise a construit pour son propre usage une machine-outil. Les travaux ont débuté le 01/03/N et se sont achevés le 31/12/N. Les dépenses engagées sont les suivantes :

- matières premières : 200 000 € ;
- main-d'œuvre : 220 000 € (dont 40 000 € de charges fixes) ;
- frais de fabrication : 50 000 € (dont 20 000 € de charges fixes) ;
- coûts d'emprunts activés : 2 000 €.

L'activité a représenté 80 % de l'activité normale.

Calculer le coût de production de la machine et comptabiliser l'écriture au 31/12/N.

Correction

Coût de production de la machine

Coût de production = 200 000 + (220 000 – 40 000) + (50 000 – 20 000) + (40 000 + 20 000) x 80 % + 2 000 = 460 000

	31/12/N		
215 722 796	Matériel industriel Production immobilisée Transferts de charges financières *Coût de production de l'immobilisation achevée*	460 000	 458 000 2 000

2 Les immobilisations produites sur plusieurs exercices

Lorsqu'à la clôture de l'exercice N–1, l'immobilisation n'est pas terminée, il convient de procéder à l'évaluation partielle de son coût de production N–1. Il n'y a pas de TVA sur les productions en cours. À l'achèvement de l'immobilisation en N, on procède à l'évaluation du coût de production total.

Les écritures comptables sont les suivantes :

Évaluation du coût de production à la clôture N–1

231 722 796	Immobilisations corporelles en cours *(CP_{N-1})* Production immobilisée *(sauf coûts d'emprunts)* Transferts de charges financières *(coûts d'emprunt activés $_{N-1}$)* *En-cours de production*	X	 X X

Évaluation du coût de production à l'achèvement de l'immobilisation

21	Immobilisations corporelles *(CP total)*	X	
231	Immobilisations corporelles en cours *(solde du CP_{N-1})*		X
722	Production immobilisée *(CP_N hors coûts d'emprunt)*		X
796	Transferts de charges financières *(coûts d'emprunt activés $_N$)*		X
	Coût de production de l'immobilisation achevée		

APPLICATION CORRIGÉE

Une entreprise a construit pour son propre usage une machine-outil. Les travaux ont débuté le 01/03/N–1 et se sont achevés le 31/12/N.

Les dépenses engagées en N–1 sont les suivantes :

Frais de recherche et d'études préalables	Matières premières	Main-d'œuvre	Frais de fabrication	Frais administratifs généraux
10 000	60 000	100 000	40 000	2 000

Les dépenses engagées en N sont les suivantes :

Matières premières	Main-d'œuvre	Frais de fabrication	Sous-traitants
120 000	200 000 (dont 50 000 de charges fixes)	140 000 (dont 50 000 de charges fixes)	30 000

L'entreprise a contracté un emprunt le 01/03/N pour 120 000 € au taux annuel de 3 %.

L'activité a représenté 80 % de l'activité normale.

Calculer le coût de production de la machine et comptabiliser l'écriture au 31/12/N.

Correction

Coût de production de la machine

Coût de production$_{N-1}$ = 60 000 + 100 000 + 40 000 = 200 000

Coût de production$_N$ = 120 000 + (200 000 – 50 000) + (140 000 – 50 000) + 30 000 + (50 000 + 50 000) x 80 % + (120 000 x 3 % x 10 / 12) = 473 000

Coût de production total = 200 000 + 473 000 = 673 000

	31/12/N		
215	Matériel industriel	673 000	
231	Immobilisations corporelles en cours		200 000
722	Production immobilisée		470 000
796	Transferts de charges financières		3 000
	Coût de production de l'immobilisation achevée		

3 Les régimes particuliers de TVA

La loi de simplification de la vie des entreprises ne s'applique pas aux entreprises partiellement assujetties à la TVA, le coefficient de déduction (CDE) n'affectant que la TVA déductible.

Le montant du CDE sera précisé dans le contexte.

Les écritures comptables sont alors les suivantes :

Immobilisations produites sur un seul exercice N

21	Immobilisations corporelles *(CP_N + TVA non déductible)*	X	
44562	TVA sur immobilisations *(CP_N hors coûts d'emprunt x 20 % x CDE)*	X	
722	Production immobilisée *(sauf coûts d'emprunt)*		X
796	Transferts de charges financières *(coûts d'emprunt activés)*		X
44571	TVA collectée *(CP_N hors coûts d'emprunt x 20 %)*		X
	Coût de production de l'immobilisation achevée		

TVA non déductible = CP_N (hors coûts d'emprunt) x 20 % x (1 – CDE)

Immobilisations produites sur plusieurs exercices – Achèvement en N

21	Immobilisations corporelles *(CP total + TVA non déductible)*	X	
44562	TVA sur immobilisations *(CP total hors coûts d'emprunt x 20 % x CDE)*	X	
231	Immobilisations corporelles en cours *(solde CP_{N-1})*		X
722	Production immobilisée *(CP_N sauf coûts d'emprunt)*		X
796	Transferts de charges financières *(coûts d'emprunt activés $_N$)*		X
44571	TVA collectée *(CP total hors coûts d'emprunt x 20 %)*		X
	Coût de production de l'immobilisation achevée		

TVA non déductible = CP total (hors coûts d'emprunt) x 20 % x (1 – CDE)

APPLICATION CORRIGÉE

Une construction a été produite par l'entreprise pour elle-même. Les coûts engagés sont répartis de la façon suivante :

Éléments	N–1	N
Matières premières	15 000	12 000
Charges directes de production	20 000	40 000
Charges indirectes fixes	10 000	12 000
Frais d'administration générale	1 000	1 500

L'activité globale de la société a représenté 95 % de son activité normale en N–1 et 85 % en N. Le 01/09/N–1, l'entreprise a emprunté 100 000 €, remboursable au taux de 4,5 %.

La période de fabrication a commencé le 01/09/N–1 et s'est achevée le 01/06/N. Le bien est mis en service le 01/06/N. Le CDE de l'entreprise est de 80 %.

Calculer le coût de production de la construction et comptabiliser les écritures au 31/12/N–1 et au 31/12/N.

Correction

Coût de production de la construction

CP_{N-1} = 15 000 + 20 000 + (10 000 x 95 %) + (100 000 x 4,5 % x 4 / 12) = 46 000 (dont 1 500 de coûts d'emprunt)

CP_{N} = 12 000 + 40 000 + (12 000 x 85 %) + (100 000 x 4,5 % x 5 / 12) = 64 075 (dont 1 875 de coûts d'emprunt)

CP total = 110 075

TVA déductible = (110 075 – 1 500 – 1 875) x 20 % x 0,80 = 106 700 x 20 % x 0,80 = 17 072

TVA non déductible = 106 700 x 20 % x (1 – 0,80) = 4 268

Valeur d'entrée = 110 075 + 4 268 = 114 343

TVA collectée = 106 700 x 20 % = 21 340

	31/12/N–1		
231	Immobilisations corporelles en cours	46 000	
722	Production immobilisée – Immobilisations corporelles		44 500
796	Transferts de charges financières		1 500
	Coût de production$_{N-1}$		
	31/12/N		
213	Constructions	114 343	
44562	TVA déductible sur immobilisations	17 072	
231	Immobilisations corporelles en cours		46 000
722	Production immobilisée		62 200
44571	TVA collectée		21 340
796	Transferts de charges financières		1 875
	Coût de production total		

III L'amortissement des immobilisations corporelles

Pour donner une image fidèle de la situation de l'entreprise, il est obligatoire de comptabiliser les amortissements, même en cas de perte.

A La définition

L'amortissement est la constatation comptable de la consommation des avantages attendus d'une immobilisation, le rythme de cette consommation étant déterminé sur une durée d'utilisation ou une consommation d'unités d'œuvre.

Le plan d'amortissement est la traduction de la répartition de la valeur amortissable d'un actif selon le rythme de consommation des avantages économiques attendus en fonction de son utilisation probable.

B Les modes d'amortissement

1 Le mode d'amortissement comptable

Le mode d'amortissement doit traduire au mieux le rythme de consommation des avantages économiques attendus par l'entité. Il est déterminé en fonction des caractéristiques propres à l'entreprise. La consommation attendue peut être déterminée en unités de temps ou en unités d'œuvre. Le mode linéaire est appliqué à défaut de mode mieux adapté.

a L'amortissement linéaire

- ***Champ d'application***

Le mode d'amortissement linéaire est le mode d'amortissement de droit commun.

- ***Taux d'amortissement linéaire (tl)***

$$t_l = 100\ \% / N$$

N = nombre d'années d'utilisation du bien à amortir

- ***Point de départ de l'amortissement***

L'amortissement commence à la date de début de consommation des avantages économiques qui lui sont attachés. Cette date correspond à la date exacte de la mise en service de l'actif (à défaut la date exacte d'acquisition). L'année est prise en compte pour 360 jours (mois de 30 jours) ou pour 365 jours (mois de jours réels).

- ***Annuité d'amortissement (A)***

$$A = \text{Base amortissable} \times t_l$$

Il convient d'appliquer un prorata temporis lorsque la première est incomplète :
A1 = Base amortissable x t_l x n / 360.

Dernière annuité : $(A_n) = A - A_1$ ou $A_n = Vo \times t_l \times (360 - n) / 360$.

(n) est le nombre de jours entre la date exacte de mise en service et la date de clôture de l'exercice. Ainsi un amortissement sur 5 ans peut concerner 6 annuités lorsque la première annuité est incomplète.

APPLICATION CORRIGÉE

Une entreprise a acquis le 01/10/N un matériel pour 25 000 € HT. La durée d'utilisation est de 4 ans. Le mode d'amortissement est linéaire.

Présenter le plan d'amortissement.

Correction
Plan d'amortissement

Années	Base	Annuités	Cumul	VNC
N	25 000	1 562,5 (1)	1 562,5	23 437,5
N+1	25 000	6 250 (2)	7 812,5	17 187,5
N+2	25 000	6 250 (2)	14 062,5	10 937,5
N+3	25 000	6 250 (2)	20 312,5	4 687,5
N+4	25 000	4 687,5 (3)	25 000	0

(1) (25 000 / 4) x 90 / 360 = 1 562,5
(2) 25 000 / 4 = 6 250
(3) 6 250 – 1 562,5 = 4 687,5

b L'amortissement variable sur la base des unités d'œuvre

Cette méthode devrait permettre une approche plus réelle de l'amortissement que la méthode linéaire. Elle peut être évaluée en fonction du nombre de kilomètres parcourus, les quantités fabriquées de produits, etc.

REMARQUE

Selon l'Administration, le mode d'amortissement par unités d'œuvre revêt un caractère exceptionnel et n'est pas reconnu fiscalement.

APPLICATION CORRIGÉE

Une entreprise a acquis le 01/01/N un matériel pour 25 000 € HT. La durée d'utilisation est de 4 ans. Les amortissements sont proportionnels aux unités d'œuvre consommées, respectivement de 1 000, 2 000, 3 000 et 4 000 pour les exercices N, N+1, N+2 et N+3.

Présenter le plan d'amortissement sur la base des unités d'œuvre.

Correction
Plan d'amortissement

Années	Base	Annuités	Cumul	VNC
N	25 000	2 500 (1)	2 500	22 500
N+1	25 000	5 000 (2)	7 500	17 500
N+2	25 000	7 500 (3)	15 000	10 000
N+3	25 000	10 000 (4)	25 000	0

(1) 25 000 x 1 000 / 10 000 = 2 500
(2) 25 000 x 2 000 / 10 000 = 5 000
(3) 25 000 x 3 000 / 10 000 = 7 500
(4) 25 000 x 4 000 / 10 000 = 10 000

2 Les modes d'amortissement fiscaux

a L'amortissement dégressif

L'utilisation de l'amortissement dégressif permet de constater davantage de charges les premières années, donc de diminuer le bénéfice et, par conséquent, l'impôt sur les bénéfices.

La pratique de l'amortissement dégressif est un choix de l'entreprise, lui permettant de bénéficier du ***maximum de déductibilité***.

• *Champ d'application*

L'amortissement dégressif est réservé aux biens suivants :

– le bien doit être acquis neuf ou fabriqué par l'entreprise ;
– la durée d'utilisation doit être supérieure ou égale à 3 ans ;
– les immobilisations concernées sont les matériels et outillages utilisés pour des opérations industrielles de fabrication, de transformation ou de transport, les matériels de manutention, les installations destinées à l'épuration des eaux et à l'assainissement de l'atmosphère, les installations productrices de vapeur, de chaleur ou d'énergie, les installations de sécurité, les matériels et outillage utilisés à des opérations de recherche scientifique et technique, les installations de stockage et de magasinage, les véhicules de transport (sauf véhicules particuliers et véhicules utilitaires < 2 tonnes de charge utile), les matériels de bureau, les bâtiments industriels de construction légère d'une durée d'utilisation < 15 ans, les investissements hôteliers.

• *Taux d'amortissement dégressif (td)*

$$t_d = t_l \times k$$

k : coefficient variable suivant la durée d'utilisation de l'immobilisation

Le coefficient k est fixé :

– à 1 ,25 pour une durée normale d'utilisation comprise entre 3 et 4 ans ;
– à 1,75 pour une durée normale d'utilisation comprise entre 5 et 6 ans ;
– à 2,25 une durée normale d'utilisation supérieure à 6 ans.

À titre indicatif, les principaux taux dégressifs sont les suivants :

Années	Taux linéaire	Taux dégressif
3	33,33 %	41,66 %
4	25 %	31,25 %
5	20 %	35 %
6	16,66 %	29,16 %
8	12,50 %	28,12 %
10	10 %	22,50 %
12	8,33 %	18,75 %
15	6,66 %	15 %
20	5 %	11,25 %

- ***Point de départ de l'amortissement***

L'amortissement commence à partir du premier jour du mois d'acquisition. La durée courue est calculée en mois.

- ***Annuité d'amortissement***

À la clôture de chaque exercice, le montant de l'annuité est déterminé en appliquant le taux dégressif à la valeur nette comptable :

$$A = VNC \times t_d$$

Lorsque le taux d'amortissement dégressif devient, à la clôture d'un exercice, inférieur au quotient de 100 % par le nombre d'années d'utilisation restant à courir à compter de l'ouverture dudit exercice, l'entreprise peut pratiquer un amortissement linéaire égal à la VNC sur le nombre d'années restant à courir.

APPLICATION CORRIGÉE

Une entreprise a acquis le 15/10/N un matériel pour 25 000 € HT. La durée d'utilisation est de 4 ans. L'entreprise bénéficie du mode d'amortissement dégressif.

Présenter le plan d'amortissement dégressif.

Correction
Plan d'amortissement

Taux dégressif = (100 % / 4) x 1,25 = 31,25 %

Années	Base	Taux linéaire	Annuités	Cumul	VNC
N	25 000	25 %	1 953,13 (1)	1 953,13	23 046,87
N+1	23 046,87	33,33 %	7 682,29 (2)	9 635,42	15 364,58
N+2	15 364,58	50 %	7 682,29 (3)	17 317,71	7 682,29
N+3	7 682,29	100 %	7 682,29 (4)	25 000	0

(1) 25 000 x 31,25 % x 3 / 12 = 1 953,13
(2) 23 046,87 x 33,1/3 % = 7 682,29
(3) 15 364,58 x 50 % = 7 682,29
(4) 7 682,29 x 100 % = 7 682,29

b L'amortissement exceptionnel

Dans le but de favoriser l'investissement, le législateur a offert aux entreprises la possibilité de pratiquer, pour certains biens, des amortissements exceptionnels visant à enregistrer, pour les premières années, des montants supérieurs à la dépréciation réelle du bien. La pratique de l'amortissement exceptionnel est un choix de l'entreprise, lui permettant de bénéficier du maximum de déductibilité.

- ***Les biens éligibles à l'amortissement exceptionnel sur 12 mois***

Sont éligibles à l'amortissement exceptionnel sur 12 mois :

– les logiciels standards et spécifiques, les logiciels d'exploitation dissociés de la facture de l'ordinateur et les sites internet acquis au cours d'exercices ouverts avant le 1er janvier 2017, à compter du premier jour du mois de l'achat. Depuis le 1er juillet 2017, ils sont amortissables sur leur durée réelle d'utilisation ;

– les investissements en faveur des économies d'énergie acquis avant le 1er janvier 2010 ainsi que les matériels destinés à économiser l'énergie, les équipements d'énergie renouvelable, les matériels destinés à réduire le niveau acoustique d'installations et les biens bénéficiant de mesures de protection de l'environnement, acquis ou fabriqués avant le 1er janvier 2011, à compter de la date exacte de la mise en service. Ils sont désormais amortissables sur leur durée réelle d'utilisation.

- ***Les biens éligibles à l'amortissement exceptionnel sur 24 mois***

Sont éligibles à l'amortissement exceptionnel sur 24 mois :

– les robots industriels, acquis ou créés entre le 1er octobre 2013 et le 31 décembre 2016, à compter de la date exacte de leur mise en service ;

– les équipements de fabrication additive (imprimantes 3D), acquis ou créés entre 1er octobre 2015 et le 31 décembre 2017, à compter de la date de leur mise en service.

Ce dispositif est réservé aux entreprises répondant aux conditions de la PME communautaire (entreprises de CA < 50 M€ ; de total bilan < 43 M€ et d'effectif < 250).

- ***Les immeubles industriels et commerciaux édifiés dans certaines zones***

Les immeubles neufs à usage industriel ou commercial édifiés avant le 1er janvier 2016 dans les ZRR ou les ZRU bénéficiaient d'un amortissement exceptionnel égal à 25 % du prix de revient des constructions dès la première année, auquel s'ajoutait l'amortissement de la valeur résiduelle sur la durée normale d'utilisation. Le régime a été étendu aux travaux de rénovation.

REMARQUE

Les amortissement dégressif et exceptionnel sont des amortissements fiscaux car ils correspondent à un avantage fiscal accordé aux entreprises. Le complément d'amortissement résultant de leur application sera comptabilisé en amortissements dérogatoires. En l'absence de textes fiscaux de niveau supérieur, l'amortissement fiscal est linéaire.

c Le sur-amortissement

Les entreprises soumises à l'IS ou l'IR selon un régime réel d'imposition, de plein droit ou sur option, peuvent déduire de leur résultat imposable une somme égale à 40 % de la valeur d'origine de certains biens d'équipement, acquis ou fabriqués entre le 15 avril 2015 jusqu'au 14 avril 2017. La déduction exceptionnelle s'applique également à certains véhicules acquis entre le 1er janvier 2016 et le 31 décembre 2019. Les biens doivent être acquis à l'état neuf ou fabriqués par l'entreprise et doivent être éligibles à l'amortissement dégressif. Par dérogation, certains biens sont éligibles, même lorsqu'ils ne sont pas amortissables selon le mode dégressif. La déduction est répartie linéairement sur la durée normale d'utilisation des biens, à compter du premier jour du mois de l'achat ou de la fabrication.

REMARQUE

Pour pallier à la non-reconduction de l'amortissement exceptionnel sur 12 mois ou sur 24 mois des biens énumérés ci-dessus, de nouveaux dispositifs de sur-amortissement ont été instaurés, permettant aux entreprises de bénéficier d'une déduction égale à 40 % de la valeur d'origine des biens acquis. L'un de ces dispositifs est réservé aux PME qui investissent dans la robotique et la digitalisation industrielle (imprimante 3D) entre le 1er janvier 2019 et le 31 décembre 2020. La déduction est étalée de manière extra-comptable et relève de l'UE 4 Droit fiscal.

APPLICATION CORRIGÉE

Une entreprise a acquis le 01/07/N un camion pour lequel elle bénéficie d'une déduction exceptionnelle. Le prix d'achat est de 60 000 € HT. Le bien est amortissable selon le mode linéaire et sa durée d'utilisation est de 5 ans.

Présenter le plan d'amortissement.

Correction
Plan d'amortissement

Années	Amortissement comptable	Déduction exceptionnelle extra-comptable
N	6 000 (1)	2 400 (3)
N+1	12 000 (2)	4 800 (4)
N+2	12 000	4 800
N+3	12 000	4 800
N+4	12 000	4 800
N+5	6 000	2 400
Total	60 000	24 000

(1) (60 000 / 5) x 6 / 12 = 6 000
(2) 60 000 / 5 = 12 000
(3) 6 000 x 40 % = 2 400
(4) 12 000 x 40 % = 4 800

C L'amortissement dérogatoire

L'amortissement dérogatoire représente l'amortissement ne correspondant pas à l'objet normal d'un amortissement. Il résulte soit de :

- l'application de textes fiscaux de niveau supérieur (amortissement dégressif, amortissement exceptionnel, etc.) ;
- divergences entre les règles comptables et les règles fiscales en termes de base amortissable, de durée d'amortissement et de mode d'amortissement.

D Les divergences entre les règles comptables et les règles fiscales

1 La base amortissable

a La base amortissable comptable

La base amortissable est la valeur brute d'un actif sous déduction de sa valeur résiduelle.

La ***valeur brute*** d'un actif est sa valeur d'entrée dans le patrimoine de l'entité.

Valeur d'entrée =
PA HT net de remises et d'escomptes
\+ Droits de douane
\+ Coûts directement attribuables
\+ Frais d'acquisition activables (méthode de référence)
\+ Coûts d'emprunts activables (sous conditions)

La ***valeur résiduelle*** est le prix de cession à la fin de l'utilisation du bien sous déduction des coûts de sortie ; elle doit être à la fois ***significative*** (modification sensible du montant des amortissements) et ***mesurable*** (possibilité de déterminer de manière fiable la valeur de revente du bien).

Valeur résiduelle =
Valeur vénale brute à l'issue de la durée d'utilisation du bien
– Coûts nets de sortie (commissions, transport, publicité)

b La base amortissable fiscale

La base amortissable est la valeur brute d'un actif. La valeur résiduelle n'est pas retranchée.

2 La durée d'amortissement

a La durée d'amortissement comptable

La durée d'amortissement est la ***durée d'utilisation réelle*** retenue par l'entreprise. C'est donc aux caractéristiques propres de l'entreprise qu'il convient de se référer pour déterminer la durée d'amortissement comptable.

b La durée d'amortissement fiscalement admise

La durée d'amortissement est la ***durée d'usage*** ; c'est donc à des usages ou à des pratiques admis pour certaines catégories de biens qu'il faut se référer pour déterminer la durée d'amortissement fiscale.

À titre indicatif, les taux pratiqués sont les suivants :

- 5 % pour les bâtiments industriels ;
- 10 % à 20 % pour le matériel et l'outillage ;
- 20 % à 25 % pour les véhicules de transport ;
- 10 % pour le mobilier, etc.

REMARQUE

Une mesure de simplification est réservée aux PME ne dépassant pas deux des trois seuils ci-après : « *total bilan < 4 M€, total CA < 8 M€, nombre de salariés < 50* ».

Si la durée d'usage est inférieure la durée comptable, ces entreprises peuvent pratiquer l'amortissement comptable sur la durée la plus courte, afin d'éviter la constatation d'amortissements dérogatoires. Le supplément d'amortissement n'est donc pas comptabilisé en amortissement dérogatoire.

Cette dérogation n'est pas obligatoire. Il ne s'agit que d'une option comptable. Elle doit être mentionnée dans l'annexe.

3 Les modes d'amortissement

a Le mode d'amortissement comptable

La consommation des avantages économiques attendus de l'actif par l'entité est déterminée en ***unités de temps*** ou en ***unités d'œuvre***, à défaut, le mode linéaire est appliqué.

b Les modes d'amortissement fiscal

Sur le plan fiscal, les modes d'amortissement sont l'amortissement dégressif et l'amortissement exceptionnel, ou l'amortissement linéaire en l'absence de textes fiscaux de niveau supérieur.

4 Les incidences sur le plan d'amortissement

Les divergences entre les règles fiscales et comptables sont résumées dans le tableau suivant :

Éléments	Règles fiscales	Règles comptables
Base amortissable	Valeur d'entrée	Valeur d'entrée – Valeur résiduelle
Durée d'amortissement	Durée d'usage	Durée réelle prévue par l'entreprise
Mode d'amortissement	Linéaire Dégressif Exceptionnel	Unités d'œuvre (à défaut mode linéaire)

Suite aux divergences résultant de la base amortissable, de la durée ou du mode d'amortissement, les annuités fiscales peuvent être supérieures ou inférieures aux annuités comptables :

– ***soit l'annuité fiscale est supérieure à l'annuité comptable*** :
  - lorsqu'en début de période, l'annuité fiscale est supérieure à l'annuité comptable, il faut doter un amortissement dérogatoire pour respecter la règle de l'amortissement minimum,
  - l'amortissement dérogatoire est égal à la différence entre l'amortissement fiscalement déductible et l'amortissement économiquement justifié (amortissement comptable). Il est assimilé à une provision réglementée et est inscrit au passif du bilan afin de bien le différentier de l'amortissement pour dépréciation (principe de l'image fidèle). Sa comptabilisation permet à l'entreprise de bénéficier du montant des déductions fiscales maximales. Elle n'est toutefois pas obligatoire, sauf dans les cas de divergences de base amortissable, de mode d'amortissement ou de durée d'utilisation,
  - trouvant son origine dans les règles fiscales, l'amortissement dérogatoire n'obéit pas à des règles comptables et n'est donc pas soumis au principe de permanence des méthodes ;

– ***soit l'annuité fiscale est inférieure à l'annuité comptable*** : lorsqu'en début de période, l'annuité fiscale est inférieure à l'annuité comptable, il faut réintégrer fiscalement l'excédent d'amortissement. *L'étude relève de l'UE 4 Droit fiscal (voir Carrés DCG 4 - Droit fiscal, du même auteur).*

APPLICATION CORRIGÉE

Une entreprise a acquis le 01/01/N un matériel pour 25 000 € HT. La durée d'utilisation est de 4 ans. Les amortissements sont proportionnels aux unités d'œuvre consommées, respectivement de 1 000, 2 000, 3 000 et 4 000 pour les exercices N, N+1, N+2 et N+3. La valeur résiduelle à l'issue de la durée d'utilisation est estimée à 10 000 € HT. L'entreprise bénéficie de l'amortissement dégressif.

1. Présenter le plan d'amortissement.

Une imprimante 3D avait été acquise le 01/08/N–3 pour 24 000 € HT, amortissable en linéaire sur 10 ans. L'entreprise bénéficie d'un amortissement exceptionnel sur 24 mois.

2. Présenter les quatre premières lignes du plan d'amortissement.

Correction

1. Plan d'amortissement

Années	Amortissement fiscal	Amortissement comptable	Amortissement dérogatoire	
			Dotations	Reprises
N	1 953,13 (1)	1 500 (5)	453,13	
N+1	7 682,29 (2)	3 000 (6)	4 682,29	
N+2	7 682,29 (3)	4 500 (7)	3 182,29	
N+3	7 682,29 (4)	6 000 (8)	1 682,29	
Total	25 000	15 000	10 000	0

La différence entre le total des dotations et des reprises dérogatoires correspond à la valeur résiduelle de 10 000.

(1) 25 000 x 31,25 % x 3 / 12 = 1 953,13
(2) 23 046,87 x 33,1/3 % = 7 682,29
(3) 15 364,58 x 50 % = 7 682,29
(4) 7 682,29 x 100 % = 7 682,29
(5) (1) (25 000 – 10 000) x 1 000 / 10 000 = 1 500
(6) (25 000 – 10 000) x 2 000 / 10 000 = 3 000
(7) (25 000 – 10 000) x 3 000 / 10 000 = 4 500
(8) (25 000 – 5 000) x 4 000 / 10 000 = 6 000

2. Premières lignes du plan d'amortissement

Années	Amortissement fiscal	Amortissement comptable	Amortissement dérogatoire	
			Dotations	Reprises
N–3	5 000 (1)	1 000 (4)	4 000	
N–2	12 000 (2)	2 400 (5)	9 600	
N–1	7 000 (3)	2 400 (5)	4 600	
N		2 400 (5)		2 400

(1) (24 000 / 2) x 5 /12 = 5 000
(2) (24 000 / 2) = 12 000
(3) 12 000 – 5 000 = 7 000
(4) (24 000 / 10) x 5 / 12 = 1 000
(5) (24 000 / 10) = 2 400

E Le traitement comptable

Les écritures comptables sont les suivantes :

Annuité comptable

68112 28 (*)	Dotations aux amortissements des immobilisations Amortissements des immobilisations *Annuité comptable*	X	 X

(*) À subdiviser selon la nature des immobilisations.

Annuité dérogatoire

68725 145	Dotations aux provisions réglementées Amortissements dérogatoires *Annuité dérogatoire*	X	 X

Reprise dérogatoire

Une reprise dérogatoire est comptabilisée lorsque l'annuité fiscale devient inférieure à l'annuité comptable.

145 78725	Amortissements dérogatoires Reprises sur provisions réglementées *Reprise dérogatoire*	X	 X

F Le cas particulier des amortissements différés

L'annuité d'amortissement est considérée comme différée lorsqu'elle n'a pas été comptabilisée à la clôture d'un exercice. On distingue les amortissements irrégulièrement différés et les amortissements régulièrement différés. *Leur étude relève de l'UE 4 Droit fiscal.*

La dotation omise est comptabilisée par le biais d'une dotation exceptionnelle.

L'écriture comptable est la suivante :

6871 28 (*)	Dotations aux amortissements exceptionnels des immobilisations Amortissements des immobilisations *Annuité comptable*	X	 X

(*) À subdiviser selon la nature des immobilisations.

APPLICATION CORRIGÉE

Un matériel a été acquis le 01/07/N–3 pour 100 000 € HT, amortissable en linéaire sur 5 ans. La dotation N–1 a été omise.

Présenter les écritures au 31/12/N en sachant que l'entreprise a utilisé la méthode de la double annuité.

Correction

Annuité omise en N–1 = 100 000 / 5 = 20 000

Annuité N = 100 000 / 5 = 20 000

Annuité comptabilisée en N = 20 000 + 20 000 = 40 000

	31/12/N		
6811	Dotations aux amortissements sur immobilisations	20 000	
6871	Dotations aux amortissements exceptionnels des immobilisations	20 000	
2815	Amortissements du matériel		40 000
	Annuités comptables		

IV La révision du plan d'amortissement

A La modification de l'utilisation d'un actif

La modification significative de l'utilisation d'un actif (durée ou rythme de consommation des avantages économiques attendus de l'actif, changements techniques, évolution du marché, etc.) a une incidence sur le plan d'amortissement. Les amortissements sont ajustés pour les exercices ultérieurs, en application des dispositions du plan comptable relatives au changement d'estimation.

Les changements d'estimation sont traités comptablement de manière prospective, c'est-à-dire qu'ils n'ont un effet que sur l'exercice en cours et les exercices futurs.

L'incidence du changement sur l'exercice en cours est enregistrée dans les comptes de l'exercice. Dès lors qu'il s'agit d'une information significative, la mention et la justification des changements d'estimation doivent être portées dans l'annexe.

APPLICATION CORRIGÉE

Une entreprise avait acquis le 01/01/N–2 un matériel pour 15 000 € HT. La durée d'utilisation est de 8 ans. Le mode d'amortissement est linéaire. Après 3 ans d'utilisation, il est nécessaire d'augmenter la cadence. La durée d'amortissement totale est ramenée à 5 ans.

Présenter le plan d'amortissement rectifié.

Correction

Plan d'amortissement rectifié

VNC fin N = 15 000 – (15 000 / 8) x 3 = 9 375

Durée résiduelle = 5 – 3 = 2

Annuité de N = 9 375 / 2 = 4 687,5

Années	Base	Annuités	Cumul	VNC
N–2	15 000	1 875 (1)	1 875	13 125
N–1	15 000	1 875	3 750	11 250
N	15 000	1 875	5 625	9 375
N+1	9 375	4 687,5	10 312,5	4 687,5
N+2	4 687,5	4 687,5	15 000	0

(1) 15 000 / 8 = 1 875

B La dépréciation d'une immobilisation corporelle

La dépréciation d'une immobilisation modifie la base amortissable et a une incidence sur le plan d'amortissement.

1 La définition de la dépréciation

La ***dépréciation d'un actif*** est la constatation que sa valeur actuelle est devenue inférieure à sa valeur nette comptable. Elle constate un amoindrissement réversible de la valeur de l'immobilisation.

2 La détermination de la dépréciation

Trois étapes sont nécessaires pour déterminer une dépréciation.

a L'existence d'un indice de perte de valeur

L'entité doit apprécier s'il existe un indice quelconque montrant qu'un actif a pu perdre de la valeur.

On distingue deux types d'indices :

- les ***indices internes*** : obsolescence ou dégradation physique de l'actif, modification des perspectives d'exploitation, moins bonne performance économique, etc. ;
- les ***indices externes*** : changements dans l'environnement économique, social, juridique, évolution des taux d'intérêt ou des taux de rendement du marché, etc.

b La mise en œuvre d'un test de dépréciation

En présence d'indices de perte de valeur, l'entité doit mettre en œuvre un test de dépréciation pour comparer la VNC de l'actif à sa valeur actuelle.

La ***valeur actuelle (Va)*** est la valeur la plus élevée entre la valeur vénale nette des coûts de sorties et la valeur d'usage.

La ***valeur vénale (VV)*** représente le montant qui pourrait être obtenu de la vente d'un actif lors d'une transaction conclue à des conditions normales de marché. Elle est prise en compte nette des coûts de sortie.

La ***valeur d'usage (VU)*** représente la valeur des avantages économiques futurs attendus de son utilisation et de sa sortie ; elle est déterminée en fonction des flux nets de trésorerie attendus ou selon d'autres critères plus performants.

Va = Max (VV brute – Coûts de sortie ; VU)

c La constatation de la dépréciation

L'entité doit comparer la valeur actuelle de l'actif à sa VNC comptable d'origine (VNC_0). Elle constate une dépréciation si la valeur actuelle de l'actif est inférieure à sa VNC.

Dépréciation = VNC_0 – Va

3 Les incidences de la dépréciation sur le plan d'amortissement

a La base amortissable est modifiée

Nouvelle base amortissable = Va

b L'annuité d'amortissement est modifiée

Annuité comptable = Va / Durée résiduelle

Durée résiduelle = Durée d'utilisation – Durée écoulée

REMARQUE

Il est possible que la durée résiduelle ne soit pas entière si l'actif a été acquis en cours d'année.

c Les dépréciations sont ajustées sur les exercices suivants.

Deux cas peuvent se présenter :

1er cas : Va < VNC_0 :

La base à prendre en compte pour le calcul des dépréciations futures est la valeur actuelle :

- soit Va < VNC après dépréciation : Dépréciation = VNC après dépréciation – Va ;
- soit Va > VNC après dépréciation : Reprise sur dépréciation = Va – VNC après dépréciation.

2e cas : Va > VNC_0 :

La base à prendre en compte pour le calcul des dépréciations futures est la VNC_0 :

- soit Va < VNC après dépréciation : Dépréciation = VNC après dépréciation – VNC_0 ;
- soit Va > VNC après dépréciation : Reprise sur dépréciation = VNC_0 – VNC après dépréciation.

4 Le traitement comptable

L'écriture de la constatation de la dépréciation est la suivante :

6816 29 (*)	Dotations aux dépréciations des immobilisations Dépréciations des immobilisations *Suite au test de dépréciation*	X	 X

(*) À subdiviser selon la nature des immobilisations.

La dépréciation est ensuite ajustée :

- soit les ajustements traduisent une nouvelle dépréciation et l'écriture comptable est la même que la précédente ;
- soit ils traduisent une reprise et l'écriture comptable est alors la suivante :

29 (*) 7816	Dépréciations des immobilisations Reprises sur dépréciations des immobilisations *Suite au test de dépréciation*	X	 X

(*) À subdiviser selon la nature des immobilisations.

APPLICATION CORRIGÉE

Une machine acquise le 01/01/N pour 10 000 € HT est amortie en linéaire sur 4 ans. Suite à l'identification d'un indice de perte de valeur, un test de dépréciation est effectué et fait apparaître une valeur actuelle de 4 000 € au 31/12/N+1 et de 2 600 € au 31/12/N+2.

Présenter le plan rectifié et comptabiliser les écritures au 31/12/N+1.

Correction

Plan d'amortissement d'origine

Années	Base	Annuités	Cumul	VNC
N	10 000	2 500	2 500	7 500
N+1	10 000	2 500	5 000	5 000
N+2	10 000	2 500	7 500	2 500
N+3	10 000	2 500	10 000	0

Plan d'amortissement rectifié

	Amortissements						Dépréciations			
Années	**Base**	**Annuités**	**Cumul**	**VNC avant dépréciation**	**VNC après dépréciation**	**Valeur actuelle**	**Dotations**	**Reprises**	**Cumul**	**VNC définitive**
N	10 000	2 500	2 500	7 500	7 500					7 500
N+1	10 000	2 500	5 000	5 000	5 000	4 000	1 000 (a)		1 000	4 000 (b)
N+2	4 000 (c)	2 000 (d)	7 000	3 000 (e)	2 000 (f)	2 600		500 (g)	500	2 500
N+3	2 500	2 500	9 500	500	0				500	0

(a) Va (4 000) < VNC d'origine (5 000) : dépréciation = 5 000 – 4 000 = 1 000
(b) VNC définitive = 10 000 – 5 000 – 1 000 = 4 000 = Va
(c) Nouvelle base = 4 000
(d) Amortissement = 4 000 / 2 = 2 000
(e) VNC avant dépréciation = 10 000 – 7 000 = 3 000
(f) VNC après dépréciation = 3 000 – 1 000 = 2 000
(g) Va (2 600) > VNC d'origine (2 500) ; base = VNC d'origine = 2 500 ; Va (2 600) > VNC après dépréciation (2 000) : reprise = 2 500 – 2 000 = 500 ; Nouvelle base amortissable = 2 500

	31/12/N+1		
6811	Dotations aux amortissements sur immobilisations	2 500	
2815	Amortissements du matériel		2 500
	Annuité comptable		
	31/12/N+1		
6816	Dotations aux dépréciations des immobilisations	1 000	
2915	Dépréciations du matériel		1 000
	Dépréciation du matériel		

V Les principes d'évaluation des immobilisations corporelles à la sortie

La sortie d'un actif est constatée lorsqu'une entreprise vend une immobilisation dont elle n'a plus l'usage et lorsqu'un bien hors d'usage est mis au rebut.

A Le traitement comptable de la vente d'un actif

1 La cession de biens non amortissables

La comptabilisation de la cession d'un bien non amortissable comprend :

- la constatation de la cession ;
- la sortie de l'immobilisation à sa valeur d'origine (Vo).

La comptabilisation comprend les étapes suivantes :

1. Constatation de la cession

462 775 44571	Créances sur cessions d'immobilisations Produits des cessions d'éléments d'actifs TVA collectée *Constatation de la cession*	X	 X X

2. Sortie du bien

675 21	Valeurs comptables des éléments d'actifs cédés *(Vo)* Immobilisations *(Vo)* *Sortie du bien*	X	 X

REMARQUE

Si le bien a été déprécié, la dépréciation devra faire l'objet d'une reprise.

2 La cession de biens amortissables

Les cessions des biens meubles sont soumises à la TVA. Les cessions de terrains constructibles et d'immeubles achevés depuis moins de 5 ans sont imposables de plein droit à la TVA.

La comptabilisation de la cession d'un bien amortissable comprend les étapes suivantes :

- la constatation de la cession ;
- la sortie de l'immobilisation à sa VNC ;
- l'annuité comptable ;
- l'annuité ou la reprise dérogatoire ;
- et la reprise des amortissements dérogatoires non apurés pour les biens ayant bénéficié d'un amortissement dérogatoire.

Les écritures comptables sont les suivantes :

1. Constatation de la cession

462 775 44571	Créances sur cessions d'immobilisations Produits des cessions d'éléments d'actifs TVA collectée *Constatation de la cession*	X	 X X

2. Sortie du bien

675 28 21	Valeurs comptables des éléments d'actifs cédés (1) Amortissements des immobilisations (2) Immobilisations *(valeur d'entrée)* *Sortie du bien*	X X	 X

(1) VNC comptable = Valeur d'entrée – ∑ Amortissements

(2) ∑ Amortissements comptables de la date de la mise en service à la date de la cession

3. Annuité comptable

68112 28	Dotations aux amortissements des immobilisations Amortissements des immobilisations *Annuité comptable*	X	 X

Pour les cessions d'immobilisations ayant bénéficié d'un amortissement dérogatoire, deux écritures supplémentaires doivent être comptabilisées :

4. Annuité ou reprise dérogatoire

68725 145	Dotations aux provisions réglementées Amortissements dérogatoires *Annuité dérogatoire*	X	 X

145 78725	Amortissements dérogatoires Reprises sur provisions réglementées *Reprise dérogatoire*	X	 X

5. Reprise des amortissements dérogatoires non apurés

145 78725	Amortissements dérogatoires Reprises sur provisions réglementées *Reprise des amortissements non apurés*	X	 X

Pour les cessions d'immobilisations ayant fait l'objet d'une dépréciation, la dépréciation constatée antérieurement doit être reprise.

L'écriture de la reprise de la dépréciation est la suivante :

29 7816	Dépréciations des immobilisations Reprises sur dépréciations des immobilisations *Reprise de la dépréciation devenue sans objet*	X	 X

APPLICATION CORRIGÉE

Une entreprise a acquis un camion le 01/06/N–2 pour 35 880 € HT. La durée d'utilisation retenue par l'entreprise est de 3 ans. À l'issue de cette durée, l'entreprise souhaite revendre le véhicule 15 000 € HT. La durée d'usage est de 5 ans. Le véhicule est finalement cédé le 01/02/N pour 16 000 € HT.

Comptabiliser les écritures de cession.

Correction

Plan d'amortissement

Années	Amortissement fiscal	Amortissement comptable	Amortissement dérogatoire	
			Dotations	Reprises
N–2	4 186 (1)	4 060 (4)	126	
N–1	7 176 (2)	6 960 (5)	216	
N	598 (3)	580 (6)	18	
Total		11 600	360	

(1) (35 880 / 5) x 210 / 360 = 4 186
(2) 35 880 / 5 = 7 176
(3) (35 880 / 5) x 30 / 360 = 598
(4) [(35 880 – 15 000) / 3] x 210 / 360 = 4 060
(5) (35 880 – 15 000) / 3 = 6 960
(6) [(35 880 – 15 000) / 3] x 30 / 360 = 580
VNC = 35 880 – 11 600 = 24 280

	01/02/N		
462	Créances sur cessions d'immobilisations	19 200	
775	Produits des cessions d'éléments d'actifs		16 000
44571	TVA collectée		3 200
	Constatation de la cession		
	31/12/N		
675	Valeurs comptables des éléments d'actifs cédés	24 280	
28182	Amortissements des immobilisations du matériel de transport	11 600	
2182	Matériel de transport		35 880
	Sortie du bien		
	31/12/N		
145	Amortissements dérogatoires	360	
78725	Reprises sur provisions réglementées		360
	Reprise dérogatoire		
	31/12/N		
68112	Dotations aux amortissements sur immobilisations	580	
2182	Amortissements du matériel de transport		580
	Annuité comptable		
	31/12/N		
68725	Dotations aux amortissements dérogatoires	18	
145	Amortissements dérogatoires		18
	Annuité dérogatoire		

3 Les régimes particuliers de TVA sur les cessions d'immobilisations

a Le régime des compléments de TVA

L'entreprise bénéficie d'un complément de TVA si les trois conditions suivantes sont réunies :

- la cession est soumise à TVA ;
- le coefficient de déduction à l'achat est < 1 ;
- le délai de régularisation n'est pas dépassé (5 ans pour les biens meubles et 20 ans pour les immeubles).

REMARQUE

Le complément de TVA porte sur des immobilisations cédées par une entreprise partiellement assujettie à la TVA et sur des cessions de véhicules de tourisme à un négociant en biens d'occasion.

Cette étude relève de l'UE 4 Droit fiscal (voir Carrés DCG 4 - Droit fiscal, du même auteur). Le montant des régularisations de TVA sera fourni aux candidats.

La comptabilisation comprend les étapes suivantes :

1. Constatation de la cession

462 775 44571	Créances sur cessions d'immobilisations Produits des cessions d'éléments d'actifs TVA collectée *Constatation de la cession*	X	 X X

2. Sortie du bien

675 44562 28. 21.	Valeurs comptables des éléments d'actifs cédés (1) TVA sur immobilisations (2) Amortissements des immobilisations Immobilisations *Sortie du bien*	X X	 X X

(1) VNC comptable – Complément de TVA
(2) Complément de TVA = PA HT x 20 % x (1 – CDE) x (5 ou 20 – n) / (5 ou 20)
n = nombre d'années écoulées entre la date de l'achat et la date de la cession.

3. Annuité comptable

68112 28.	Dotations aux amortissements des immobilisations Amortissements des immobilisations *Annuité comptable*	X	 X

APPLICATION CORRIGÉE

Une entreprise a cédé le 15/03/N un véhicule de tourisme à un négociant en biens d'occasion pour 8 000 € HT. Ce véhicule avait été acquis le 01/10/N–2 pour 11 000 € TTC. L'amortissement est linéaire sur 5 ans. La vente est soumise à la TVA. Le complément de TVA est de 733 €.

Comptabiliser les écritures relatives à la cession.

Correction
Plan d'amortissement

Années	Annuité	Cumul	VNC
N–2	550 (1)	550	10 450
N–1	2 200 (2)	2 750	8 250
N	458 (3)	3 208	7 792

(1) (11 000 / 5) x 3 / 12 = 550
(2) 11 000 / 5 = 2 200
(3) (11 000 / 5) x 2,5 / 12 = 458
VNC corrigée = 7 792 – 733 = 7 059

	15/03/N		
462	Créances sur cessions d'immobilisations	9 600	
775	Produits des cessions d'éléments d'actifs		8 000
44571	TVA collectée		1 600
	Constatation de la cession		
	31/12/N		
675	Valeurs comptables des éléments d'actifs cédés	7 059	
28182	Amortissements du matériel de transport	3 208	
44562	TVA déductible sur immobilisations	733	
2182	Matériel de transport		11 000
	Sortie du matériel de transport		
	31/12/N		
6811	Dotations aux amortissements sur immobilisations	458	
28182	Amortissements du matériel de transport		458
	Annuité comptable		

b Le régime des reversements de TVA

L'entreprise doit procéder à un reversement de TVA si les trois conditions suivantes sont réunies :

- la cession n'est pas soumise à TVA ;
- le coefficient de déduction à l'achat est > 0 ;
- le délai de régularisation n'est pas dépassé.

REMARQUE

Le reversement de TVA porte sur les cessions de terrains (autres qu'à bâtir) et d'immeubles achevés depuis plus de 5 ans, exonérées de TVA.

Cette étude relève de l'UE 4 Droit fiscal (voir Carrés DCG 4 - Droit fiscal, du même auteur). Le montant des régularisations de TVA sera fourni aux candidats.

Les écritures comptables sont les suivantes :

Constatation de la cession

462	Créances sur cessions d'immobilisations	X	
775	Produits des cessions d'éléments d'actifs		X
	Constatation de la cession		

Sortie du bien

675	Valeurs comptables des éléments d'actifs cédés (1)	X	
28	Amortissements des immobilisations	X	
21	Immobilisations *(valeur d'entrée)*		X
44551	TVA à décaisser – Reversement de TVA (2)		X
	Sortie du bien		

(1) VNC comptable + Reversement de TVA

(2) Reversement de TVA = PA HT x 20 % x (20 – n) / 20

n = nombre d'années écoulées entre la date de l'achat et la date de la cession.

Annuité comptable

68112 28	Dotations aux amortissements des immobilisations Amortissements des immobilisations *Annuité comptable*	X	 X

REMARQUE
Si l'entreprise opte pour l'assujettissement à la TVA, les écritures sont les mêmes que celles d'une cession de biens soumise à TVA.

APPLICATION CORRIGÉE

Une entreprise a cédé le 01/07/N un immeuble pour 4 000 000 €. Cet immeuble avait été acquis 2 000 000 € HT le 01/01/N–6 (TVA 19,6 %). L'amortissement est linéaire sur 20 ans. La vente n'est pas soumise à la TVA. Le reversement de TVA est de 254 800 €.

Comptabiliser les écritures relatives à la cession.

Correction
Plan d'amortissement

Années	Annuités	Cumul	VNC
N–6	100 000 (1)	100 000	1 900 000

N–1	100 000 (1)	600 000	1 400 000
N	50 000 (2)	650 000	1 350 000

(1) 2 000 000 / 20 = 100 000
(2) (2 000 000 / 5) x 6 / 12 = 50 000
VNC corrigée : 1 350 000 + 254 800 = 1 604 800

	01/07/N		
462 775	Créances sur cessions d'immobilisations Produits des cessions d'éléments d'actifs *Constatation de la cession*	4 000 000	 4 000 000
	31/12/N		
675 2813 213 44551	Valeurs comptables des éléments d'actifs cédés Amortissements des constructions Constructions TVA à décaisser *Sortie de l'immeuble*	1 604 800 650 000	 2 000 000 254 800
	31/12/N		
6811 2813	Dotations aux amortissements sur immobilisations Amortissements des constructions *Annuité comptable*	50 000	 50 000

B Le traitement comptable de la mise au rebut d'un actif

La mise au rebut est considérée comme une vente à prix zéro. L'immobilisation peut ou ne pas être totalement amortie.

1 La mise au rebut d'une immobilisation totalement amortie

Seule l'écriture de la sortie du bien est comptabilisée.

L'écriture comptable est la suivante :

28 2	Amortissements des immobilisations Immobilisations *(valeur d'entrée de l'immobilisation)* *Sortie du bien*	X	 X

2 La mise au rebut d'une immobilisation non totalement amortie

L'immobilisation est sortie à sa VNC et les écritures sont les mêmes que celles d'une cession classique.

Les écritures comptables sont les suivantes :

Sortie du bien

675 28 21	Valeurs comptables des éléments d'actifs cédés (1) Amortissements des immobilisations (2) Immobilisations *(valeur d'entrée de l'immobilisation)* *Sortie du bien à sa VNC*	X X	 X

(1) VNC comptable = Valeur d'entrée – $\sum$ Amortissements

(2) $\sum$ Amortissements comptables de la date de la mise en service à la date de la cession.

Annuité comptable

68112 28	Dotations aux amortissements des immobilisations corporelles Amortissements des immobilisations *Annuité comptable*	X	 X

L'entreprise peut pratiquer une dotation exceptionnelle pour ramener la VNC à zéro.

Les écritures comptables sont alors les suivantes :

Sortie du bien

28 21	Amortissements des immobilisations Immobilisations *(valeur d'entrée de l'immobilisation)* *Sortie du bien*	X	 X

Annuités comptable et exceptionnelle

68112 6871 28	Dotations aux amortissements des immobilisations Dotations aux amortissements exceptionnels des immobilisations Amortissements des immobilisations *Annuités comptable et exceptionnelle*	X X	 X

APPLICATION CORRIGÉE

Un matériel acquis le 01/12/N–4 pour 81 000 € HT, amortissable en linéaire sur 6 ans, est mis au rebut le 01/04/N. L'entreprise pratique une dotation exceptionnelle pour ramener la VNC à zéro.

Comptabiliser les écritures relatives à la mise au rebut.

Correction

Plan d'amortissement

Années	Base	Annuités	Cumul	VNC
N–4	81 000	1 125 (1)	1 125	79 875
N–3	81 000	13 500 (2)	14 625	66 375
N–2	81 000	13 500 (2)	28 125	52 875
N–1	81 000	13 500 (2)	41 625	39 375
N	81 000	3 375 (3)	45 000	36 000

(1) (81 000 / 6) x 1 / 12 = 1 125
(2) 81 000 / 6 = 13 500
(3) (81 000 / 6) x 3 / 12 = 3 375

	31/12/N		
2815 215	Amortissements du matériel Matériel industriel *Sortie du bien*	81 000	 81 000
	31/12/N		
68112 6871 2815	Dotations aux amortissements des immobilisations Dotations aux amortissements exceptionnels des immobilisations Amortissements du matériel *Annuités comptable et exceptionnelle*	3 375 36 000	 39 375

Chapitre 5

LES IMMOBILISATIONS INCORPORELLES

Selon le programme officiel de l'examen, ce chapitre va vous permettre de définir les immobilisations incorporelles et d'appliquer les règles de leur évaluation et de leur comptabilisation.

Vous développerez ainsi les compétences suivantes :

- *Identifier et distinguer les immobilisations incorporelles ;*
- *Exposer et appliquer les règles d'inscription à l'actif, d'évaluation et d'enregistrement des immobilisations incorporelles ;*
- *Évaluer et comptabiliser les opérations portant sur les immobilisations incorporelles à l'entrée et postérieurement à leur entrée ;*
- *Analyser les conséquences d'un choix de comptabilisation, notamment sur la présentation des comptes annuels, dans une situation donnée ;*
- *Présenter les informations à fournir en annexe.*

I Les redevances annuelles

Les immobilisations incorporelles peuvent être acquises moyennant le règlement de tout ou partie du prix au moyen de redevances périodiques calculées en fonction du chiffre d'affaires généré par l'actif.

A La détermination de la valeur d'entrée de l'immobilisation

Les immobilisations incorporelles sont immobilisées pour la valeur vénale du bien au moment de la signature de l'acte, égale à la part fixe prévue au contrat, majorée de la valeur actualisée des redevances probables qui seront versées au cours de la période retenue. La TVA n'est déductible que sur la partie fixe.

Valeur d'entrée = Partie fixe + (Redevance annuelle x $[1 - (1 + i)^{-n}] / i$)

i = taux d'actualisation ; n = durée du contrat ; redevance annuelle = % CA HT

B Le traitement comptable

La comptabilisation comprend les étapes suivantes (on négligera la TVA) :

1. Réception de la facture

205 512 404	Concessions et droits similaires, brevets Banques Fournisseurs d'immobilisations *Facture n° ...*	X	 X X

2. Échéance des redevances

Le montant des redevances est porté au débit du compte 404 par le crédit d'un compte de trésorerie.

404 512	Fournisseurs d'immobilisations (*) Banques *Versement des redevances*	X	 X

(*) % du CA HT de la période

3. Échéance du contrat

Deux cas de figure se présentent :

– soit les redevances versées sont supérieures au montant de la dette due ; la différence est comptabilisée au débit dans un compte de charges exceptionnelles.

404 678 512	Fournisseurs d'immobilisations Autres charges exceptionnelles Banques *Pour solde du compte fournisseurs d'immobilisations*	X X	 X

– soit les redevances versées sont inférieures au montant de la dette due ; la différence est comptabilisée au crédit dans un compte de produits exceptionnels.

404 512 778	Fournisseurs d'immobilisations Banques Autres produits exceptionnels *Pour solde du compte fournisseurs d'immobilisations*	X	 X X

APPLICATION CORRIGÉE

Une entreprise a signé le 01/01/N un contrat de licence l'autorisant à fabriquer et à commercialiser un appareil. Le contrat comporte le versement d'une redevance fixe à la signature de 10 000 € HT et celui d'une redevance variable payable le 31/12 de chaque année, égale à 10 € HT par appareil. La durée du contrat est de 3 ans. La société envisage de commercialiser 25 000 appareils par an. Le taux d'actualisation est de 5 %.

L'entreprise a vendu 30 000 appareils en N. La TVA sera négligée.

Calculer la valeur d'entrée du brevet et comptabiliser les écritures en N et en N+1.

Correction

Valeur d'entrée du brevet

Valeur d'entrée = 10 000 + (25 000 x 10) x [1 – $(1{,}05)^{-3}$] / 0,05 = 690 812

	01/01/N		
205	Concessions et droits similaires, brevets	690 812	
512	Banques		10 000
404	Fournisseurs d'immobilisations		680 812
	Facture n° …		
	31/12/N		
404	Fournisseurs d'immobilisations	300 000	
512	Banques		300 000
	Règlement de la redevance (30 000 x 10)		

II Les opérations de recherche et développement

A Les critères de comptabilisation d'une immobilisation incorporelle

La comptabilisation d'une immobilisation incorporelle nécessite que les deux conditions suivantes soient réunies :

- l'entreprise doit bénéficier des avantages économiques générés par l'immobilisation ;
- l'entreprise doit pouvoir évaluer son coût avec une fiabilité suffisante.

1 Les dépenses de recherche

Les dépenses de recherche concernent la recherche fondamentale et la recherche appliquée.

Elles se situent trop en amont de la production ou de la commercialisation et ne satisfont pas aux critères de définition d'un actif (probabilité d'obtention d'avantages économiques futurs) ; elles doivent être comptabilisées en charges.

2 Les dépenses de développement

Les dépenses de développement concernent la mise en application des travaux de recherche en vue de l'obtention d'éléments nouveaux, avant le début de leur production commerciale ou de leur utilisation.

Elles sont soit comptabilisées en charges, soit activables sous conditions. L'activation des dépenses de développement est une ***méthode de référence***.

La méthode retenue doit être appliquée à l'intégralité des actifs concernés et non pas projet par projet. C'est l'application du principe de permanence des méthodes.

L'annexe doit comporter la méthode de comptabilisation des coûts de développement.

ATTENTION

Les dépenses de développement ne sont pas activables si elles sont réalisées pour le compte de tiers et s'il est impossible de distinguer la phase de recherche et de développement.

3 Les conditions d'activation des coûts de développement

L'activation des dépenses de développement est autorisée si les conditions suivantes sont simultanément remplies :

- projets nettement individualisés ;
- projets ayant de sérieuses chances de réussite technique et de rentabilité commerciale.

Pour que ces conditions soient réunies, les critères suivants doivent être respectés :

- faisabilité technique nécessaire à l'achèvement de l'immobilisation en vue de sa mise en service ou de sa vente ;
- intention d'achever l'immobilisation et de l'utiliser ou de la vendre ;
- capacité à utiliser ou à vendre l'immobilisation incorporelle ;
- façon dont l'immobilisation générera des avantages économiques futurs probables ;
- disponibilités de ressources appropriées pour achever le développement et utiliser ou vendre l'immobilisation ;
- capacité à évaluer de façon fiable les dépenses attribuables à l'immobilisation au cours de son développement.

ATTENTION

Les frais de développement globaux ne peuvent pas être activés car il n'existe pas de système de répartition cohérent et les coûts ne sont pas fiables.

B Le traitement comptable des dépenses de développement activées

Les coûts engagés doivent être régularisés à la clôture de l'exercice.

L'écriture comptable est la suivante :

203 721	Dépenses de recherche et de développement Production immobilisée (*) *Pour régularisation*	X	 X

(*) Si les coûts engagés ont été comptabilisés en encours, on utilise le compte 231.

C Le traitement des dépenses réalisées pour des tiers

Les dépenses engagées pour le compte de tiers constituent un encours de production dès lors que le projet n'est pas terminé à la clôture de l'exercice.

L'écriture comptable est la suivante :

3. (*) 713.	Comptes de stocks et en-cours Variation des encours de production *En-cours de production*	X	 X

(*) À subdiviser selon la nature des encours.

APPLICATION CORRIGÉE

Un projet est engagé en interne en N pour une commande client :

– les frais de recherche fondamentale s'élèvent à 1 000 € ;
– les frais de développement s'élèvent à 3 000 € du 01/08/N au 31/12/N.

Le projet n'est pas terminé.

Comptabiliser les écritures au 31/12/N, sachant que les dépenses ont été comptabilisées en charges.

Correction

Les frais de recherche sont des charges.

Les frais de développement ne peuvent pas être activés car ils sont engagés pour le compte d'un tiers. Le projet n'est pas terminé à la clôture. Les dépenses engagées constituent un encours de production.

	31/12/N		
34 7134	En-cours de production de services Variation des en-cours de production de services *Facture n° …*	3 000	 3 000

D Les règles d'amortissement des frais de développement activés

Les coûts de développement sont amortis sur une durée maximale de 5 ans, à compter de la date d'activation des frais jusqu'à la date de clôture de l'exercice ou jusqu'à la date d'aboutissement du projet si elle intervient avant la clôture. Il est possible d'amortir, à titre exceptionnel, certains projets particuliers, sur une durée supérieure à 5 ans, à condition que cette durée n'excède pas la durée d'utilisation de ces actifs. Il doit en être justifié dans l'annexe.

L'écriture comptable est la suivante :

68111 2803	Dotations aux amortissements des immobilisations Amortissements des frais de développement *Annuité comptable*	X	 X

ATTENTION

Aucune distribution de dividendes n'est possible tant que les frais de développement ne sont pas totalement amortis, sauf si le montant des réserves libres est au moins égal au montant des frais non amortis.

APPLICATION CORRIGÉE

Un projet de recherche et de développement est engagé en interne en N :

– les frais de recherche fondamentale s'élèvent à 10 000 € ;
– les frais de développement s'élèvent à 50 000 € du 01/04/N au 01/07/N.

Comptabiliser les écritures au 31/12/N, sachant que les dépenses ont été comptabilisées en charges.

Correction

Les frais de recherche sont des charges.

Les frais de développement peuvent être activés, sous réserve que les conditions d'activation soient réunies :

	31/12/N		
203 721	Dépenses de recherche et de développement Production immobilisée *Pour régularisation*	50 000	 50 000

Les frais de développement activés sont amortis à compter du 01/07N au 31/12/N : (50 000 / 5) x 6 / 12 = 5 000

	31/12/N		
68111 2803	Dotations aux amortissements des immobilisations Amortissements des frais de développement *Annuité comptable*	5 000	 5 000

E L'aboutissement d'un projet

Lorsque les dépenses de développement engagées aboutissent sur un projet (brevet, etc.), les comptes 203 et 2803 doivent être soldés. La différence est débitée dans le compte 205.

L'écriture comptable est la suivante :

205 2803 203	Concessions et droits similaires, brevets Amortissements des frais de développement *(solde)* Frais de recherche et de développement *(solde)* *Aboutissement du projet sur un brevet*	X X	 X

Le brevet sera amorti sur la durée résiduelle :

68111 2805	Dotations aux amortissements des immobilisations Amortissements du brevet *Annuité comptable*	X	 X

APPLICATION CORRIGÉE

Un projet de recherche et développement est engagé en N :

– les frais de développement engagés du 01/07/N au 31/12/N sont de 6 000 € ;
– les frais de développement engagés du 01/01/N+1 au 30/06/N+1 sont de 9 000 €.

L'entreprise a activé les frais de développement le 31/12/N.

Le 01/07/N+2, le projet abouti et l'entreprise obtient un brevet qu'elle amortira sur 4 ans.

Comptabiliser les écritures nécessaires de N à N+2.

Correction

Exercice N

	31/12/N		
203 721	Dépenses de recherche et de développement Production immobilisée – Immobilisations incorporelles *Pour régularisation*	6 000	 6 000

Aucune dotation n'est comptabilisée au 31/12/N car l'activation des frais a eu lieu à la fin de leur engagement, soit au 31/12/N.

Exercice N+1

31/12/N+1

		Débit	Crédit
203	Dépenses de recherche et de développement	9 000	
721	Production immobilisée		9 000
	Pour régularisation		

DAP N+1 = (6 000 / 5) + (9 000 / 5) x 6 / 12 = 2 100

31/12/N+1

		Débit	Crédit
68111	Dotations aux amortissements des immobilisations	2 100	
2803	Amortissements des frais de développement		2 100
	Annuité comptable		

Exercice N+2

DAP N+2 = (15 000 / 5) x 6 / 12 = 1 500

31/12/N+2

		Débit	Crédit
68111	Dotations aux amortissements des immobilisations	1 500	
2803	Amortissements des frais de développement		1 500
	Annuité comptable		

Solde du compte 203 : (6 000 + 9 000) = 15 000

Solde du compte 2803 : 2 100 + 1 500 = 3 600

La différence représente la valeur du brevet

31/12/N+2

		Débit	Crédit
205	Concessions et droits similaires, brevets	11 400	
2803	Amortissements des frais de développement *(solde)*	3 600	
203	Frais de recherche et de développement *(solde)*		15 000
	Aboutissement du projet sur un brevet		

L'amortissement du brevet est calculé sur la durée résiduelle

Durée résiduelle = 4 – 1,5 = 2,5 ans

DAP = (11 400 / 2,5) x 6 / 12 = 2 280

31/12/N+2

		Débit	Crédit
68111	Dotations aux amortissements des immobilisations	2 280	
2805	Amortissements du brevet		2 280
	Annuité comptable		

F L'abandon du projet

Les projets pour lesquels la probabilité d'obtention d'avantages économiques futurs n'existe plus ne peuvent pas être maintenus à l'actif. Les frais de développement sont immédiatement amortis par le biais d'une dotation exceptionnelle et les comptes 203 et 2803 doivent être soldés.

L'écriture comptable est la suivante :

687 2803 203	Dotations aux amortissements des immobilisations *(VNC)* Amortissements des frais de développement *(solde)* Frais de recherche et de développement *(solde)* *Abandon du projet*	X X	 X

APPLICATION CORRIGÉE

Un projet de recherche et développement est engagé en N :

– les frais de développement engagés du 01/07/N au 31/12/N sont de 6 000 € ;
– les frais de développement engagés du 01/01/N+1 au 30/06/N+1 sont de 9 000 €.

L'entreprise a activé les frais de développement.

Le 31/12/N+1, le projet est abandonné.

Comptabiliser les écritures nécessaires de N à N+1.

Correction

Exercice N

	31/12/N		
203 721	Dépenses de recherche et de développement Production immobilisée – Immobilisations incorporelles *Pour régularisation*	6 000	 6 000

Aucune dotation n'est comptabilisée au 31/12/N car l'activation des frais a eu lieu à la fin de leur engagement, soit au 31/12/N.

Exercice N+1

	31/12/N+1		
203 721	Dépenses de recherche et de développement Production immobilisée – Immobilisations incorporelles *Pour régularisation*	9 000	 9 000

DAP N+1 = (6 000 / 5) + (9 000 / 5) x 6 / 12 = 2 100

	31/12/N+1		
68111 2803	Dotations aux amortissements des immobilisations Amortissements des frais de développement *Annuité comptable*	2 100	2 100

VNC du projet au 31/12/N+1 = 15 000 – 2 100 = 12 900

	31/12/N+1		
687 2803 203	Dotations aux amortissements des immobilisations Amortissements des frais de développement Frais de recherche et de développement *Abandon du projet*	12 900 2 100	15 000

III Les brevets et les marques

A L'acquisition de brevets et de marques

Les brevets et marques constituent des immobilisations incorporelles s'ils sont destinés à servir de façon durable à l'entreprise.

L'écriture comptable est la suivante :

205 44562 404	Concessions et droits similaires, brevets --- TVA sur immobilisations Fournisseurs d'immobilisations *Facture n° ...*	X X	X

B La création de brevets et de marques en interne

1 Les brevets créés en interne

La comptabilisation est conforme à celle des immobilisations produites par l'entreprise. Les charges engagées en N sont soldées par un compte de production immobilisée.

L'écriture comptable est la suivante :

205 721	Concessions et droits similaires, brevets --- Production immobilisée (*) *Pour régularisation à la clôture*	X	X

(*) Le compte 232 sera utilisé si les dépenses engagées ont été comptabilisées en en-cours.

Lorsque le projet de création du brevet s'étale sur plusieurs exercices, il convient de procéder à l'évaluation partielle de son coût de production N−1. À l'achèvement de l'immobilisation en N, on procède à l'évaluation du coût de production total.

L'écriture comptable est la suivante :

205 232 721	Concessions et droits similaires, brevets --- *(CP total)* Immobilisations incorporelles en cours *(solde du CP_{N-1})* Production immobilisée *(CP_N)* *Pour régularisation à la clôture*	X	 X X

REMARQUE

Lorsque le projet de création du brevet fait partie d'un projet de développement, les dépenses de recherche sont comptabilisées en charges et les dépenses de développement sont activées, sous réserve que les conditions d'activation soient réunies. Soit le projet abouti, soit le projet est abandonné. Les écritures sont conformes à celles des opérations de recherche et de développement.

2 Les marques créées en interne

Les dépenses engagées pour les marques développées en interne ne sont pas activables car elles ne peuvent pas être distinguées du coût de développement dans son ensemble et le coût ne peut pas être évalué de manière fiable.

3 L'amortissement des brevets et des marques

a L'amortissement des brevets

Les brevets sont amortis sur leur durée d'utilisation finie correspondant à celle de leur ***protection juridique (20 ans)***, ou sur leur durée réelle d'utilisation si celle-ci est plus courte. Fiscalement, la durée est la même que celle retenue comptablement. Les brevets peuvent toutefois être amortis sur une période minimale de 5 ans si la durée retenue en comptabilité est la même, évitant ainsi la constatation d'amortissements dérogatoires.

Le point de départ de l'amortissement est :

- la date d'acquisition pour les brevets acquis ;
- la date du dépôt du brevet pour les brevets créés.

L'écriture comptable est la suivante :

68111 2805	Dotations aux amortissements des immobilisations Amortissements des brevets *Annuité comptable*	X	 X

b L'amortissement des marques acquises

Les marques acquises entretenues faisant l'objet d'une protection juridique non limitée dans le temps ne sont pas amortissables. Toutefois, si la décision d'abandonner une marque rend sa durée déterminable, la marque fera l'objet d'un amortissement sur sa durée résiduelle.

APPLICATION CORRIGÉE

Au 01/07/N, il est décidé d'arrêter une marque le 01/07/N+2. La marque avait été acquise pour 10 000 € HT.

Comptabiliser les écritures au 31/12/N.

Correction

La marque sera amortie sur la durée résiduelle de 2 ans.

DAP N = (10 000 / 2) x 6 / 12 = 2 500

		31/12/N		
68111		Dotations aux amortissements des immobilisations	2 500	
	2805	Amortissements des marques		2 500
		Annuité comptable		

IV Les logiciels

A Les logiciels acquis à usage interne

1 Le traitement comptable

Les logiciels constituent des immobilisations incorporelles s'ils sont destinés à servir de façon durable à l'entreprise.

La comptabilisation nécessite de distinguer :

– les logiciels standards ;
– les logiciels spécifiques ;
– les logiciels d'exploitation.

a Les logiciels standards

Les ***logiciels standards*** sont assimilés à des biens incorporels ; la TVA est déductible à la facturation.

L'écriture comptable est la suivante :

205 44562 404	Concessions et droits similaires, brevets --- TVA sur immobilisations Fournisseurs d'immobilisations *Facture n° ...*	X X	 X

b Les logiciels spécifiques

Les ***logiciels spécifiques*** sont assimilés à des prestations de services ; la TVA est déductible au règlement.

L'écriture comptable est la suivante :

205 4458 404	Concessions et droits similaires, brevets --- TVA à régulariser ou en attente Fournisseurs d'immobilisations *Facture n° ...*	X X	 X

a Les logiciels d'exploitation

Les ***logiciels d'exploitation*** intégrés à l'ordinateur, dont le prix est dissocié de celui de l'ordinateur, sont immobilisés dans le compte 205 ; les logiciels d'exploitation intégrés à l'ordinateur, dont le prix est indissocié de celui de l'ordinateur, sont immobilisés dans le compte 2183.

REMARQUE

Sont comptabilisés en charges :
- les logiciels de faible valeur de moins de 500 € HT ;
- les logiciels ne correspondant pas à la définition d'une immobilisation : logiciels utilisés en une seule fois ;
- l'actualisation d'un logiciel ;
- la mise à jour ponctuelle d'un logiciel.

Toutefois, la modification de fond d'un logiciel et la mise à jour d'un logiciel en vue d'accroître les possibilités de son utilisation sont comptabilisées dans le compte 205.

2 Les règles d'amortissement

Les logiciels sont amortissables sur la durée d'utilisation prévue. Ils ne bénéficient plus de l'amortissement exceptionnel sur 12 mois depuis le 1er janvier 2017.

L'écriture d'amortissement est la suivante :

6811 2805	Dotations aux amortissements des immobilisations Amortissements des logiciels *Annuité comptable*	X	 X

B Les logiciels créés à usage interne

1 Les conditions d'activation

Les logiciels créés constituent des immobilisations incorporelles lorsque les conditions suivantes sont simultanément remplies :

- projet présentant de sérieuses chances de réussite technique et de rentabilité commerciale ;
- intention clairement exprimée par la direction de produire le logiciel et de l'utiliser durablement ;
- indication de la durée d'utilisation minimale estimée compte tenu de l'évolution prévisible des connaissances techniques en matière de conception et de production du logiciel ;
- précision de l'impact attendu sur le compte de résultat.

ATTENTION

L'activation est obligatoire et non optionnelle lorsque les conditions sont remplies. Toutefois, il ne s'agit pas d'une méthode de référence.

2 Le calcul du coût de production

Le coût de production des logiciels correspond à l'ensemble des coûts supportés par l'entité durant les phases suivantes :

Éléments	Charges incorporées au coût de production	Charges exclues du coût de production
Phase conceptuelle	Analyse organique (conception détaillée de l'application)	Étude générale (analyse préalable) Analyse fonctionnelle (conception générale d'application)
Phase de production	Programmation (codification) Réalisation des tests et jeux d'essais	
Phase de mise à disposition de l'utilisateur et du suivi	Élaboration de la documentation technique	Formation Suivi des logiciels (maintenance)

3 Le traitement comptable

La comptabilisation est conforme à celle des immobilisations produites par l'entreprise.

Les écritures comptables sont les suivantes :

Logiciel produit sur un seul exercice

205 721	Concessions et droits similaires, logiciels --- Production immobilisée *Coût de production du logiciel achevé*	X	 X

Logiciel produit sur plusieurs exercices

– ***Coût de production du logiciel non achevé à la clôture de l'exercice N–1***

232 721	Immobilisations incorporelles en cours Production immobilisée *En-cours de production* (CP_{N-1})	X	 X

– ***Coût de production du logiciel achevé à la clôture de l'exercice N***

205 232 721	Immobilisations incorporelles *(CP total)* Immobilisations incorporelles en cours (CP_{N-1}) Production immobilisée (CP_N) *Coût de production du logiciel achevé*	X	 X X

4 Les règles d'amortissement

Le logiciel est amorti comptablement sur la durée d'utilisation prévue. Fiscalement, il est possible de déduire les coûts de création du logiciel du résultat de l'exercice au cours duquel ils sont engagés, permettant à l'entreprise de bénéficier du maximum de déductibilité par le biais d'un amortissement dérogatoire.

Les écritures comptables sont les suivantes :

Annuité comptable

6811 2805	Dotations aux amortissements des immobilisations Amortissements des logiciels *Annuité comptable*	X	 X

Annuité dérogatoire

68725 145	Dotations aux amortissements dérogatoires Amortissements dérogatoires *Annuité dérogatoire*	X	 X

APPLICATION CORRIGÉE

Une entreprise a conçu un logiciel de gestion le 01/10/N–1, achevé le 01/05/N et mis en service le 01/06/N, dont la durée d'utilisation est de 3 ans. Les dépenses engagées sont les suivantes :

	N–1	N
Étude préalable	100	
Analyse fonctionnelle	1 500	
Analyse organique	4 800	500
Programmation		1 000
Tests et jeux d'essais		2 500
Documentation		200
Formation		900

Calculer le coût de production du logiciel et comptabiliser les écritures en N–1 et en N.

Correction

Coût de production du logiciel

$CP_{N-1} = 4\ 800$

$CP_{N} = 500 + 1\ 000 + 2\ 500 + 200 = 4\ 200$

CP total = 9 000

Années	Amortissement fiscal	Amortissement comptable	Amortissement dérogatoire	
			Dotations	Reprises
N–1	4 800	0	4 800	
N	4 200	2 000 (1)	2 200	
N+1		3 000 (2)		3 000
N+2		3 000 (2)		3 000
N+3		1 000 (3)		1 000
Total	9 000	9 000	7 000	7 000

(1) (9 000 / 3) x 8 / 12 = 2 000
(2) 9 000 / 3 = 3 000
(3) 3 000 – 2 000 = 1 000

	31/12/N–1		
232	Immobilisations incorporelles en cours	4	
721	Production immobilisée incorporelle		
	Coût de production$_{N-1}$		
	31/12/N–1		
68725	Dotations aux provisions réglementées	4 800	
145	Amortissements dérogatoires		
	Annuité dérogatoire		
	31/12/N		
205	Logiciels	9 000	
232	Immobilisations incorporelles en cours		4 800
721	Production immobilisée incorporelle		4 200
	Coût de production du logiciel achevé		
	31/12/N		
68111	Dotations aux amortissements sur immobilisations	2 000	
2805	Amortissements du logiciel		2 000
	Annuité comptable		
	31/12/N		
68725	Dotations aux provisions réglementées	2 200	
145	Amortissements dérogatoires		2 200
	Annuité dérogatoire		

C Les logiciels à usage commercial

Les logiciels à usage commercial sont des ***logiciels destinés à être vendus, loués ou commercialisés***. On distingue les logiciels utilisés par l'entreprise comme moyen d'exploitation, qui constituent des immobilisations incorporelles, et les logiciels destinés à être vendus, qui constituent des stocks.

1 Les logiciels à usage commercial utilisés comme moyen d'exploitation

Les logiciels à usage commercial utilisés comme moyen d'exploitation sont soit de logiciels développés par l'entreprise dont les reproductions seront vendues, soit de logiciels servant d'outils de production dont les prestations seront facturées à des clients (location, traitement à façon).

Deux cas de figure se présentent :

a L'acquisition de logiciels-mères

Destinés à être conservés durablement par l'entreprise, les logiciels-mères constituent des ***immobilisations incorporelle***s. Le traitement comptable est identique à celui des logiciels acquis à usage interne.

L'écriture comptable est la suivante :

205 44562 404	Concessions et droits similaires, brevets --- TVA sur immobilisations Fournisseurs d'immobilisations *Facture n° ...*	X X	 X

b La création de logiciels-mères

Les logiciels-mères créés sont comptabilisés en immobilisations incorporelles si les conditions d'activation sont réunies. Le traitement comptable est identique à celui des logiciels créés à usage interne.

L'écriture comptable est la suivante :

205 721	Concessions et droits similaires, logiciels --- Production immobilisée – Immobilisations incorporelles *Coût de production du logiciel (hors dépenses de reproduction)*	X	 X

2 Les logiciels à usage commercial destinés à être vendus

Trois cas de figure se présentent pour les logiciels à usage commercial destinés à être vendus.

a La fabrication en série de logiciels standards à partir d'un logiciel-mère

Les dépenses de reproduction du logiciel-mère sur support magnétique, de documentation et d'outils pédagogiques de formation sont comptabilisées en charges.

À la clôture de l'exercice, les logiciels reproduits non vendus constituent des en-cours.

L'écriture comptable est la suivante :

355 7135	Stocks de produits finis Variation des stocks de produits *Constatation des stocks de logiciels non encore vendus*	X	 X

b La création de logiciels spécifiques pour une commande client

Les dépenses engagées sont comptabilisées en charges. La vente des logiciels achevés est comptabilisée en « prestations de services ». À la clôture de l'exercice, les logiciels non facturés constituent des en-cours.

Les écritures comptables sont les suivantes :

Vente des logiciels achevés

512 706 44571	Banques Prestations de services TVA collectée *Facture n° ...*	X	 X X

En-cours de production des logiciels inachevés à la clôture

34 7134	En-cours de production de services Variation des encours de production de services *Constatation des travaux non facturés*	X	 X

C L'acquisition de logiciels destinés à être revendus en l'état

Il s'agit d'une activité de négoce. Les achats sont comptabilisés en « achats de marchandises ». La vente des logiciels est comptabilisée en « ventes de marchandises ».

Les écritures comptables sont les suivantes :

Achat du logiciel

607 44566 401	Achats de marchandises TVA sur ABS Fournisseurs *Facture n° …*	X X	 X

Vente du logiciel

411 707 44571	Clients Ventes de marchandises TVA collectée *Facture n° …*	X	 X X

Stocks de logiciels non vendus à la clôture

37 6037	Stocks de marchandises Variation des stocks de marchandises *Constatation des stocks finaux*	X	 X

APPLICATION CORRIGÉE

Un logiciel de gestion de trésorerie est développé à partir d'un logiciel-mère, commencé en N et achevé le 01/12/N.

Le coût de production est évalué à 250 000 €. La durée d'utilisation est de 5 ans.

Il a été reproduit en 100 exemplaires pour un coût total de 100 000 €.

10 exemplaires ont été vendus en N.

Comptabiliser l'écriture nécessaire au 31/12/N.

Correction

Coût de reproduction unitaire = 100 000 / 100 = 1 000

Stock au 31/12/N = 100 – 10 = 90 exemplaires

	31/12/N		
34 7134	En-cours de production de services Variation des en-cours de production *En-cours de production (90 x 1 000)*	90 000	90 000

V Les sites internet

A Les sites acquis « clés en main »

Le coût d'acquisition des sites est porté en immobilisations incorporelles dès lors que les sites sont destinés à servir durablement à l'activité de l'entreprise.

L'écriture comptable est la suivante :

205 44562 404	Concessions et droits similaires, sites internet TVA sur immobilisations Fournisseurs d'immobilisations *Facture n° …*	X X	X

Les sites sont amortis selon le mode linéaire sur leur durée probable d'utilisation à compter de leur date de mise en service. Ils ne bénéficient plus de l'amortissement exceptionnel sur 12 mois depuis le 1er janvier 2017.

L'écriture d'amortissement est la suivante :

6811 2805	Dotations aux amortissements des immobilisations Amortissements des sites *Annuité comptable*	X	X

B Les sites créés en interne

1 La typologie des sites

On distingue les sites actifs et les sites passifs :

- ***les sites actifs*** : ils permettent l'enregistrement de commandes ou de commerce électronique et/ou participent aux systèmes d'information ou commerciaux de l'entreprise, générant ainsi des avantages économiques ;
- ***les sites passifs*** : ils sont limités à la présentation des produits et de l'entreprise (vitrine) et ne participent pas directement aux systèmes d'information ou commerciaux de l'entreprise ; ils ne correspondant donc pas à la définition d'un actif ; les dépenses sont comptabilisées en charges.

2 Le traitement comptable

On distingue trois phases dans le traitement comptable.

a La phase de recherche

Les principales dépenses issues de la phase de recherche sont les suivantes : dépenses de recherche préalable, étude de la conception, faisabilité et rentabilité du site, détermination des objectifs et fonctionnalités du site, exploration des moyens permettant de réaliser les fonctionnalités souhaitées, identification du matériel approprié et des applications, sélection des fournisseurs, traitement des questions juridiques préalables, identification des ressources internes pour des travaux sur le dessin et le développement du site. Ces dépenses doivent être constatées en charges.

b La phase de développement

Les principales dépenses issues de la phase de développement sont les suivantes : obtention et immatriculation d'un nom de domaine, frais d'acquisition et de développement du matériel informatique, du système d'exploitation et des logiciels spécifiques se rapportant à la mise en fonctionnalité du site, conception graphique des pages du site, frais d'acquisition, de création et de développement des codes pour les programmes de logiciels de bases de données et de logiciels intégrant les applications distribuées dans les programmes, coûts de réalisation de la documentation technique, frais induits par la préparation, l'alimentation, la mise à jour et l'expédition du contenu du site, conception, construction et tests de préproduction ou de pré-utilisation de modèles et prototypes.

Ces dépenses suivent les mêmes règles que les coûts de développement : elles sont comptabilisées en charges ou peuvent être activées lorsque les conditions d'activation sont remplies.

c La phase d'exploitation

Les principales dépenses issues de la phase d'exploitation sont les suivantes : formation des salariés, enregistrement du site auprès des moteurs de recherche, mise à jour des pages du site, sauvegardes régulières, révision de la sécurité du site, vérification du fonctionnement normal des liens et mise à jour des liens existants, création de nouveaux liens, réalisation de l'analyse d'utilisation, contrats d'accès au réseau et hébergement du site, redevances d'utilisation du nom de domaine.

Ces dépenses sont comptabilisées en charges. Elles peuvent être activées s'il est probable qu'elles permettront au site de générer des avantages économiques futurs au-delà de leur niveau de performance défini avant leur engagement et si ces dépenses peuvent être évaluées et attribuées à l'actif de façon fiable.

3 Les conditions d'activation des coûts de développement des sites

L'activation des coûts de développement des sites est autorisée si les conditions suivantes sont remplies :

- sites ayant de sérieuses chances de réussite technique ;
- intention clairement exprimée par la Direction d'achever le site et de l'utiliser ou de le vendre ;
- capacité à utiliser ou à vendre le site ;
- façon dont le site générera des avantages économiques futurs probables ;
- identification des ressources appropriées pour achever le développement et utiliser ou vendre le site ;
- capacité à évaluer de façon fiable les dépenses attribuables au site au cours de son développement.

REMARQUE

L'activation est optionnelle lorsque les conditions sont remplies. Il s'agit d'une méthode de référence dès lors que les frais de création du site sont engagés dans la phase de développement.

4 Le traitement comptable

La comptabilisation est conforme à celle des logiciels créés à usage interne.

Les écritures comptables sont les suivantes :

Site internet produit sur un seul exercice

205 721	Concessions et droits similaires, logiciels --- Production immobilisée *Coût de production du site achevé*	X	 X

Site internet produit sur plusieurs exercices

- ***Coût de production du site non achevé à la clôture de l'exercice N–1***

232 721	Immobilisations incorporelles en cours Production immobilisée *En-cours de production* (CP_{N-1})	X	 X

– ***Coût de production du site achevé à la clôture de l'exercice N***

205 232 721	Immobilisations incorporelles *(CP total)* Immobilisations incorporelles en cours *(solde CP_{N-1})* Production immobilisée *(CP_N)* *Coût de production du site achevé*	X X	 X

ATTENTION

Les dépenses ultérieures engagées pour exploiter le site après son acquisition ou son achèvement doivent être enregistrées en charges, sauf s'il est probable que ces dépenses vont générer des avantages économiques futurs.

5 Les règles d'amortissement des sites créés

Les sites internet sont amortis sur la durée d'utilisation prévue à partir de la date d'achèvement du site. Comme pour les logiciels créés, les coûts de la phase de développement peuvent bénéficier de la déduction immédiate.

ATTENTION

Les dépenses d'acquisition du nom de domaine ne sont pas amortissables car les droits sur le nom de domaine ne sont pas limités dans le temps. L'entreprise peut donc les laisser en charges plutôt que de les immobiliser.

APPLICATION CORRIGÉE

Une entreprise a débuté en N–1 la création d'un site internet-actif. Les dépenses engagées en N–1 se sont élevées à 15 300 € HT (dont 300 € HT relatives à l'immatriculation d'un nom de domaine) et à 3 000 € HT en N. Le site est achevé et mis en service le 01/09/N. Sa durée d'utilisation est de 3 ans.

Comptabiliser les écritures au 31/12/N.

Correction

Coût de production du site

CP_{N-1} = 15 300

CP_N = 3 000

CP total = 15 300 + 3 000 = 18 300

Le nom du domaine n'est pas amortissable.

Années	Amortissement fiscal	Amortissement comptable	Amortissement dérogatoire	
			Dotations	Reprises
N–1	15 000	0	15 000	
N	3 000	2 000 (1)	1 000	

(1) (18 300 – 300) x 4 / 12 = 2 000

	31/12/N		
205	Sites internet	18 300	
232	Immobilisations incorporelles en cours		15 300
721	Production immobilisée incorporelle		3 000
	Coût de production du site achevé		
	31/12/N		
68111	Dotations aux amortissements sur immobilisations	2 000	
2805	Amortissements des sites internet		2 000
	Annuité comptable		
	31/12/N		
68725	Dotations aux provisions réglementées	1 000	
145	Amortissements dérogatoires		1 000
	Annuité dérogatoire		

VI Les fonds commerciaux

A Les fonds commerciaux acquis

1 Le traitement comptable

La valeur du fonds acquis représente la différence entre le prix d'acquisition total et les actifs devant figurer à d'autres postes du bilan (matériel, stocks, etc.). Les éléments acquis du fonds commercial qui, ne peuvent pas figurer à d'autres postes du bilan sont comptabilisés en immobilisations incorporelles.

L'écriture comptable est la suivante :

207	Fonds de commerce	X	
44562	TVA sur immobilisations	X	
404	Fournisseurs d'immobilisations		X
	Acquisition d'un fonds de commerce – facture n° …		

2 L'amortissement des fonds commerciaux

L'usage du fonds commercial est lié à l'activité de l'entreprise. Lorsqu'il existe une limite prévisible à l'exploitation du fonds, le fonds doit obligatoirement être amorti sur sa durée d'utilisation. Lorsque la durée d'exploitation ne peut pas être estimée de façon fiable, le fonds doit obligatoirement être amorti sur 10 ans.

3 La dépréciation des fonds commerciaux

Les modifications économiques et les changements dans l'environnement peuvent justifier une dépréciation d'un fonds commercial si la valeur actuelle du fonds est inférieure à sa valeur nette comptable.

Par exception aux dépréciations relatives aux autres immobilisations corporelles et incorporelles, les dépréciations comptabilisées sur les fonds commerciaux ne seront jamais reprises. Une correction extra-comptable des dépréciations devenues sans objet sera donc envisagée.

B Les fonds commerciaux créés

Les dépenses engagées pour créer en interne des fonds de commerce ne peuvent pas être immobilisées car elles ne peuvent pas être distinguées du coût de développement de l'activité dans son ensemble et le coût ne peut pas être évalué de manière fiable ; il en est de même pour les coûts engagés ultérieurement relatifs à ces dépenses internes. Les dépenses sont comptabilisées en charges. Une augmentation de la valeur d'un fonds commercial dans l'année est considérée comme un fonds créé par l'entreprise et ne peut donc pas être immobilisée.

APPLICATION CORRIGÉE

Une entreprise acquiert le 01/01/N un fonds de commerce pour 150 000 €. Il comprend un matériel de 50 000 €, des stocks de marchandises pour 30 000 € et un droit au bail de 10 000 €. Le règlement est immédiat par chèque bancaire.

Comptabiliser l'écriture d'acquisition du fonds de commerce.

Correction

Valeur du fonds = 150 000 – 50 000 – 30 000 – 10 000 = 60 000 €

	01/01/N		
206	Droit au bail	10 000	
207	Fonds commercial	60 000	
215	Matériel industriel	50 000	
37	Stocks de marchandises	30 000	
512	Banques		150 000
	Facture n° …		

Chapitre 6

LES OPÉRATIONS DE LOCATION-FINANCEMENT

Ce chapitre va vous permettre d'appliquer les règles de comptabilisation des opérations de crédits-bails mobiliers et immobiliers, de la mise en place du contrat à la levée de l'option.

I La définition du crédit-bail

Le ***contrat de crédit-bail (ou leasing)*** est une opération de location de biens, assortie d'une promesse de vente du bien à l'issue de la période de location, moyennant un prix convenu à l'avance, tenant compte des versements effectués à titre de loyers. Le PCG ne permet pas, dans les comptes individuels, l'inscription des biens pris en crédit-bail à l'actif du bilan. L'immobilisation ne figure donc pas dans le bilan de l'entreprise locataire. En fin de contrat, l'entreprise locataire peut lever l'option d'achat (acheter l'immobilisation à un prix d'achat fixé à la conclusion du contrat) ou restituer le bien. Par opposition au crédit-bail, la location financière n'est pas assortie d'une option d'achat.

Un bien pris en crédit-bail fournit des avantages économiques au même titre qu'un actif dont on a la propriété. Il est inscrit à l'actif du bilan en normes IFRS. Le principe comptable en normes IFRS est la prééminence de la réalité économique sur la forme juridique.

II Le crédit-bail mobilier

A Le traitement comptable pendant la période de location

Les redevances liées à l'utilisation d'un bien mobilier en crédit-bail sont comptabilisées en charges au compte 6122.

La comptabilisation comprend les étapes suivantes :

1. Versement d'un dépôt de garantie à la signature du contrat

275 512	Dépôts et cautionnements versés Banques *Versement du dépôt de garantie*	X	 X

2. Règlement des redevances à l'échéance (en début ou en fin de période)

6122 44566 512	Redevances de crédit-bail mobilier TVA sur biens et services (*) Banques *Règlement des loyers*	X X	 X

(*) Le CDE est de 0 pour les loyers sur véhicules de tourisme.

3. À la clôture de l'exercice

Le respect du ***principe d'indépendance des exercices*** est mis en évidence par les écritures de redevances payées d'avance et de redevances à payer.

– ***Redevances payées d'avance***

486 6122	Charges constatées d'avance Redevances de crédit-bail mobilier *Redevances payées en début de période*	X	 X

– ***Redevances à terme échu***

6122 4458 408	Redevances de crédit-bail mobilier TVA à régulariser ou en attente Fournisseurs – Factures non parvenues *Redevances payées en fin de période*	X X	 X

B Le traitement comptable à la levée de l'option

Si l'entreprise locataire lève l'option d'achat, l'immobilisation est inscrite à l'actif du bilan pour sa valeur résiduelle et est amortie sur la durée normale d'utilisation du bien lors de la levée de l'option. Le cas échéant, l'entreprise restituera le bien à la société de location.

L'écriture de la levée de l'option est la suivante :

2.	Immobilisations	X	
44562	TVA sur immobilisations (*)	X	
275	Dépôts et cautionnements versés *(solde)*		X
404	Fournisseurs d'immobilisations		X
	Facture n° … – Levée d'option		

(*) Le CDE est de 0 pour les véhicules de tourisme.

Si l'entreprise restitue le bien, le dépôt de garantie lui est remboursé.

512	Banques	X	
275	Dépôts et cautionnements versés *(solde)*		X
	Restitution du dépôt de garantie		

REMARQUE

Si l'entreprise lève l'option, le mode d'amortissement pratiqué est le mode linéaire (bien d'occasion). Si la durée normale d'utilisation du bien lors de la levée de l'option n'est pas donnée, elle correspondra à la durée du bien qui aurait été pratiquée si l'entreprise en avait été propriétaire, diminuée de la durée du crédit-bail.

APPLICATION CORRIGÉE

Le 15/10/N, une entreprise signe un contrat de crédit-bail relatif à l'utilisation, pendant 3 ans, d'un matériel d'une valeur de 10 000 € HT. Le dépôt de garantie est de 500 €. La redevance mensuelle est fixée à 320 € HT et est versée en début de période. La levée de l'option peut être réalisée au prix de 3 000 € HT en fin de contrat, le 15/10/N+3.

Comptabiliser les écritures à la signature du contrat, à la clôture de l'exercice N et à la levée de l'option.

Correction

	15/10/N		
275	Dépôts et cautionnements versés	500	
512	Banques		500
	Versement du dépôt de garantie		
	15/10/N		
6122	Redevances de crédit-bail mobilier	320	
44566	TVA sur biens et services	64	
512	Banques		384
	Paiement de la redevance		
	31/12/N		
486	Charges constatées d'avance	160	
6122	Redevances de crédit-bail mobilier		160
	Charges constatées d'avance (320 x 0,5)		
	15/10/N+3		
215	Matériel	3 000	
44562	TVA déductible sur immobilisations	600	
275	Dépôts et cautionnements versés		500
404	Fournisseurs d'immobilisations		3 100
	Levée de l'option		

III Le crédit-bail immobilier

A Le traitement comptable pendant la période de location

Les redevances liées à l'utilisation d'un bien immobilier en crédit-bail sont comptabilisées en charges au compte 6125.

La comptabilisation passe par les étapes suivantes :

1. Règlement des redevances à l'échéance

6125	Redevances de crédit-bail immobilier	X	
44566	TVA sur biens et services	X	
512	Banques		X
	Règlement des loyers		

2. À la clôture de l'exercice

Le respect du principe d'indépendance des exercices est mis en évidence par les écritures de redevances payées d'avance et de redevances à payer.

– ***Redevances payées d'avance***

486 6125	Charges constatées d'avance Redevances de crédit-bail immobilier *Redevances payées en début de période*	X	 X

– ***Redevances à terme échu***

6125 4458 408	Redevances de crédit-bail immobilier TVA à régulariser ou en attente Fournisseurs – Factures non parvenues *Redevances payées en fin de période*	X X	 X

Le respect du principe de prudence est mis en évidence par l'écriture de la provision pour impôts pour les sociétés soumises à l'IS. S'il est probable qu'une entreprise soumise à l'IS lève l'option, une provision pour impôts est constatée sur la période de location afin d'anticiper la forte charge d'impôt liée à l'acquisition de l'ensemble immobilier. En effet, afin de limiter la déductibilité des redevances, qui comprennent une partie du prix d'achat du terrain et un amortissement accéléré de la construction, suite à une durée de location plus courte que la durée d'usage de la construction et à une option d'achat faible par rapport à la valeur d'origine du bien, il est procédé, lors de la levée de l'option, à une réintégration fiscale dès lors que la VNC fiscale de l'ensemble immobilier est supérieure à la valeur de l'option :

Réintégration fiscale = VNC fiscale de l'ensemble immobilier – Valeur de l'option – Loyers non déductibles

VNC fiscale de l'ensemble immobilier = Valeur d'origine du terrain + (Valeur d'origine de la construction – Total des amortissements de la construction que l'entreprise aurait pratiqués si elle en était propriétaire)

Loyers non déductibles = Valeur d'origine du terrain – Prix de l'option d'achat (la réintégration est de zéro si le prix du terrain est inférieur au prix de l'option)

Provision pour IS = Réintégration fiscale x Taux d'IS / Durée du contrat de crédit-bail

– ***Provision pour impôts (sociétés soumises à l'IS)***

6875 155	Dotations aux provisions exceptionnelles Provisions pour impôts *Provision pour IS*	X	 X

B Le traitement comptable de la levée de l'option

1 À la date de la levée de l'option

Le prix de la levée de l'option est d'abord imputé au terrain dans la limite de la valeur d'origine du terrain, puis le solde à la construction.

L'écriture comptable est la suivante :

211 213 44562 404	Terrains Constructions TVA sur immobilisations Fournisseurs d'immobilisations *Facture n° … – Levée d'option*	X X X	 X

2 À la clôture de l'exercice

Dans la pratique, le montant de la levée de l'option est souvent inférieur à la valeur initiale du terrain. Si ce n'est pas le cas, la construction immobilisée est amortie sur sa durée probable d'utilisation ou sur une durée résiduelle correspondant à la durée d'utilisation initiale diminuée de la durée du bail.

Les amortissements de la construction sont déterminés comme suit :

Amortissement fiscal	Amortissement comptable	Amortissement dérogatoire	
		Dotations	Reprises
Base : VNC fiscale de la construction	Base : Valeur d'entrée de la construction (compte 213)		
Durée : Durée d'utilisation retenue à la levée de l'option ou durée résiduelle.			

Les écritures comptables sont les suivantes :

Annuité comptable

6811 2813	Dotations aux amortissements des immobilisations Amortissements de la construction *Annuité comptable*	X	 X

Annuité dérogatoire

68725 145	Dotations aux amortissements dérogatoires Amortissements dérogatoires *Annuité dérogatoire*	X	 X

Reprise de la provision pour IS

155 7875	Provisions pour impôts Reprises sur provisions exceptionnelles *Reprise de la provision pour IS*	X	 X

APPLICATION CORRIGÉE

Un contrat de crédit-bail, d'une durée de 15 ans, portant sur un ensemble immobilier, est signé le 01/01/N dans les conditions suivantes : Valeur du terrain : 400 000 € HT, valeur de la construction : 3 000 000 € HT, durée d'utilisation de la construction : 20 ans, redevance annuelle versée en début de période : 450 000 € HT, levée de l'option le 01/01/N+15 pour 250 000 €. L'entreprise est soumise à l'IS ; le taux d'IS est de 30 %.

Comptabiliser les écritures nécessaires en N et celles à la levée de l'option.

Correction

Signature du contrat

	01/01/N		
6125 44566 512	Redevances de crédit-bail immobilier TVA sur biens et services Banques *Paiement de la redevance*	450 000 90 000	 540 000

Clôture de l'exercice

Loyers non déductibles = 400 000 – 250 000 = 150 000

VNC fiscale de l'ensemble immobilier = 400 000 + [3 000 000 – (3 000 000 / 20) x 15] = 1 150 000

1 150 000 > 250 000 : réintégration fiscale = 1 150 000 – 250 000 – 150 000 = 750 000

Provision pour IS = (750 000 x 30 %) / 15 = 225 000 / 15 = 15 000

	31/12/N		
6875 155	Dotations aux provisions exceptionnelles Provisions pour impôts *Constatation de la provision pour impôts*	15 000	 15 000

Levée de l'option

La valeur de l'option affectée en priorité au terrain est limitée à la valeur d'origine du terrain. La valeur de construction est donc de zéro.

Amortissement de la construction sur la durée résiduelle (20 – 15 = 5 ans) : 750 000 / 5 = 150 000

Années	Amortissement fiscal	Amortissement comptable	Amortissement dérogatoire	
			Dotations	Reprises
N+15	150 000	0	150 000	

Compte débité	Compte crédité	Libellé	Débit	Crédit
		01/01/N+15		
211		Terrains	250 000	
213		Constructions	0	
	404	Fournisseurs d'immobilisation		250 000
		Facture n° …		
		31/12/N+15		
155		Provisions pour impôts	225 000	
	7875	Reprises sur provisions exceptionnelles		225 000
		Reprise de la provision pour impôts		
		31/12/N+15		
68725		Dotations sur provisions réglementées	150 000	
	145	Amortissements dérogatoires		150 000
		Annuité dérogatoire		

IV Les mentions à porter dans l'annexe

Afin d'informer les tiers sur les engagements pris en matière de crédit-bail, les entreprises doivent communiquer en annexe des informations concernant les contrats de crédit-bail.

Ces informations concernent :

- la valeur des biens pris en crédit-bail au moment de la signature du contrat ;
- le montant des redevances afférentes à l'exercice et le montant cumulé des redevances des exercices précédents ;
- les dotations aux amortissements qui auraient été enregistrées pour ces biens au titre de l'exercice clos s'ils avaient été acquis par l'entité et le montant cumulé des amortissements qui auraient été effectués au titre des exercices précédents ;
- l'évaluation des redevances restant à payer ;
- le prix d'achat résiduel de ces biens stipulé aux contrats.

Le tableau annexé se présente comme suit :

Postes	Valeur d'entrée	Redevances		Amortissements		Redevances restant à payer			Prix d'achat résiduel
		cumulées	de l'exercice	cumulés	de l'exercice	≤ 1 an	> 1 an et ≤ 5 ans	> 5 ans	

Une présentation simplifiée est possible pour les sociétés ne dépassant pas à la clôture de l'exercice deux des trois seuils suivants : Total bilan ≤ 4M€ ; CA HT ≤ 8 M€ et effectif ≤ 50.

Chapitre 7

LES IMMOBILISATIONS ACQUISES AVEC DES CONDITIONS PARTICULIÈRES

Ce chapitre va vous permettre de définir les cas spécifiques de clauses particulières applicables à l'acquisition d'immobilisations.

I Les acquisitions avec clause de réserve de propriété

La propriété du bien cédé ne sera effectivement transférée qu'après paiement intégral du prix. L'acquisition est comptabilisée à la date de livraison, indépendamment du règlement. Le vendeur est protégé contre le risque de non-paiement. Si le vendeur doute de la capacité de l'acheteur à honorer ses engagements financiers, il peut constituer une dépréciation de la créance.

L'amortissement est calculé à partir de la date de livraison.

II Les acquisitions avec conditions résolutoires

Le transfert de propriété est immédiat mais la vente est annulée si un évènement futur se produit. L'acquisition est comptabilisée à la date de livraison, indépendamment du règlement ou de la réalisation de l'évènement futur.

L'amortissement est calculé à partir de la date de livraison.

III Les acquisitions avec conditions suspensives

Le transfert de propriété est subordonné à la réalisation d'un événement futur.

La conclusion définitive de la vente est reportée à la date où la condition est réalisée.

L'acquisition est comptabilisée à la date de livraison dans un compte d'avances (compte 238).

L'amortissement est calculé à partir de la date de la réalisation de la condition.

Une mention distincte doit être opérée aux bilans des acquéreurs et des vendeurs de biens assortis de telles clauses.

Chapitre 8

LES IMMOBILISATIONS DÉCOMPOSÉES

Ce chapitre va vous permettre de définir les composants de première et de seconde catégorie et d'appliquer les règles de leur évaluation et de leur comptabilisation.

I Les définitions

Lorsque des éléments constitutifs d'une immobilisation ont chacun des durées d'utilisation différentes, chaque élément est comptabilisé séparément dès son entrée dans l'entité. ***L'immobilisation est dite « décomposable »***. La partie principale de l'immobilisation décomposée est appelée ***« structure »***, les autres parties sont qualifiées de ***« composants »***.

Un ***composant*** est un élément principal d'une immobilisation ayant une durée d'utilisation différente ou procurant des avantages économiques selon un rythme différent de celui de l'immobilisation dans son ensemble.

Tout composant identifié doit :

- être significatif et doit conserver ce caractère au moment de son remplacement ;
- être comptabilisé séparément dès l'origine et lors de son remplacement ;
- faire l'objet d'un plan d'amortissement séparé.

ATTENTION

La décomposition d'une immobilisation en plusieurs composants ne modifie pas le coût global de cette immobilisation.

II Les différentes catégories de composants

On distingue les composants de première catégorie et les composants de seconde catégorie.

A L'identification des composants

Deux étapes permettent d'identifier les composants :

- une ***étape technique*** : une étude préalable doit être faite par les services techniques de l'entreprise quant aux possibilités de ventilation des éléments principaux en composants et aux fréquences de renouvellement de ces derniers ;
- une ***étape comptable*** : les données techniques doivent être rapprochées des règles de comptabilisation des actifs. Les propositions techniques confrontées aux données historiques de remplacement seront le plus souvent revues pour arrêter un nombre plus réduit de composants.

B Les composants de première catégorie

Les composants de première catégorie sont les éléments principaux d'une immobilisation devant faire l'objet de remplacements à intervalles réguliers pendant la durée d'utilisation de l'immobilisation.

C Les composants de seconde catégorie

Les composants de seconde catégorie sont les dépenses d'entretien faisant l'objet de programmes pluriannuels de grandes révisions ou de grosses réparations. Ces dépenses peuvent être comptabilisées en tant que composants ou faire l'objet d'une provision pour grande révision et gros entretien.

Le tableau récapitulatif suivant permet de bien comprendre la comptabilisation des dépenses d'entretien et de réparations :

Entretien et réparations	Elles s'analysent comme des charges si elles ne permettent pas le remplacement d'un composant et que leur effet se limite à maintenir le bien en état normal de fonctionnement sans en augmenter la valeur ou sa durée d'utilisation : dépenses de ravalement, peinture, menuiserie, électricité, réfection sol, dépenses pour opérations de désamiantage d'immeubles. Elles s'analysent comme des immobilisations si leur effet vise à augmenter la valeur, la durée d'utilisation du bien ou la productivité.
Renouvellement ou remplacement d'un composant	Elles entraînent l'entrée dans l'actif d'un nouveau composant (composant de 1re catégorie) et doivent être immobilisées en tant que composant même si à l'origine l'entreprise ne les avait pas identifiés : remplacement d'un moteur, réfection complète d'une toiture, remplacement d'un ascenseur.

Agencements et transformation d'installations existantes	Elles s'analysent comme des immobilisations : frais d'installation générale de téléphone, électricité, chauffage, dépenses de mise en conformité (mise aux normes), travaux de transformation complète des locaux, travaux de réfaction et d'agrandissement.
Gros entretien et grandes révisions	Elles s'analysent comme des composants de 2de catégorie : entretien et réfection de toitures, traitement, nettoyage des façades (sauf ravalement avec amélioration), entretien des descentes d'eaux pluviales, peintures extérieures et intérieurs, réparation des menuiseries, entretien des aménagements extérieurs et des équipements (ascenseurs, chaudières, électricité, etc.), curage des égouts, élagage, frais de raccordement aux réseaux publics (eau, gaz, électricité, téléphone).

APPLICATION CORRIGÉE

Identifier les éléments selon leur nature dans les cas suivants :

1. **Remplacement du moteur défaillant deux ans après l'acquisition d'une machine. Cet élément est indispensable au bon fonctionnement de la machine. L'entreprise estime sa durée de vie à 3 ans alors que la durée d'utilisation de la machine est de 10 ans.**
2. **Modification des installations électriques pour respecter les nouvelles normes.**
3. **Réfection de la peinture des locaux.**
4. **Installation d'un appareillage sur une machine permettant d'augmenter sa productivité.**

Correction

1. Le remplacement du moteur, indispensable au bon fonctionnement de la machine, est un composant de première catégorie comptabilisé en immobilisations (compte 215.2).
2. La modification des installations pour conformité est assimilée à une immobilisation (compte 2181 ou 2135).
3. La réfection des peintures des locaux est une charge (compte 615).
4. La dépense permettant d'augmenter la productivité de la machine doit être immobilisée (compte 215).

III Le traitement comptable des composants

Le traitement comptable diffère selon la catégorie des composants :

- ***composants de première catégorie*** : il est obligatoire de les comptabiliser séparément dès l'origine et lors de leur remplacement en tant que composant ;
- ***composants de seconde catégorie*** : l'entreprise a le choix entre deux méthodes :
  - soit la comptabilisation des dépenses comme composants,
  - soit la constitution d'une provision pour gros entretien et grandes révisions.

La méthode comptable doit être mentionnée dans l'annexe.

REMARQUE

Fiscalement, la méthode des composants est interdite. Les dépenses de gros entretien et grandes révisions n'entrent pas dans le champ d'application des composants. Toutefois, seule l'approche par composants est compatible avec les normes IFRS dans la mesure où les dépenses de seconde catégorie ne répondent pas aux critères de définition d'un passif.

A La comptabilisation des composants de première catégorie

1 L'acquisition de l'immobilisation décomposée

Les composants sont comptabilisés dans des subdivisions du compte de l'immobilisation concernée. Les coûts directement attribuables au coût d'acquisition de l'immobilisation et les frais d'acquisition activables sont affectés proportionnellement à la valeur de chaque élément décomposé, sauf mention particulière.

L'écriture comptable est la suivante :

21.1	Immobilisations corporelles – Structure	X	
21.2	Immobilisations corporelles – Composant	X	
44562	TVA sur immobilisations	X	
404	Fournisseurs d'immobilisations		X
	Facture n° ...		

2 L'amortissement comptable de l'immobilisation décomposée

La structure est amortie sur la durée prévue d'utilisation. L'Administration fiscale autorise les entreprises à amortir fiscalement la structure sur la durée d'usage de l'immobilisation dans son ensemble (sauf pour les immeubles de placement) ; ceci est intéressant lorsque la durée d'usage de l'immobilisation est plus courte que la durée d'utilisation de la structure, il est possible de pratiquer un amortissement fiscal de la structure sur la durée la plus courte, permettant à l'entreprise de bénéficier du maximum de déductibilité par le biais d'un amortissement dérogatoire.

Le composant est amorti sur la durée prévue d'utilisation. Si la durée fiscale de la structure est plus courte que la durée d'utilisation du composant, il est possible de pratiquer un amortissement fiscal du composant sur la durée la plus courte, permettant à l'entreprise de bénéficier du maximum de déductibilité par le biais d'un amortissement dérogatoire.

L'écriture comptable est la suivante :

68112	Dotations aux amortissements des immobilisations corporelles	X	
28.1	Amortissements des immobilisations – Structure		X
28.2	Amortissements des immobilisations – Composant		X
	Annuités comptables		

B La comptabilisation des composants de seconde catégorie

Les écritures diffèrent selon la méthode retenue.

1 La méthode des composants

Les composants sont comptabilisés dans des subdivisions du compte de l'immobilisation.

Les écritures comptables sont les suivantes :

Réception de la facture de l'immobilisation

21.1	Immobilisations corporelles – Structure	X	
21.2	Immobilisations corporelles – Composant	X	
44562	TVA sur immobilisations	X	
404	Fournisseurs d'immobilisations		X
	Facture n° ...		

Amortissement comptable de l'immobilisation décomposée

68112	Dotations aux amortissements des immobilisations corporelles	X	
28.1	Amortissements des immobilisations – Structure		X
28.2	Amortissements des immobilisations – Composant		X
	Annuité comptable		

2 La méthode de la provision

L'immobilisation est comptabilisée dans son ensemble et une provision pour charges est constatée à la clôture au compte 1572 *Provisions pour gros entretien ou grandes révisions.*

Les écritures comptables sont les suivantes :

Réception de la facture de l'immobilisation

21	Immobilisations corporelles	X	
44562	TVA sur immobilisations	X	
404	Fournisseurs d'immobilisations		X
	Facture n° ...		

Amortissement de l'immobilisation

68112	Dotations aux amortissements des immobilisations corporelles	X	
28	Amortissements des immobilisations		X
	Annuité comptable		

Provision pour grande révision

6816	Dotations aux provisions d'exploitation	X	
1572	Provisions pour gros entretien ou grandes révisions		X
	Constatation de la provision (Révision / Durée prévue)		

APPLICATION CORRIGÉE

Une entreprise a acquis le 01/01/N un matériel A pour 10 000 € HT dont la durée d'utilisation est de 10 ans. Ce bien est composé d'un appareillage évalué à 2 000 € HT devant faire l'objet d'un remplacement tous les 4 ans.

Elle a également acquis le 01/01/N un matériel B pour 30 000 € HT amortissable sur 6 ans, devant faire l'objet d'une grande révision au bout de 3 ans, estimée à 3 000 € HT.

Comptabiliser les écritures d'acquisition et les écritures au 31/12/N.

Correction

Matériel A

Le matériel et son appareillage sont dissociables car l'appareillage constitue un élément devant faire l'objet de remplacements à intervalles réguliers : les deux éléments doivent donc être comptabilisés séparément.

	01/01/N		
2154.1	Matériel industriel – Structure	8 000	
2154.2	Matériel industriel – Composant appareillage *(10 000 – 2 000)*	2 000	
44562	TVA déductible sur immobilisations	2 000	
404	Fournisseurs d'immobilisations		12 000
	Facture n° …		
	31/12/N		
6811	Dotations aux amortissements du matériel	1 300	
28154.1	Amortissements de la structure *(8 000 / 10)*		800
28154.2	Amortissements du composant *(2 000 / 4)*		500
	Annuités comptables		

Matériel B

Les dépenses d'entretien font l'objet de programmes pluriannuels de grandes révisions :

- **soit elles ne font pas l'objet de provisions pour grandes révisions et sont comptabilisées dès l'origine comme un composant distinct de l'immobilisation**

Les éléments « structure » et « révision » doivent être comptabilisés séparément.

	01/01/N		
2154.1	Matériel industriel – Structure *(30 000 – 3 000)*	27 000	
2154.2	Matériel industriel – Composant révision	3 000	
44562	TVA déductible sur immobilisations	6 000	
404	Fournisseurs d'immobilisations		36 000
	Facture n° …		
	31/12/N		
6811	Dotations aux amortissements du matériel	5 500	
281541	Amortissements de la structure *(27 000 / 6)*		4 500
28154.2	Amortissements du composant *(3 000 / 3)*		1 000
	Annuités comptables		

– soit elles font l'objet de provisions pour grandes révisions

L'immobilisation est comptabilisée dans son ensemble et une provision est constatée à la clôture.

	01/01/N		
2154 44562 404	Matériel industriel TVA déductible sur immobilisations Fournisseurs d'immobilisations *Facture n° …*	30 000 6 000	 36 000
	31/12/N		
6815 1572	Dotations aux provisions d'exploitation Provisions pour gros entretien ou grandes révisions *Constatation de la provision sur les révisions (3 000 / 3 = 1 000)*	1 000	 1 000
	31/12/N		
6811 28154	Dotations aux amortissements du matériel Amortissements de la structure *(30 000 / 6)* *Annuité comptable*	5 000	 5 000

IV Le remplacement des composants

A Les composants de première catégorie et de seconde catégorie

Les écritures sont analogues à celles des cessions d'immobilisations.

Réception de la facture du nouveau composant

21.2 44562 404	Immobilisations corporelles – Composant TVA sur immobilisations Fournisseurs d'immobilisations *Facture du nouveau composant n° …*	X X	 X

Sortie de l'ancien composant

675 28.2 21.2	Valeurs comptables des éléments d'actifs cédés (*) Amortissements des immobilisations Immobilisations *Sortie du composant à sa VNC*	X X	 X

(*) En principe l'ancien composant est totalement amorti et la VNC est donc de zéro.

Annuité comptable du nouveau composant

68112 28.2	Dotations aux amortissements des immobilisations Amortissements des immobilisations – Composant *Annuité comptable du nouveau composant (*)*	X	 X

(*) En principe l'ancien composant est totalement amorti.

B Les composants de seconde catégorie (méthode de la provision)

La dépense de révision est constatée en charges. La provision pour gros entretien ou grandes révisions doit être reprise en totalité.

Les écritures comptables sont les suivantes :

Réception de la facture de la révision

615 44566 401	Entretien et réparations TVA sur biens et services *(option pour les débits)* Fournisseurs *Facture du nouveau composant n° …*	X X	 X

Reprise de la provision

1572 7816	Provisions pour gros entretien ou grandes révisions Reprises sur provisions d'exploitation *Reprise de la provision*	X	 X

V Le remplacement d'un composant non identifié à l'origine

Un composant non identifié à l'origine doit l'être ultérieurement s'il satisfait aux conditions nécessaires (par exemple, renouvellement imprévu d'un élément significatif indispensable au fonctionnement de l'immobilisation).

A Les étapes de la reconstitution d'un composant non identifié à l'origine

La reconstitution d'un composant non identifié comprend les étapes suivantes :

- la comptabilisation du nouveau composant ;
- la comptabilisation de la sortie de l'élément non identifié à sa VNC ; cette étape nécessite de :
  - reconstituer la valeur brute de l'élément remplacé : si le prix du composant d'origine ne peut être déterminé avec précision, il faut reconstituer la valeur brute de l'élément remplacé à la date du remplacement selon une méthode rationnelle et cohérente, en fonction du coût actuel à neuf d'éléments ayant les mêmes caractéristiques techniques, ou en fonction d'une ventilation opérée pour des immobilisations semblables. Il est admis, pour les PME ne dépassant pas deux des trois seuils « total bilan < 4 M€, CA HT ≤ 8 M€ et nombre de salariés < 50 », que la valeur de l'élément remplacé est égale au coût de remplacement,

- reconstituer les amortissements de l'élément remplacé : la reconstitution des amortissements pratiqués sur l'élément remplacé est réalisée à partir de sa valeur brute reconstituée et de la durée d'amortissement de l'immobilisation ;

– la comptabilisation de l'amortissement du nouveau composant sur la durée résiduelle de l'immobilisation ;
– la comptabilisation de l'amortissement de la structure sur la durée de la structure.

B Le traitement comptable d'un composant non identifié à l'origine

La comptabilisation comprend les étapes suivantes :

1. Comptabilisation du nouveau composant

21.2 44562 404	Immobilisations corporelles – Composant TVA sur immobilisations Fournisseurs d'immobilisations *Facture du nouveau composant n° …*	X X	 X

2. Sortie de l'élément non identifié à sa VNC

675 28 21	Valeurs comptables des éléments d'actifs cédés Amortissements des immobilisations Immobilisations *(valeur brute du composant reconstitué)* *Sortie du composant reconstitué à sa VNC*	X X	 X

3. Amortissement du nouveau composant

68112 28.2	Dotations aux amortissements des immobilisations Amortissements des immobilisations – Composant (*) *Annuité comptable du nouveau composant*	X	 X

(*) Valeur du nouveau composant / Durée du composant plafonnée à la durée résiduelle

4. Amortissement de la structure sur la durée de la structure

68112 28	Dotations aux amortissements des immobilisations Amortissements des immobilisations – Structure (*) *Annuité comptable de la structure*	X	 X

(*) (Valeur de l'immobilisation – Valeur du composant reconstitué) / Durée de la structure

APPLICATION CORRIGÉE

Une entreprise avait acquis le 01/01/N–3 une machine pour 100 000 € HT, amortissable en linéaire sur 10 ans. Le 01/01/N, elle doit remplacer un élément indispensable au fonctionnement de la machine, non identifié à l'acquisition. Le remplacement coûte 45 000 € HT. Sa valeur brute est estimée, selon une méthode rationnelle, au 01/01/N à 40 000 € HT.

Comptabiliser les écritures nécessaires.

Correction

Comptabilisation de l'élément remplacé en tant que composant

	01/01/N		
215.2	Matériel – Composant	45 000	
44562	TVA déductible sur immobilisations	9 000	
512	Banques		54 000
	Facture n° …		

Reconstitution des amortissements de l'élément remplacé

Base = 40 000 ; durée d'utilisation de l'immobilisation = 10 ans ; annuité = 40 000 / 10 = 4 000

Années	Base	Amortissements	Cumul	VNC
N–3	40 000	4 000	4 000	36 000
N–2		4 000	8 000	32 000
N–1		4 000	12 000	28 000
N		4 000	16 000	24 000

Sortie du composant non identifié à l'origine

	31/12/N		
675	Valeurs comptables des éléments d'actif cédés	24 000	
2815	Amortissements du matériel	16 000	
215	Matériel		40 000
	Sortie du composant		

Amortissement du nouveau composant sur la durée résiduelle de l'immobilisation (10 – 4 = 6 ans)

DAP N+4 = 45 000 / 6 = 7 500

	31/12/N+4		
6811	Dotations aux amortissements sur immobilisations	7 500	
2815.2	Amortissements du matériel – Composant		7 500
	Annuité comptable du composant remplacé		

Régularisation des amortissements de la structure et amortissement de la structure

Base = 100 000 – 40 000 = 60 000 ; durée = 10 ans

DAP N+4 = 60 000 / 10 = 6 000

	31/12/N+4		
6811	Dotations aux amortissements sur immobilisations	6 000	
2815	Amortissement du matériel		6 000
	Annuité comptable de la structure		

Chapitre 9

LES IMMOBILISATIONS SINISTRÉES

Ce chapitre va vous permettre d'appliquer les règles de comptabilisation relatives à la sortie d'une immobilisation du patrimoine d'une entreprise, provoquée par un sinistre, en tenant compte des garanties souscrites par l'entité contre ce risque (assurance).

I Les biens immobilisés sinistrés

Dans le cas d'une immobilisation sinistrée, la comptabilisation diffère selon la destruction, partielle ou totale, du bien.

A La destruction partielle d'un bien

L'indemnité d'assurance s'analyse comme une compensation des frais de réparation ; elle est comptabilisée en transferts de charges d'exploitation ; les frais de remise en état sont comptabilisés en charges.

La comptabilisation comprend les étapes suivantes :

1. Indemnité d'assurance

467 791 7788	Autres comptes débiteurs et créditeurs Transferts de charges d'exploitation (1) Produits exceptionnels divers (2) *Indemnité d'assurance*	X	 X X

(1) Compensation des frais de réparation

(2) Indemnité complémentaire en réparation du préjudice subi

2. Remise en état du bien

615 44566 512	Entretien et réparations TVA déductible sur autres biens et services Banques *Facture n° …*	X X	 X

ATTENTION

Si les frais de réparation visent à augmenter la valeur du bien ou sa durée d'utilisation, ils seront comptabilisés dans un compte d'immobilisations.

B La destruction totale d'un bien

La comptabilisation s'effectue en appliquant les principes généraux de comptabilisation des cessions d'immobilisations :

- l'indemnité d'assurance s'analyse comme un substitut du prix de vente et est comptabilisée au crédit du compte 775. Lorsqu'un décalage existe entre l'exercice de la destruction et l'exercice de la fixation de l'indemnité d'assurance, l'indemnité est un produit à recevoir crédité à la clôture par le débit d'un compte de transition (compte 478) ;
- il est le plus souvent pratiqué une dotation exceptionnelle pour ramener la valeur nette comptable égale à zéro ;
- pour les entreprises soumises à l'IS, une provision pour impôt différé sur la plus-value à court terme sur sinistres est comptabilisée à la clôture, dans le respect du principe de prudence, déterminée par le calcul suivant : PVCT x Taux d'IS ; la plus-value découlant de l'operation sera donnée aux candidats ; la provision pour IS doit être reprise, à compter de l'exercice suivant sa dotation, sur la durée de l'étalement, déterminée par le calcul suivant : Provision pour IS / Durée de l'etalement.

La comptabilisation comprend les étapes suivantes :

1. Indemnité d'assurance

467 775 7788	Autres comptes débiteurs et créditeurs Produits des cessions d'éléments d'actif Produits exceptionnels divers (*) *Indemnité d'assurance*	X	 X X

(*) Indemnité complémentaire en réparation du préjudice subi

2. Sortie du bien

28 2	Amortissements des immobilisations Immobilisations *Sortie du bien*	X	 X

3. Annuité comptable et annuité exceptionnelle

68112 6871 28	Dotations aux amortissements des immobilisations Dotations aux amortissements exceptionnels des immobilisations Amortissements des immobilisations *Annuités comptable et exceptionnelle*	X X	 X

4. Provision pour impôts

6875 155	Dotations aux provisions exceptionnelles Provisions pour impôts *Provision pour sociétés soumises à l'IS*	X	 X

5. Reprise de la provision pour impôts à compter de l'exercice suivant la dotation

155 7875	Provisions pour impôts Reprises sur provisions exceptionnelles *Reprise de la provision pour IS (Provision / Durée de l'étalement)*	X	 X

II Les biens d'exploitation sinistrés

L'indemnité perçue est analysée comme un produit, destiné à couvrir le manque à gagner subi au niveau de l'exploitation du fait de l'arrêt de la production et les charges fixes que l'entreprise doit continuer à supporter, comptabilisé dans un compte de transfert de charges d'exploitation. La sortie des biens d'exploitation constitue une charge exceptionnelle.

La comptabilisation comprend les étapes suivantes :

1. Indemnité d'assurance

467 791	Autres comptes débiteurs et créditeurs Transferts de charges d'exploitation (*) *Indemnité d'assurance*	X	 X

(*) Le compte 797 *Transferts de charges exceptionnelles* est admis

2. Sortie des biens

6718 791	Autres charges exceptionnelles sur opérations de gestion Transferts de charges d'exploitation *Sortie des biens d'exploitation*	X	 X

REMARQUE

Si les biens sinistrés sont stockés, le sinistre sera indirectement pris en compte dans les écritures de variation de stock à la clôture de l'exercice (baisse du stock final). Aucune écriture relative à la sortie des biens ne sera constatée.

APPLICATION CORRIGÉE

Un incendie s'est déclaré le 01/07/N. Un matériel a été détruit. Il avait été acquis 150 000 € HT et amorti pour 75 000 € (dont une dotation de 15 000 € en N). L'indemnité perçue le 31/12/N est de 100 000 €. Un stock de produits a également été détruit. L'indemnité perçue le 31/12/N est de 10 000 €.

L'entreprise est soumise à l'IS. Le taux d'IS est de 30 %.

La plus-value à court terme s'élève à 25 000 €.

Comptabiliser les écritures au 31/12/N.

Correction
Écritures comptables

	31/12/N		
512	Créances sur cessions d'immobilisations	100 000	
775	Produits des cessions d'éléments d'actifs		100 000
	Indemnité d'assurance sur le matériel		
	31/12/N		
2815	Amortissements du matériel	150 000	
215	Installations techniques et matériel industriel		150 000
	Sortie du matériel		
	31/12/N		
6811	Dotations aux amortissements sur immobilisations	15 000	
6871	Dotations aux amortissements exceptionnelles des immobilisations	75 000	
2815	Amortissements du matériel		90 000
	Annuités comptable et exceptionnelle		
	31/12/N		
512	Banques	10 000	
797	Transferts de charges exceptionnelles		10 000
	Indemnité perçue sur le stock		
	31/12/N		
6875	Dotations aux provisions réglementées	7 500	
155	Provisions pour impôts		7 500
	Provision pour IS (25 000 x 30 %)		

Chapitre 10

LA RÉÉVALUATION LIBRE

Ce chapitre va vous permettre d'appliquer les règles d'évaluation et de comptabilisation aux immobilisations réévaluées, dérogeant au principe du nominalisme.

I La définition

La réévaluation des immobilisations constitue une exception au principe comptable des coûts historiques. Elle doit ***porter sur l'ensemble des immobilisations corporelles et financières***.

Il est interdit de réévaluer les immobilisations incorporelles et toute réévaluation partielle est impossible.

II Le traitement comptable de l'écart de réévaluation

La valeur réévaluée (ou valeur d'utilité VU) représente soit la VNC figurant à l'actif du bilan, soit la valeur vénale dont l'évaluation repose sur les prix du marché ou sur des indices de prix.

Écart de réévaluation = VU – VNC

L'écart de réévaluation ne participe pas à la détermination du résultat ; il est inscrit directement dans les capitaux propres, ce qui permet d'augmenter les capitaux propres, dans le cas où ces derniers sont inférieurs à la moitié du capital social.

L'écriture comptable est la suivante :

2. 1052	Immobilisations Écart de réévaluation libre *Écart de réévaluation*	X	 X

III Le calcul des amortissements du bien réévalué

La base amortissable est la valeur de l'immobilisation réévaluée et la durée d'amortissement est une durée résiduelle.

Base amortissable = Valeur de l'immobilisation réévaluée
Durée résiduelle = Durée d'utilisation du bien – Durée écoulée à la date de la réévaluation

Les écritures d'amortissement sont les mêmes que celles relatives à une immobilisation non réévaluée.

IV L'utilisation de l'écart de réévaluation

L'écart de réévaluation n'est pas repris en résultat. Il peut être utilisé selon les modalités suivantes :

– il peut être incorporé en tout ou partie au capital social.
L'écriture comptable est la suivante :

1052 101	Écart de réévaluation libre Capital *Transfert de l'écart de réévaluation*	X	 X

– il peut être transféré dans un compte de réserves distribuables, à condition que l'exercice soit bénéficiaire. Le montant est transféré en une seule fois, à la cession de l'immobilisation, ou progressivement, à hauteur d'un supplément d'amortissement.

Supplément d'amortissement =
Amortissement après réévaluation – Amortissement avant réévaluation

L'écriture comptable est la suivante :

1052 106	Écart de réévaluation libre Réserves *Transfert de l'écart de réévaluation*	X	 X

ATTENTION

En cas de pertes, l'écart de réévaluation ne peut pas compenser les pertes sauf s'il a été préalablement incorporé au capital. Dans ce cas, le capital est augmenté par transfert total ou partiel de l'écart, puis le capital est réduit pour imputer les pertes (coup de l'accordéon).

L'écart de réévaluation est distribuable uniquement s'il a été transféré à un compte de réserves distribuables.

APPLICATION CORRIGÉE

Le 31/12/N, une entreprise réévalue un bâtiment acquis le 01/01/N–2 pour 500 000 €. La durée d'utilisation est de 20 ans. La valeur d'utilité est estimée à 850 000 € au 31/12/N. l'exercice est bénéficiaire.

Comptabiliser les écritures au 31/12/N et au 31/12/N+1.

Correction

Plan d'amortissement d'origine de la construction : annuité = 500 000 / 20 = 25 000

Années	Base amortissable	Annuité	VNC
N–2	500 000	25 000	475 000
N–1		25 000	450 000
N		25 000	425 000

Écart de réévaluation

Éléments	Valeur d'utilité (VU)	VNC	Écart de réévaluation
Construction	850 000	425 000	+ 425 000

	31/12/N		
213	Constructions	425 000	
1052	Écart de réévaluation libre		425 000
	Constatation de l'écart		

Amortissement du bâtiment réévalué : annuité N+1 = 850 000 / (20 – 3) = 50 000

	31/12/N+1		
6811	Dotations aux amortissements sur immobilisations	50 000	
2813	Amortissements des constructions		50 000
	Annuité comptable		

Transfert de l'écart de réévaluation en réserves : 50 000 – 25 000 = 25 000

	31/12/N+1		
1052	Écart de réévaluation libre	25 000	
1068	Autres réserves		25 000
	Ecart transféré		

Si ce transfert est réalisé pendant 17 ans, le total transféré sera de : (25 000 x 17) = 425 000. Il correspond à l'écart de réévaluation de la construction.

V La dépréciation d'un bien réévalué

Si la valeur actuelle d'une immobilisation réévaluée devient inférieure à sa valeur nette comptable, une dépréciation doit être constatée dans les mêmes conditions que les immobilisations non réévaluées. L'écart de réévaluation n'est pas modifié.

VI La cession d'un bien réévalué

La comptabilisation de la cession s'effectue, en appliquant aux valeurs réévaluées, les principes généraux de comptabilisation des cessions d'immobilisations.

La comptabilisation comprend les étapes suivantes :

1. Constatation de la cession

462 775 44571	Créances sur cessions d'immobilisations Produits des cessions d'éléments d'actifs TVA collectée *Constatation de la cession*	X	 X X

2. Sortie du bien

675 28 21	Valeurs comptables des éléments d'actifs cédés (*) Amortissements des immobilisations Immobilisations *Sortie du bien à sa VNC*	X X	 X

(*) VNC = (Valeur d'origine + Écart de réévaluation) – Σ Amortissements jusqu'à la cession

3. Annuité comptable

68112 28	Dotations aux amortissements des immobilisations Amortissements des immobilisations *Annuité comptable*	X	 X

4. Solde de l'écart de réévaluation restant à transférer (cas de l'écart transféré en réserves)

106 1052	Réserves Écart de réévaluation libre *Solde de l'écart de réévaluation transféré*	X	 X

APPLICATION CORRIGÉE

Reprendre l'application précédente en considérant que le bâtiment est cédé le 31/12/N+2 pour 1 000 000 €.

Correction

Plan d'amortissement de la construction

Années	Base amortissable	Annuité	Cumul
N–2	500 000	25 000	25 000
N–1	500 000	25 000	50 000
N	500 000	25 000	75 000
N+1	850 000	50 000	125 000
N+2	850 000	50 000	175 000

VNC de la construction = (500 000 + 425 000) – 175 000 = 925 000 – 175 000 = 750 000

	31/12/N+2		
462	Créances sur cessions d'immobilisations	1 000 000	
775	Produits des cessions d'éléments d'actifs		1 000 000
	Constatation de la cession		
	31/12/N+2		
675	Valeurs comptables des éléments d'actifs cédés	750 000	
2813	Amortissements des constructions	175 000	
213	Constructions		925 000
	Sortie du bâtiment		
	31/12/N+2		
6811	Dotations aux amortissements sur immobilisations	50 000	
2813	Amortissements des constructions		50 000
	Annuité comptable		
	31/12/N+2		
1052	Écart de réévaluation libre	400 000	
1068	Autres réserves		400 000
	Solde de l'écart de réévaluation (425 000 – 25 000)		

VII Les mentions à porter dans l'annexe

Les informations suivantes doivent être mentionnées dans l'annexe :

- la méthode utilisée pour le calcul des valeurs de réévaluation ;
- la liste des postes concernés ;
- le traitement de l'écart de réévaluation.

Chapitre 11
LES STOCKS

Selon le programme officiel de l'examen, ce chapitre va vous permettre de définir les stocks et de mettre en œuvre les règles de leur évaluation et de leur comptabilisation.

Vous développerez les compétences suivantes :

- *Exposer et appliquer les règles d'inscription à l'actif, d'évaluation et d'enregistrement des stocks ;*
- *Évaluer et comptabiliser les opérations portant sur les stocks à l'entrée et postérieurement à leur entrée ;*
- *Analyser les conséquences d'un choix de comptabilisation notamment sur la présentation des comptes annuels, dans une situation donnée ;*
- *Présenter les informations à fournir en annexe.*

I La définition du stock

Un stock est un ***actif détenu pour être vendu*** dans le cours normal de l'activité, ou en cours de production pour une telle vente, ***ou destiné à être consommé*** dans le processus de production ou de prestations de services, dont la fourniture interviendra ultérieurement.

Les stocks doivent répondre aux critères généraux de définitions des actifs :

- élément identifiable ;
- élément porteur d'avantages économiques futurs ;
- coût évalué avec une fiabilité suffisante.

REMARQUE

Seuls peuvent être considérés comme des stocks, les biens destinés à être revendus en l'état ou après exécution d'opérations de fabrication ou de transformation, et dont la vente permet la réalisation d'un bénéfice d'exploitation. Lorsque l'entreprise acquiert un bien avec l'intention de le revendre, ce bien fait partie du stock et non de l'actif immobilisé. L'inscription d'un bien en stock, qui présenterait le caractère d'une immobilisation, ne constitue pas une décision de gestion régulière mais une erreur comptable qui pourrait être régularisée par l'Administration.

II La classification comptable

La classe 3, destinée à comptabiliser les stocks et en-cours, est subdivisée de la façon suivante :

Éléments	Caractéristiques
Marchandises (37)	Éléments acquis pour être revendus en l'état.
Matières premières (31)	Éléments destinés à entrer dans la fabrication de produits.
Autres approvisionnements (32)	Éléments consommés rapidement et qui concourent au traitement ou à la fabrication de produits sans entrer dans leur composition.
Produits intermédiaires (351)	Produits ayant atteint un stade d'achèvement mais destinés à entrer dans une nouvelle phase de production.
Produits finis (355)	Produits ayant atteint un stade définitif d'achèvement.
Produits résiduels (358)	Déchets, rebuts de fabrication et matières de récupération.
En-cours de production (33 / 34)	Biens ou services en cours de formation dans le processus de fabrication.

III Les principes d'évaluation des stocks à l'entrée

A L'évaluation du coût d'acquisition des stocks de marchandises et de matières premières et autres approvisionnements

Le coût d'acquisition des stocks comprend les coûts d'acquisition, de transformation et autres coûts encourus pour amener les stocks à l'endroit et dans l'état où ils se trouvent. Les pertes et gaspillages sont exclus des coûts.

Le tableau suivant récapitule le coût d'acquisition des stocks de marchandises ou des matières premières :

Éléments	Dépenses rattachées au coût d'acquisition	Frais exclus du coût d'acquisition
Prix d'achat net de rabais, remises et escomptes	X	
Droits de douane	X	
Frais de transport, de manutention, de déchargement	X	
Coûts administratifs des structures dédiées (affectés à l'achat)	X	
Commissions sur achats	X	
Coûts administratifs généraux		X

Coût d'approvisionnement (sélection des fournisseurs, etc.)		X
Coûts de commercialisation non engagés avant la vente des marchandises (ou transformation des MP)		X
Pertes et gaspillages		X
Coûts de stockage		X
Coûts d'emprunts *(sur option)*	X	

B L'évaluation du coût de production des stocks de produits

Le coût de production des stocks comprend les coûts directement liés aux unités produites (main d'œuvre directe) ainsi que les frais généraux de production fixes et variables encourus pour transformer les matières premières en produits finis. L'affectation des frais généraux fixes de production est fondée sur la capacité normale des installations de production.

Le tableau suivant récapitule le coût de production des stocks de produits :

Éléments	Dépenses rattachées au coût de production	Frais exclus du coût de production
Frais de recherche		X
Frais de recherche engagés sur commandes spécifiques	X	
Frais de développement	X	
Coûts administratifs des structures dédiées (affectés à la production)	X	
Coûts administratifs généraux		X
Commissions sur achats de matières et autres approvisionnements		X
Coûts de commercialisation non engagés avant même la vente ou la production des produits		X
Amortissements (sauf amortissements dérogatoires)	X	
Pertes et gaspillages, frais anormaux de déchets de fabrication		X
Redevances rémunérant un brevet, une marque, dues sur la fabrication		X
Redevances rémunérant un brevet, une marque, dues sur les ventes	X	
Frais généraux de production (*)	X	
Coûts de stockage		X
Coûts d'emprunts *(sur option)*	X	

(*) Pour les frais fixes, retenir le coût d'imputation rationnelle en sous-activité, et le coût réel en suractivité.

REMARQUE

L'option pour l'incorporation des coûts d'emprunt dans le coût de revient est possible pour les éléments acquis et produits, à condition que l'actif soit éligible, c'est-à-dire s'il exige une longue période de préparation ou de construction avant de pouvoir être utilisé ou vendu.

APPLICATION CORRIGÉE

Une entreprise fabrique un produit P à partir de matières premières. Au cours du mois de décembre, les charges relatives à la fabrication de 1 000 produits P sont les suivantes : prix d'achat des matières consommées : 40 000 € ; charges variables de production : 80 000 € ; charges fixes de production : 100 000 € ; frais administratifs généraux : 20 000 € ; frais de stockage : 10 000 € ; L'activité du mois de décembre représente 80 % de l'activité normale.

Calculer le coût de production du produit P.

Correction

Éléments	Coûts rattachés au coût de production	Frais exclus du coût de production
Matières premières	40 000	
Charges de production	80 000 + (100 000 x 80 %) = 160 000	
Frais d'administration générale		20 000
Frais de stockage		10 000
	200 000	30 000

Coût de production = 200 000

Coût de production unitaire = 220 000 / 1 000 = 200

IV Les principes d'évaluation des stocks à la sortie

Les méthodes d'évaluation diffèrent selon la nature des biens.

Les stocks sont soit des éléments qui ne sont pas interchangeables (biens individualisés, matériellement identifiés et affectés à des projets spécifiques), soit des éléments interchangeables (biens fongibles ou biens non identifiés unitairement) :

– ***pour les éléments non interchangeables***, le coût d'entrée doit être déterminé en procédant à une identification spécifique de leurs coûts individuels ;

– ***pour les éléments fongibles*** qui, à l'intérieur de chaque catégorie, ne peuvent être unitairement identifiés après leur entrée en magasin, le coût d'entrée est égal au total du coût des stocks à l'arrêté du précédent exercice et du coût d'entrée des achats et des productions de l'exercice. Ce total est réparti entre les éléments consommés dans l'exercice et les articles existants en stocks, par application d'un mode de calcul sur la base soit du coût moyen pondéré calculé à chaque entrée, soit du coût moyen pondéré calculé sur une période n'excédant pas la durée moyenne de stockage, soit selon la méthode du premier entré-premier sorti.

Pour des stocks de nature ou d'usage différents, la méthode du coût standard et la méthode du prix de détail peuvent être utilisées.

REMARQUE

Si l'entreprise retient la méthode *premier entré premier sorti* (PEPS), le stock final sera composé des éléments les plus récents ; la valeur du stock sera donc plus importante en situation de hausse des prix ; *a contrario*, la valeur du stock sera moins importante en situation de baisse des prix. La méthode du *coût moyen unitaire pondéré* (CUMP) a pour avantage de niveler les variations en période de hausse des prix.

Une entité doit utiliser la même méthode pour tous les stocks ayant une nature et un usage similaire pour l'entité. Un changement de méthode de valorisation des stocks est assimilé à un changement de méthode comptable.

V Les principes d'évaluation des stocks à l'inventaire

A L'inventaire physique

Toute personne physique ou morale ayant la qualité de commerçant doit contrôler par inventaire au moins une fois tous les 12 mois l'existence de la valeur des éléments actifs et passifs du patrimoine de l'entreprise.

B L'inventaire comptable

La comptabilité financière préconise la méthode de l'inventaire intermittent pour le suivi des stocks.

1 L'inventaire intermittent

L'***inventaire intermittent*** est pratiqué dans les entreprises ne disposant pas d'une organisation capable d'effectuer un suivi permanent de l'état des stocks. Aucun mouvement de stock n'est comptabilisé au cours de l'exercice. Un inventaire physique annuel doit être impérativement réalisé à la date de clôture de l'exercice afin d'évaluer et de comptabiliser les stocks.

Les écritures comptables sont les suivantes :

Annulation du stock initial

603 713 3.	Variation des stocks *(approvisionnements, marchandises)* Variation des stocks *(produits, en-cours)* Stocks (*) *Annulation du stock initial*	X X	 X

(*) À subdiviser selon la nature des stocks.

Constatation du stock final

3. 603 713	Stocks (*) Variation des stocks *(approvisionnements, marchandises)* Variation des stocks *(produits, en-cours)* *Création du stock final*	X	 X X

(*) À subdiviser selon la nature des stocks.

2 L'inventaire permanent

L'***inventaire permanent*** permet de tenir un état permanent des stocks en comptabilité financière et supprime la nécessité d'effectuer ce travail en comptabilité de gestion. L'enregistrement des mouvements de stocks permet de connaître régulièrement l'état des stocks, en quantité et en valeur, tout au long de l'exercice.

Un inventaire permanent est considéré comme fiable s'il permet de s'assurer de l'existence et de l'appartenance des stocks, détecter leur qualité et leur degré de rotation.

Si l'inventaire permanent est considéré comme fiable, l'entreprise peut, au choix :

– effectuer un ***inventaire physique annuel*** complet, à la date de clôture ou à une date antérieure, avec un écart maximal de deux à trois mois entre la date d'inventaire et la date de clôture. Il s'agit d'un inventaire extra-comptable destiné à recenser les existants ;

– effectuer des ***inventaires tournants*** au cours de l'exercice, en vue de contrôler les quantités figurant sur les fiches de stocks avec les quantités réelles, de manière à ce que chaque référence en stock soit contrôlée au moins une fois par an.

Les écritures sont comptabilisées à chaque mouvement de stock (achats et ventes). Les entrées génèrent une ***écriture de création de stock*** et les sorties une ***écriture d'annulation de stock***.

3 La dépréciation des stocks

Une dépréciation des stocks doit être constatée si la valeur actuelle est inférieure à la valeur d'entrée. Toute dépréciation constatée antérieurement doit être reprise.

Pour les contrats de vente ferme, la valeur actuelle à prendre en compte pour le calcul de la dépréciation est le prix de vente ferme stipulé au contrat, net des frais de commercialisation.

Les écritures comptables sont les suivantes :

Dépréciation du stock

68173 39	Dotations pour dépréciations des stocks et en-cours Dépréciations des stocks et en-cours (*) *Dépréciation du stock*	X	 X

(*) À subdiviser selon la nature des stocks.

Reprise de la dépréciation

39 78173	Dépréciations des stocks et en-cours (*) Dotations pour dépréciations des stocks et en-cours *Reprise de la dépréciation*	X	X

(*) À subdiviser selon la nature des stocks.

APPLICATION CORRIGÉE

Une entreprise a effectué un inventaire physique le 31/12/N et a constaté l'existence d'un stock de marchandises au 31/12/N de 50 unités. Les mouvements de stock de la marchandise en N sont les suivants :

01/01/N	15/03/N	20/03/N	20/09/N	01/12/N
Stock initial 100 unités à 10 €	Entrée de 50 unités à 11 €	Sortie de 120 unités	Entrée de 80 unités à 8 €	Sortie de 60 unités

Valoriser les stocks au 31/12/N selon les méthodes du PEPS et du CUMP et comptabiliser les écritures nécessaires.

Correction
Valorisation du stock selon la méthode du PEPS

Dates	Opérations	Entrées en quantités	Prix d'achat unitaire	Sorties en quantités	Valeur de sortie	Quantités restant en stock	Valeur du stock
01/01	Stock initial	100	10			100	100 x 10 = 1 000
15/03	Entrées	50	11			100 + 50 = 150	100 x 10 = 1 000 50 x 11 = 550
20/03	Sorties			120	100 x 10 = 1 000 20 x 11 = 220	50 – 20 = 30	30 x 11 = 330
20/09	Entrées	80	8			30 80	30 x 11 = 330 80 x 8 = 640
01/12	Sorties			60	30 x 11 = 330 30 x 8 = 240	80 – 30 = 50	50 x 8 = **400**

Stock au 31/12/N = 400

Valorisation du stock selon la méthode du CMUP calculé après chaque entrée

CMUP = (100 x 10) + (50 x 11) + (80 x 8) / (100 + 50 + 80) = 9,52

Valeur du stock au 31/12/N = 50 x 9,52 = 476

Valorisation du stock selon la méthode du CMUP calculé sur la durée moyenne de stockage

Stock moyen = (100 + 50) / 2 = 75 unités

Consommation = 120 + 60 = 180 unités

Durée moyenne = (75 x 12) / 180 = 5 mois

Le CMUP est calculé sur la période allant du 01/08 au 31/12/N = (80 x 8) / 80 = 80

Valeur du stock au 31/12/N = 50 x 80 = 400

L'entreprise tient un inventaire intermittent

Évaluation des sorties selon la méthode PEPS

Compte	Libellé	Débit	Crédit
	31/12/N		
6037	Variation des stocks de marchandises	1 000	
37	Stocks de marchandises		1 000
	Annulation du stock initial		
	31/12/N		
37	Stocks de marchandises	400	
6037	Variation des stocks de marchandises		400
	Création du stock final		

L'entreprise tient un inventaire permanent

Évaluation des sorties selon la méthode PEPS

Compte	Libellé	Débit	Crédit
	15/03/N		
607	Achats de marchandises	550	
44566	TVA déductible sur biens et services	110	
512	Banques		660
	Facture n° … (50 x 11 = 550)		
	15/03/N		
37	Stocks de marchandises	550	
6037	Variation des stocks de marchandises		550
	Entrée en stock		
	20/03/N		
512	Banques	1 464	
707	Ventes de marchandises		1 220
44571	TVA collectée		244
	Facture n° … (100 x 10) + (20 x 11) = 1 220		
	20/03/N		
6037	Variation des stocks de marchandises	1 220	
37	Stocks de marchandises		1 220
	Sortie de stock		

VI Les droits d'émission de gaz à effet de serre

A Les définitions

Un ***quota*** est une unité de compte représentative de l'émission d'une tonne de dioxyde de carbone faisant l'objet d'un titre émis par l'État, valable pour une période spécifiée. Les quotas sont alloués chaque année par l'État en fonction d'un volume d'émission de gaz autorisé.

Les ***quotas d'émission*** répondent à la définition des actifs car ce sont des éléments identifiables du patrimoine que l'entité contrôle du fait d'évènements passés et dont elle attend des avantages économiques futurs. Utilisés soit comme moyen de remplir les obligations au titre des émissions de gaz à effet de serre (achat de quotas manquants si quotas émis > quotas détenus), soit pour être cédés, ils représentent une valeur économique positive pour l'entité et répondent ainsi à la définition d'un actif.

B Les modèles économiques

Le règlement de l'ANC n° 2012-03 du 1er octobre 2012 s'impose à toutes les entreprises, qu'elles soient ou non soumises aux obligations prévues dans les cas d'émission de gaz à effet de serre.

Le règlement définit deux modèles économiques :

- un ***modèle économique « production »***, destiné à se conformer aux exigences de la réglementation relative aux émissions de gaz à effet de serre ;
- un ***modèle économique « négoce »***, destiné à servir à des fins de négoce.

Chaque modèle a sa propre logique :

Éléments	Production	Négoce
Achat	Imposé Lié à l'activité de production	Volontaire Distinct de l'activité de production
Finalité de l'achat	Remplir les obligations liées aux émissions	Réaliser des plus-values
Effet de l'achat	Fige le coût de production Assure la conformité	Ne fige pas le coût de production Dégage une marge
Restitution des quotas	Preuve de la conformité aux obligations liées aux émissions	

Les deux modèles économiques peuvent coexister au sein d'une même entreprise. Dans le cadre d'une activité de production, les quotas, au même titre que les matières premières, sont indispensables à l'activité. En tant qu'éléments sans substance physique, ils ne peuvent pas être consommés physiquement. Ils doivent être traités comme un stock de matière administrative indispensable à la production lorsque celle-ci concerne des entreprises polluantes soumises à la réglementation sur les quotas. Dans le cadre d'une activité de négoce, les quotas doivent être traités comme un stock de marchandises.

Le principe comptable est la prédominance de la substance sur la forme.

C Le traitement comptable

1 L'attribution des quotas par l'État

Le stock de quotas est comptabilisé pour une valeur nulle ; il fait l'objet d'un suivi dans une ***« comptabilité matière »***. Aucune écriture ne doit être comptabilisée.

2 Les achats et ventes de quotas au fur et à mesure des émissions successives

Les entreprises, ayant dépassé le niveau d'émission autorisé, doivent acquérir les quotas manquants. *A contrario*, elles peuvent céder leurs quotas excédentaires. Les acquisitions et les cessions de quotas sont comptabilisées à leur valeur vénale.

La ***valeur vénale*** est soit :

– en présence d'un marché actif, égale à la valeur constatée sur ce marché à la date de l'opération ;

– en l'absence d'un marché actif, appréciée par des experts ; elle est nulle en l'absence d'une évaluation fiable.

Les écritures comptables sont les suivantes :

Achat de quotas

601 512	Achats stockés – Matières premières Banques *Avis de débit*	X	 X

Vente de quotas

512 701	Banques Ventes de produits finis (*) *Avis de crédit*	X	 X

(*) Possibilité d'utiliser le compte 708 *Produits des activités annexes*.

3 L'évaluation des quotas à la clôture

Deux cas de figure peuvent se présenter :

a Les émissions de quotas de CO_2 sont inférieures aux quotas de CO_2 détenus

Les stocks de quotas non consommés doivent être comptabilisés. Ils sont évalués au CUMP ou selon la méthode du PEPS.

Si la valeur actuelle est inférieure au coût des quotas en stocks, une dépréciation du stock doit être constatée, en respect du principe de prudence.

Les écritures comptables sont les suivantes :

Constatation du stock

31 6031	Stocks de matières premières Variation des stocks de matières premières *Constatation du stock final*	X	 X

Dépréciation du stock

6817 391	Dotations aux dépréciations des actifs circulants Dépréciations des stocks de matières premières *Dépréciation des stocks*	X	 X

b Les émissions de quotas de CO_2 sont supérieures aux quotas de CO_2 détenus

Les émissions de gaz à effet de serre font naître une obligation de restitution des quotas à l'État. Lorsque cette obligation se traduit par une obligation d'achat des quotas, les quotas répondent aux critères de définition d'un passif :

- les quotas à acquérir constituent une dette envers l'État car l'entreprise a l'obligation de lui rendre les quotas utilisés ; elle a donc une obligation à l'égard d'un tiers ;
- la restitution des quotas se traduit par une sortie des ressources sans contrepartie au moins équivalente sur les exercices suivants car l'entreprise devra éventuellement acheter les quotas à restituer à l'État ;
- cette dette a une valeur économique négative pour l'entreprise ;
- l'évaluation est fiable car elle se fait au coût d'acquisition ;
- l'échéance et le montant sont fixés de façon précise par la réglementation applicable.

Le passif de restitution n'est constaté qu'à hauteur des émissions excédant les quotas détenus. Le montant est comptabilisé au compte 449 et correspond au coût des quotas qu'il est nécessaire d'acquérir, dans la mesure où les quotas émis sont supérieurs aux quotas disponibles (stock entièrement consommé).

L'écriture comptable est la suivante :

601 449	Achats stockés – matières premières Quotas d'émission à acquérir *Quotas à restituer à l'État*	X	 X

REMARQUE

Une amende pour non-restitution d'un nombre de quotas suffisant est fixée à 100 € par quota non restitué. Elle est comptabilisée en charges exceptionnelle (compte 671). Si l'entreprise acquiert les quotas manquants avant le 30/04/N+1, elle n'est pas redevable de l'amende.

4 Les régularisations au cours de l'exercice suivant

Le compte 449 doit être soldé et le stock constaté antérieurement doit être repris ; c'est le cas lorsque les quotas émis étaient inférieurs aux quotas disponibles.

Les écritures comptables sont les suivantes :

Solde du compte 449

449 601	Quotas d'émission à acquérir Achats stockés – matières premières *Pour solde du compte de quotas à restituer*	X	 X

Reprise du stock

6031 31	Variation des stocks de matières premières Stocks de matières premières *Annulation du stock initial*	X	 X

D Les mentions à porter dans l'annexe

Les informations suivantes doivent être mentionnées dans l'annexe :

- la description des modèles retenus pour gérer et comptabiliser les quotas : modèle « production », répondant aux exigences de la réglementation, et modèle « négoce », utilisé à des fins de négoce ;
- l'estimation des émissions réalisées de gaz à effet de serre ;
- les engagements reçus relatifs au nombre de quotas restant à recevoir au titre de la période pluriannuelle d'allocation des quotas en cours ;
- les hypothèses prises en considération pour évaluer le passif « quotas d'émission à acquérir » ;
- toute information pertinente sur la gestion du risque CO_2.

APPLICATION CORRIGÉE

Le 1er mars de chaque année, l'État alloue à une entreprise un quota de 1 000 tonnes de CO_2. Le 15/05/N, l'entreprise acquiert 500 tonnes supplémentaires au cours unitaire de 12 €. Au 31/12/N, elle a émis 1 800 tonnes de CO_2. Le cours au 31/12/N est de 11 €.

1. Comptabiliser les écritures en N.

L'entreprise acquiert 600 quotas le 28/02/N+1 au cours unitaire de 13 €. Suite à une baisse d'activité, elle a émis 1 200 tonnes de CO_2 au 31/12/N+1. Les stocks sont valorisés selon la méthode du PEPS.

2. Comptabiliser les écritures en N+1.

Correction

1. Exercice N

01/03/N : Aucune écriture n'est à comptabiliser

	15/05/N		
601	Achats stockés – Matières premières	6 000	
512	Banques		6 000
	Facture n° … (500 x 12)		

Quotas disponibles au 31/12/N = 1 000 + 500 = 1 500
Quotas émis = 1 800 > 1 500 ; le stock a entièrement été consommé.
Nombre de quotas à acquérir = 1 800 – 1 500 = 300

	31/12/N		
601	Achats stockés – Matières premières	5 400	
449	Quotas d'émission à restituer		5 400
	Quotas à restituer à l'État (300 x 18)		

Aucun stock n'est à constater puisque le stock a entièrement été consommé.

2. Exercice N+1

	28/02/N+1		
601	Achats stockés – Matières premières	7 800	
512	Banques		7 800
	Facture n° … (600 x 13)		

Quotas disponibles au 31/12/N+1 = 1 000 – 300 + 600 = 1 300

Quotas émis = 1 200 < 1 300 ; le stock n'a pas entièrement été consommé.

Il reste 1 300 – 1 200 = 100 quotas évalués à 13 € (PEPS)

	31/12/N+1		
449	Quotas d'émission à acquérir	5 400	
601	Achats stockés – Matières premières		5 400
	Annulation des quotas à restituer		
	31/12/N+1		
31	Stocks de matières premières	1 300	
6031	Variation des stocks de matières premières		1 300
	Constatation du stock final (100 x 13)		

Chapitre 12

LES ACTIFS FINANCIERS

Selon le programme officiel de l'examen, ce chapitre va vous permettre de définir les actifs financiers et d'appliquer les règles de leur évaluation et de leur comptabilisation.

Vous développerez ainsi les compétences suivantes :

- *Identifier et caractériser les différentes catégories d'actifs financiers ;*
- *Exposer et appliquer les règles d'inscription à l'actif, d'évaluation et d'enregistrement des titres ;*
- *Évaluer et comptabiliser les opérations portant sur les actifs financiers à l'entrée et postérieurement à leur entrée ;*
- *Analyser les conséquences d'un choix de comptabilisation, notamment sur la présentation des comptes annuels, dans une situation donnée ;*
- *Présenter les informations à fournir en annexe.*

I Les différentes catégories d'actifs financiers

Les différentes catégories de titres sont les suivantes :

- ***les titres de participations (compte 261)*** : actions et parts sociales détenues à des fins de contrôle ou d'influence (titres acquis par une OPA ou une OPE, titres représentant au minimum 10 % du capital) ;
- ***les titres immobilisés (comptes 271 et 272)*** : titres que l'entreprise a l'intention de conserver durablement ou qu'elle n'a pas la possibilité de vendre à bref délai ;
- ***les titres de l'activité de portefeuille (TIAP) (compte 273)*** : titres détenus durablement avec pour seul objectif de retirer un gain en capital à moyen terme sans intention d'intervenir dans la gestion de la société émettrice ;
- ***les valeurs mobilières de placement (VMP) (comptes 50)*** : titres acquis dans un but spéculatif en vue de réaliser un gain à brève échéance.

II Les principes d'évaluation des actifs financiers à l'entrée

A La détermination de la valeur d'entrée

1 L'évaluation du coût d'acquisition

Les titres acquis à titre onéreux sont évalués à leur coût d'acquisition (cours en bourse, valeur de négociation, etc.). Les titres acquis à titre gratuit sont, eux, évalués à leur valeur vénale.

ATTENTION

Les parts de FCP et les actions de SICAV sont parfois assorties de droits d'entrée. En pratique, les droits d'entrée ne sont pas dissociés du coût d'acquisition des titres.

APPLICATION CORRIGÉE

Souscription le 01/01/N de 100 parts de FCP à 200 € l'unité ; les droits d'entrée sont de 1 %.

Calculer la valeur d'entrée des FCP.

Correction

Valeur d'entrée = (100 x 200) + 1 % (100 x 200) = 20 200

Le prix d'achat unitaire est donc de 20 200 / 100 = 202.

Cette valeur sera reprise lors de la cession des titres ou lors de l'établissement du portefeuille à la clôture de l'exercice.

2 L'incorporation des frais d'acquisition

Les frais d'acquisition sont soit comptabilisés en charges, soit rattachés au coût d'acquisition des titres. Le rattachement des frais au coût d'acquisition des titres immobilisés et des titres de placement est une ***méthode de référence*** (règlement ANC 2018-01 du 20 avril 2018).

L'option peut être exercée de manière différenciée, dans le respect du principe de permanence des méthodes, pour l'ensemble des immobilisations incorporelles et corporelles d'une part, et pour l'ensemble des titres immobilisés et des titres de placement, d'autre part.

Fiscalement, dans les sociétés soumises à l'IS, les frais d'acquisition des titres de participation doivent être inclus dans le coût de revient des titres. Ils sont amortissables sur 5 ans à compter de la date d'acquisition des titres. Cet amortissement est exclusivement fiscal et donne lieu à la comptabilisation d'un amortissement dérogatoire. Cet évènement autorise les sociétés à pouvoir modifier l'option de comptabilisation à caractère fiscal des frais d'acquisition, pour les seuls titres de participation. Ce changement d'option peut être effectué indépendamment de l'option retenue antérieurement pour l'acquisition des titres immobilisés et des titres de placement dont le traitement est inchangé. Une information devra être mentionnée dans l'annexe, précisant le suivi des titres de participation, pour lesquels l'entreprise a modifié l'option de comptabilisation des frais liés à l'acquisition.

ATTENTION

Les coûts d'emprunts liés à l'acquisition de titres ne peuvent pas être inclus dans le coût d'entrée de l'actif. Ils restent comptabilisés en charges car les titres ne constituent pas des actifs éligibles.

3 Le traitement comptable

L'opération d'acquisition de titres n'est pas soumise à TVA. Seuls les frais d'acquisition sont soumis à la TVA.

Les écritures comptables sont les suivantes :

Frais d'acquisition inclus dans le coût d'acquisition

261	Titres de participations	X	
27	Autres immobilisations financières	X	
50	Valeurs mobilières de placement	X	
44562	TVA sur immobilisations *(sur frais)*	X	
44566	TVA sur biens et services *(sur frais)*	X	
512	Banques (*)		X
	Avis de débit n° ...		

Frais d'acquisition exclus du coût d'acquisition

261	Titres de participations	X	
27	Autres immobilisations financières	X	
50	Valeurs mobilières de placement	X	
627	Frais sur titres	X	
44566	TVA sur biens et services *(sur frais)*	X	
512	Banques (*)		X
	Avis de débit n° ...		

(*) Si l'acquisition n'est pas réglée immédiatement, on utilise les comptes 404 et 464.

REMARQUE

L'évolution de la stratégie de l'entreprise peut évoluer et la conduire à transférer les titres d'une catégorie à une autre. Ainsi, une acquisition massive de titres de placement entraînera un transfert des valeurs mobilières de placement ou des autres titres immobilisés en titres de participation, dès lors que l'entreprise dispose d'au moins 10 % du capital.

APPLICATION CORRIGÉE

Achat le 01/01/N de titres de participation pour 10 000 €, frais sur titres 500 € HT.

Comptabiliser l'écriture d'acquisition.

Correction

Soit les frais d'acquisition sont comptabilisés en charges

	28/02/N+1		
261	Titres de participation	10 000	
6271	Frais sur titres	500	
44566	TVA sur biens et services	100	
512	Banques		10 600
	Avis de débit n° … (600 x 13)		

Soit les frais d'acquisition sont activés (méthode de référence) et font l'objet d'un amortissement dérogatoire sur 5 ans

	31/12/N+1		
261	Titres de participation	10 500	
44562	TVA sur immobilisations	100	
512	Banques		10 600
	Avis de débit n° …		
	31/12/N+1		
68725	Dotations aux provisions réglementées	1 000	
145	Amortissements dérogatoires		1 000
	Annuité dérogatoire (500 / 5)		

4 Le cas particulier des actions partiellement libérées

Lorsque les entreprises souscrivent à des constitutions ou à des augmentations de capital en numéraire, elles ne sont pas toujours tenues de libérer intégralement leur apport. Seule la prime d'émission est totalement libérée.

Valeur d'entrée des titres = Nombre de titres souscrits x Prix d'émission

Fraction libérée = Nombre de titres souscrits x [(Valeur nominale x % de libération) + (Prime d'émission)]

Prime d'émission = Prix d'émission – Valeur nominale

Les écritures comptables sont les suivantes :

Acquisition des titres :

26	Titres de participation	X	
27	Autres immobilisations financières	X	
50	Valeurs mobilières de placement	X	
512	Banques *(partie libérée)*		X
269	Versements restant à effectuer sur titres non libérés		X
279	Versements restant à effectuer sur titres non libérés		X
509	Versements restant à effectuer sur titres non libérés		X
	Avis de débit n° …		

Libération ultérieure

Les comptes 269, 279 et 509 sont soldés.

269	Versements restant à effectuer sur titres non libérés	X	
279	Versements restant à effectuer sur titres non libérés	X	
509	Versements restant à effectuer sur titres non libérés	X	
512	Libération ultérieure		X
	Avis de débit n° ...		

APPLICATION CORRIGÉE

La société A réalise une augmentation de capital le 01/01/N, en émettant 1 000 actions au prix d'émission de 120 € ; la valeur nominale de l'action est de 100 € ; le capital est libéré du minimum légal 25 %. La société B, qui a déjà une participation dans le capital de la société A, souscrit 130 actions.

Comptabiliser l'écriture d'acquisition chez B.

Correction

Valeur d'entrée = 130 x 120 = 15 600

Fraction libérée = 130 x [(100 x 25 %) + (120 – 100)] = 5 850

Fraction restant à libérer = 15 600 – 5 850 = 130 x 100 x 75 % = 9 750

	01/01/N		
261	Titres de participation	15 600	
512	Banques		5 850
269	Versements restant à effectuer sur titres non libérés		9 750
	Avis de souscription		

5 L'acquisition de droits préférentiels de souscription et de droits d'attribution

Cette situation se produit lorsqu'une société souhaite augmenter son capital :

- les souscripteurs d'actions nouvelles doivent acquérir auprès des actionnaires anciens des droits préférentiels de souscription (DPS), leur permettant de souscrire des actions nouvelles à un prix d'émission attractif (PE) ;
- les actionnaires nouveaux doivent acquérir auprès des actionnaires anciens le nombre de droits d'attribution suffisants (DA), leur permettant de recevoir des actions gratuites.

Le prix d'achat des droits fait partie du coût d'acquisition des titres concernés.

APPLICATION CORRIGÉE

La société A, au capital composé de 10 000 actions, réalise le 01/01/N une augmentation de capital par émission de 1 000 actions au prix d'émission 110 €, libérées immédiatement. La valeur nominale de l'action est de 100 €. La société B ne possède pas d'actions A et souhaite souscrire 100 actions dans un but spéculatif. La valeur du droit préférentiel de souscription est de 2 €.

Comptabiliser l'écriture d'acquisition.

Correction

Selon la parité « Pour 10 000 actions anciennes, 1 000 actions ont été émises », il faut disposer de 10 DPS pour pouvoir souscrire 1 action nouvelle.

La société B qui désire souscrire 100 actions A doit acquérir 10 x 100 = 1 000 DPS à 2 €.

Montant déboursé = (100 x 110) + (1 000 x 2) = 11 000 + 2 000 = 13 000

	01/01/N		
503.1	Valeurs mobilières de placement	11 000	
503.2	Valeurs mobilières de placement – DPS	2 000	
512	Banques		13 000
	Avis de débit n° …		

Il est possible de comptabiliser le montant de 13 000 dans le seul compte 503.

6 L'acquisition d'obligations

La cotation des obligations est effectuée en pourcentage de la valeur nominale « au pied du coupon », c'est-à-dire hors intérêts courus.

Le montant déboursé, à l'acquisition d'obligations à une date donnée, comprend le prix d'acquisition et les intérêts courus. Les intérêts courus sont calculés de la date d'échéance antérieure à l'achat jusqu'à la date de l'achat :

Intérêt couru à l'achat en % = Taux d'intérêt nominal x n / 360

Intérêt couru unitaire à l'achat = Valeur nominale x Taux d'intérêt couru à l'achat

L'écriture comptable est la suivante :

272	Titres immobilisés	X	
2768	Intérêts courus sur titres immobilisés (*)	X	
506	VMP – Obligations	X	
5088	Intérêts courus sur VMP – Obligations (*)	X	
512	Banques		X
	Avis de débit n° ...		

(*) Il est possible de comptabiliser les intérêts courus au débit des comptes 762 ou 764 pour faciliter la comptabilisation ultérieure des coupons encaissés à l'échéance.

ATTENTION

Dans le cas d'une souscription d'obligations à l'émission, aucun intérêt couru n'est à comptabiliser à la souscription.

APPLICATION CORRIGÉE

Achat, dans un but spéculatif, le 01/07/N, de 100 obligations émises le 01/04/N–4, nominal 200 €, cotation 105 %, échéance 01/04, taux d'intérêt nominal 8 %, taux d'intérêt couru à l'achat 2 %.

Comptabiliser l'écriture d'acquisition.

Correction

Prix d'achat unitaire = 200 x 105 % = 210

Valeur d'entrée = 100 x 210 = 21 000

Intérêt couru = 100 x (200 x 2 %) = 400

	01/07/N		
506	Valeurs mobilières de placement – Obligations	21 000	
764	Revenus des VMP – Obligations (*)	400	
512	Banques		21 400
	Avis de débit n° ...		

(*) Le compte 5088 aurait pu être utilisé ; il aurait dans ce cas été soldé lors de la comptabilisation des coupons à l'échéance.

7 L'acquisition de bons de souscriptions d'actions et de bons de souscription d'obligations

Les bons de souscription d'actions (BSA) et les bons de souscription d'obligations (BSO) représentent des droits qui permettront de souscrire à des actions ou à des obligations nouvelles de la société émettrice, à un prix et dans les conditions fixées dans le contrat d'émission.

La comptabilisation comprend les étapes suivantes :

Souscription des BSA ou des BSO

5082 512	Bons de souscription (*) Banques *Avis de débit n° ...*	X	 X

(*) Nombre de bons acquis x Valeur d'un bon

Deux cas de figure se présentent :

a L'entreprise utilise ses droits

L'entreprise acquiert les titres, proportionnellement au nombre de BSA ou de BSO dont elle dispose. Les titres sont comptabilisés dans les comptes 50, ou dans les comptes 27 si les titres acquis sont destinés à être conserver durablement par l'entreprise.

L'écriture est la suivante :

50 27 5082 512	VMP – Actions ou obligations Autres titres immobilisés Bons de souscription *(solde)* Banques *Avis de débit n° ...*	X X	 X X

b L'entreprise abandonne ses droits

L'abandon constitue une charge financière.

L'écriture est la suivante :

668 5082	Autres charges financières Bons de souscription *(solde)* *Pour solde des BSA ou des BSO*	X	 X

APPLICATION CORRIGÉE

Le 01/09/N, la société A émet 1 000 bons de souscription d'actions au prix unitaire de 10 €. Ces bons permettront de souscrire le 01/03/N+1 à une augmentation de capital aux conditions suivantes : 1 BSA donne le droit de souscrire à 1 action nouvelle ; valeur nominale de l'action : 100 € ; prix d'émission de l'action : 120 €.

Le 01/09/N, la société B souscrit 50 BSA dans un but spéculatif.

Comptabiliser les écritures nécessaires chez B.

Correction

	01/09/N		
5082	Bons de souscription	500	
512	Banques		500
	Avis de débit n° … (50 x 100)		

– soit B exerce ses droits le 01/03/N+1

Selon la parité, « 1 action souscrite pour 1 bon détenu », la société disposant de 50 BSA peut souscrire 50 actions au prix d'émission

Prix déboursé = 50 x 120 = 6 000

	01/03/N+1		
503	VMP – Actions	6 500	
5082	Bons de souscription *(solde)*		500
512	Banques		6 000
	Souscription des actions		

– soit B abandonne ses droits

	01/03/N+1		
668	Autres charges financières	500	
5082	Bons de souscription *(solde)*		500
	Abandon des droits		

8 Les rachats par l'entité de ses propres actions et obligations

Une société, qui a émis des actions ou des obligations, peut parfois être amenée à les racheter.

a Le rachat d'actions

Deux cas de figure peuvent se présenter :

- ***L'achat d'actions pour les attribuer aux salariés ou pour régulariser le cours en bourse***

Les titres sont inscrits au compte 502 *Actions propres*.

L'écriture comptable est la suivante :

502 512	Actions propres Banques *Avis de débit n° ...*	X	 X

- ***L'achat d'actions pour leur annulation en cas de réduction de capital non motivée par des pertes***

Les sociétés par actions peuvent racheter leurs propres actions en vue de les annuler, à condition que le rachat ne soit pas motivé par des pertes. Les titres sont inscrits au compte 2772 *Actions propres ou parts propres en voie d'annulation*.

L'écriture comptable est la suivante :

2772 512	Actions propres ou parts propres en voie d'annulation Banques *Avis de débit n° ...*	X	 X

Les écritures relatives à l'annulation des titres et au remboursement aux associés sont étudiées au Chapitre 14 Les variations de capital (Partie 3 Capitaux propres).

b Le rachat d'obligations

Le rachat par une société émettrice de ses propres obligations est possible lorsqu'une clause figure dans le contrat initial. Une telle clause est intéressante lorsque le cours de l'obligation est inférieur au prix de remboursement (période de hausse des intérêts) ou lorsque la société souhaite réduire le coût de son endettement.

Les titres sont inscrits au compte 505 *Obligations et bons émis et rachetés par la société*.

L'écriture est la suivante :

Rachat des obligations

505 512	Obligations et bons émis et rachetés par la société Banques *Avis de débit n° ...*	X	 X

Les écritures relatives au remboursement des obligations sont étudiées au Chapitre 20 Les emprunts obligataires (Partie 4 Passifs externes).

III Les principes d'évaluation des actifs financiers à la sortie

A Les règles d'évaluation

En cas de cession partielle d'un ensemble de titres conférant les mêmes droits, la valeur des titres sortis du bilan est estimée soit, au coût d'achat moyen pondéré (CMUP), méthode préconisée par le PCG soit, au « premier entré-premier sorti » (PEPS).

ATTENTION
Il ne s'agit pas d'une méthode de référence.

B Les cessions d'actions

Le traitement comptable diffère selon la catégorie des titres.

Les frais sont à la charge du vendeur et sont comptabilisés dans le compte 6271 *Frais sur titres*.

1 La cession des titres de participation et les titres immobilisés

Les écritures sont conformes à celles des cessions d'immobilisations non amortissables.

Constatation de la cession

512 775	Banques (*) Produits des cessions d'éléments d'actif *Avis de crédit n° ...-*	X	 X

(*) Possibilité d'utiliser le compte 462.

Sortie des titres

675 261 271	Valeurs comptables des éléments d'actif cédés Titres de participation Titres immobilisés – Action *Sortie des actions*	X	 X X

2 La cession des titres immobilisés de l'activité de portefeuille (TIAP)

Par dérogation, les plus-values de cession des TIAP sont comptabilisées en produits et les moins-values en charges.

Deux cas de figure se présentent :

- ***La cession génère une plus-value***

La plus-value apparaît indirectement dans les comptes, via le compte 775.

Constatation de la cession

512 775	Banques (*) Produits des cessions d'éléments d'actif *Avis de crédit n° ...*	X	 X

(*) Possibilité d'utiliser le compte 462

Sortie des titres

775 273	Produits des cessions d'éléments d'actif Titres immobilisés de l'activité de portefeuille *Sortie des TIAP*	X	 X

- ***La cession génère une moins-value***

La moins-value apparaît indirectement dans les comptes, via le compte 675.

Constatation de la cession

512 675	Banques (*) Valeurs comptables des éléments d'actif cédés *Avis de crédit n° ...-*	X	 X

(*) Possibilité d'utiliser le compte 462

Sortie des titres

675 273	Valeurs comptables des éléments d'actif cédés Titres immobilisés de l'activité de portefeuille *Sortie des TIAP*	X	 X

3 La cession des valeurs mobilières de placement (VMP)

Par dérogation, les plus-values de cession des VMP sont comptabilisées en produits et les moins-values en charges.

± Value = Prix de vente – Prix d'achat

Deux cas de figure se présentent :

• ***La cession génère une plus-value***

La plus-value est comptabilisée au crédit dans le compte 767.

512	Banques (*)	X	
767	Produits nets sur cessions de VMP		X
503	VMP – Actions		X
	Avis de crédit n° ...		

(*) Possibilité d'utiliser le compte 465.

• ***La cession génère une moins-value***

La moins-value est comptabilisée au débit dans le compte 667.

512	Banques (*)	X	
667	Charges nettes sur cessions de VMP		X
503	VMP – Actions		X
	Avis de crédit n° ...		

(*) Possibilité d'utiliser le compte 465.

REMARQUE

La stratégie de l'entreprise peut évoluer et la conduire à transférer les titres d'une catégorie à une autre. Ainsi, une cession massive de titres de participation entraînera un transfert des titres de participation en valeurs mobilières de placement ou en autres titres immobilisés, dès lors que l'entreprise ne dispose plus d'au moins 10 % du capital.

C Les cessions d'obligations

Les intérêts courus encaissés à la cession sont calculés de la date d'échéance à la date de la cession. Ils constituent des produits financiers.

Intérêt couru à la cession en % = Taux d'intérêt nominal x n / 360

Intérêt couru unitaire à la cession = Valeur nominale x Taux d'intérêt couru à la cession

Les écritures comptables sont analogues à celles des autres titres :

a Titres immobilisés

Constatation de la cession

512	Banques (*)	X	
775	Produits des cessions d'éléments d'actif		X
762	Revenus des titres immobilisés		X
	Avis de crédit n° ...		

(*) Possibilité d'utiliser le compte 462.

Sortie des titres

675 272	Valeurs comptables des éléments d'actif cédés Titres immobilisés – Obligations *Sortie des obligations*	X	 X

b Valeurs mobilières de placement

• *La cession génère une plus-value*

512 767 506 764	Banques (*) Produits nets sur cessions de VMP VMP – Obligations Revenus des VMP *Avis de crédit n° ...*	X	 X X X

(*) Possibilité d'utiliser le compte 465.

• *La cession génère une moins-value*

512 667 506 764	Banques (*) Charges nettes sur cessions de VMP VMP – Obligations Revenus des VMP *Avis de crédit n° ...*	X X	 X X

(*) Possibilité d'utiliser le compte 465.

APPLICATION CORRIGÉE

100 obligations ont été acquises en N–3 dans un but spéculatif, cotation 98 %, valeur nominale 200 €, taux d'intérêt nominal 8 %, échéance 01/07. Elles sont cédées le 31/12/N, cotation 105 %, taux d'intérêt couru à la cession 4 %.

Comptabiliser l'écriture de cession.

Correction

Intérêt couru à la cession = 100 x 200 x 4 % = 800

Prix d'achat unitaire = 200 x 98 % = 196

Prix de vente unitaire = 200 x 105 % = 210

Plus ou moins-value = (100 x 210) – (100 x 196) = 21 000 – 19 600 = 1 400

Total encaissé = 21 000 + 800 = 21 800

	01/03/N+1		
512 506 764 767	Banques VMP – Obligations Revenus des VMP Produits nets sur cessions de VMP *Avis de crédit n° ...*	21 800	 19 600 800 1 400

D Les cessions de droits préférentiels de souscription et de droits d'attribution

La cession des droits s'enregistre comme une cession de titres, selon la catégorie des titres auxquels sont attachés les droits.

La sortie des titres à leur VNC est déterminée en fonction du prix d'achat des actions (PA) et de la valeur de l'action après l'augmentation de capital (cours ex-droit).

VNC d'un droit = (PA unitaire de l'action x Valeur du droit) / (Valeur du droit + Cours ex-droit)

APPLICATION CORRIGÉE

Une société a réalisé une augmentation de capital le 31/12/N, en émettant 10 000 actions au prix de 120 €. La valeur nominale des actions est de 100 €. Il faut disposer de 2 droits pour souscrire 1 action nouvelle. La valeur du droit est de 10 €. Un ancien actionnaire qui détient 10 actions, acquises en N–3 à 135 € l'une, décide de céder ses droits.

Comptabiliser les écritures de cession des droits en considérant les titres comme des titres immobilisés.

Correction

Prix de cession des droits = 10 x 10 = 100

Selon la parité « 2 droits pour souscrire 1 action », le nouvel actionnaire, pour souscrire 1 action nouvelle, doit débourser : (1 x 120) + (2 x 10) = 140. Il dispose alors d'1 action valant 140 € correspondant à la valeur de l'action après l'augmentation de capital (valeur ex-droit).

VNC d'1 droit = 135 x 10 / (10 + 140) = 9

VNC totale = 10 x 9 = 90

		31/12/N		
462		Créances sur cessions d'immobilisations	100	
	775	Produits des cessions d'éléments d'actif		100
		Cession des droits		
		31/12/N		
675		Valeurs comptables des éléments d'actif cédés	90	
	271	Titres immobilisés – Actions		90
		Sortie des droits à la VNC		

E Les cessions de titres à réméré

Le ***réméré*** est une ***opération de cession de titres réalisée entre un cédant et un cessionnaire pour une durée déterminée***. À l'issue de cette période, le cédant se réserve le droit de racheter les titres vendus à réméré à un prix fixé à l'avance, moyennant une rémunération négociée avec le cessionnaire :

- dans la comptabilité du cédant, les titres sont comptabilisés à leur prix de cession et sont sortis de l'actif du bilan à leur valeur d'acquisition. À la clôture de l'exercice, lorsque l'option d'achat est envisagée avec certitude, la plus ou moins-value est neutralisée ;
- dans la comptabilité du cessionnaire, les titres sont enregistrés à leur prix d'acquisition.

En cas d'exercice du réméré, les écritures résultant de la vente et de l'acquisition sont contrepassées chez le cédant et chez le cessionnaire.

IV Les principes d'évaluation des actifs financiers à l'inventaire

L'étude se limite aux principes de calcul des dépréciations dans un contexte normal.

A Les règles d'évaluation

À la clôture de l'exercice, les titres sont évalués différemment, selon leur nature.

- ***titres de participation*** : ils sont évalués à la valeur d'utilité (ou valeur d'usage ou valeur économique), correspondant liée à l'utilité de la participation pour l'entreprise, ses perspectives de rentabilité et à la conjoncture ;
- ***TIAP*** : ils sont évalués à la valeur tenant compte des perspectives d'évolution générale de l'entité dont les titres sont détenus (valeur fondée notamment sur la valeur de marché) ;
- ***autres titres immobilisés et valeurs mobilières de placement*** : les titres cotés sont évalués au cours moyen du dernier mois ; les titres non cotés sont évalués à leur valeur probable de négociation ;
- ***titres d'OPCVM*** : les titres de SICAV et les parts de FCP sont évalués à leur valeur liquidative.

B Le calcul des dépréciations

La valeur d'inventaire doit être comparée à la valeur d'achat des titres. La comparaison doit être effectuée séparément pour chaque titre. Seules les moins-values latentes sont comptabilisées sous forme d'une dépréciation. Les plus-values latentes ne sont pas comptabilisées. Aucune plus-value latente n'est comptabilisée si le cours de clôture est supérieur au cours d'achat.

Il est conseillé d'établir les portefeuilles pour déterminer les dépréciations.

Portefeuille des titres au 31/12/N–1

Nature des titres	Nombre de titres (1)	Cours d'achat moyen (2)	Cours au 31/12/N–1 (3)	Dépréciation N–1
				Si (3) < (2) (1) x [(2) – (3)]

Portefeuille des titres au 31/12/N

Nature des titres	Nombre de titres restant	Cours d'achat moyen (1)	Cours au 31/12/N (2)	Dépréciation N (3)	Dépréciation N–1 (4)	Dotations	Reprises
				Si (3) < (2) : (1) x [(2) – (3)]	(à reporter)	Si (3) > (4) : (1) x [(3) – (4)]	Si (3) < (4) : (1) x [(4) – (3)]

C Le traitement comptable

1 La comptabilisation des dépréciations

Lors de la constitution ou de l'augmentation d'une dépréciation déjà constituée, les comptes 29 et 59 sont crédités par le débit du compte 6866 *Dotations aux dépréciations des éléments financiers*. Lors de la diminution d'une dépréciation ou de l'annulation d'une dépréciation devenue sans objet, les comptes 29 et 59 sont débités par le crédit du compte 7866 *Reprises sur dépréciations des éléments financiers*.

Les écritures comptables sont les suivantes :

Dotations aux provisions

6866 29 ou 59	Dotations aux dépréciations des éléments financiers Dépréciations *Dotations aux dépréciations sur titres*	X	 X

Reprises sur dépréciations

29 ou 59 7866	Dépréciations Reprises sur dépréciations des éléments financiers *Reprises sur dépréciations des titres*	X	 X

APPLICATION CORRIGÉE

Soit le portefeuille suivant composé de titres de placement :

Éléments	Date d'achat	Prix d'achat unitaire	Quantité	Cours 31/12/N–1	Cours 31/12/N
A	01/10/N–3	80	100	50	65
A	01/03/N–1	50	200		
B	01/04/N	100	400		80

Comptabiliser les écritures au 31/12/N.

Correction

Portefeuille au 31/12/N–1

Éléments	Nombre de titres	Cours d'achat moyen	Cours au 31/12/N–1	Dépréciation N–1
A	300	60 (1)	50	3 000 (2)

(1) [(80 x 100) + (50 x 200) / 300] = 60
(2) 300 x (60 – 50) = 3 000

Portefeuille au 31/12/N

Éléments	Nombre de titres au 31/12/N	Cours d'achat moyen	Cours au 31/12/N	Dépréciation N	Dépréciation N–1	Dotations	Reprises
A	300	60	65	0	3 000		3 000
B	400	100	80	8 000	0	8 000	
Total						8 000	3 000

	31/12/N		
6866	Dotations aux dépréciations des éléments financiers	8 000	
5903	Dépréciations des valeurs mobilières de placement		8 000
	Constatation de la dépréciation		
	31/12/N		
5903	Dépréciations des valeurs mobilières de placement	3 000	
786	Reprises sur dépréciations des éléments financiers		3 000
	Reprise de la dépréciation		

2 La comptabilisation des intérêts courus sur obligations à la clôture

Les intérêts courus sont calculés de la date d'échéance à la date de clôture de l'exercice, ou de la date d'achat à la date de clôture de l'exercice si la date la date d'achat est postérieure à la date d'échéance (cas d'obligations acquises en cours d'exercice).

Intérêt couru à l'inventaire en % = Taux d'intérêt nominal x n / 360

Intérêt couru unitaire à l'inventaire = Valeur nominale x Taux d'intérêt couru à l'inventaire

L'écriture comptable est la suivante :

5088 2768 764 762	Intérêts courus sur VMP – obligations Intérêts courus sur titres immobilisés – obligations Revenus des VMP – Obligations Revenus des titres immobilisés – Obligations *Intérêts courus*	X X	 X X

ATTENTION

Ne pas oublier de contrepasser les intérêts courus à l'ouverture de l'exercice suivant.

APPLICATION CORRIGÉE

100 obligations ont été acquises le 01/07/N–1 dans un but spéculatif, échéance 01/04, nominal 200 €, taux d'intérêt nominal 8 %, taux d'intérêt couru à l'inventaire 6 %.

Comptabiliser les intérêts courus au 31/12/N.

Correction

Intérêts courus au 31/12/N = 100 x 200 x 6 % = 1 200

	31/12/N		
5088 764	Intérêts courus sur obligations Revenus des valeurs mobilières de placement *Intérêts courus*	1 200	 1 200

D La baisse anormale et momentanés des titres

Par exception au principe de non-compensation, en cas de baisse anormale et momentanée des titres immobilisés cotés, autres que les titres de participation et les titres immobilisés de l'activité de portefeuille (TIAP), l'entité n'est pas obligée de constituer, à la clôture de l'exercice, de dépréciation à concurrence des plus-values latentes constatées normales sur d'autres titres. La règle s'applique également aux VMP et aux OPCVM à valeur liquidative quotidienne. La différence entre le cours moyen du dernier mois et le cours moyen corrigé (cours moyen du dernier mois en excluant les trois cours les plus hauts et les trois cours les plus bas) représente une baisse anormale et momentanée.

REMARQUE

La règle ne s'applique que si la différence entre le cours moyen du dernier mois et le cours moyen corrigé représente au moins 10 % du cours du dernier mois.

V Les revenus sur titres

A Les dividendes perçus

Les dividendes constituent des produits financiers, comptabilisés dans les comptes 76 subdivisés selon la nature des titres.

L'écriture est la suivante :

512	Banques	X	
761	Produits de participation		X
762	Produits des autres immobilisations financières		X
764	Revenus des VMP		X
	Intérêts perçus		

REMARQUE

Si les revenus n'ont pas été encore été perçus à la clôture de l'exercice, les produits financiers constituent une créance comptabilisée au débit des comptes 267, 276 et 508 selon la nature du titre.

B Les coupons perçus sur obligations

Les coupons encaissés à l'échéance sont déterminés par le calcul suivant :

Nombre d'obligations x Valeur nominale x Taux d'intérêt nominal

L'écriture comptable est la suivante :

512	Banques	X	
762	Produits des autres immobilisations financières		X
764	Revenus des VMP		X
	Intérêts perçus		

ATTENTION

Selon la méthode de comptabilisation des intérêts courus à l'acquisition des obligations, ne pas omettre de solder les intérêts courus de l'achat, dans le cas où ils ont été enregistrés au débit des comptes 5088 ou 27682.

APPLICATION CORRIGÉE

La société ART avait acquis, dans un but spéculatif 10 obligations, nominal 100 €, échéance 01/04/N, taux d'intérêt 8 %.

Comptabiliser l'écriture à l'échéance.

Correction

Intérêts encaissés à l'échéance = 10 x 100 x 8 % = 80

	31/12/N		
512	Banques	80	
764	Revenus des valeurs mobilières de placement		80
	Encaissement coupons		

PARTIE 3

CAPITAUX PROPRES

Selon le programme officiel de l'examen, cette partie va vous permettre de définir les capitaux propres et de maîtriser les règles de leur évaluation et de leur comptabilisation.

Vous développerez ainsi les compétences suivantes :

– Exposer et appliquer les règles relatives aux opérations de variation des capitaux propres des sociétés selon leur forme juridique ;

– Analyser les opportunités et les risques d'une modalité d'augmentation de capital, et/ou d'affectation du résultat ;

– Évaluer et comptabiliser les variations de capitaux propres dans les comptes individuels ;

– Analyser les conséquences d'un choix de comptabilisation, notamment sur la présentation des comptes annuels, dans une situation donnée ;

– Présenter les informations à fournir en annexe.

Chapitre 13

LA CONSTITUTION DE SOCIÉTÉS

Ce chapitre va vous permettre d'évaluer et de comptabiliser les opérations portant sur la constitution des sociétés.

I Les formalités

La constitution d'une société nécessite les formalités suivantes :

- rédaction et signature des statuts par les associés ;
- enregistrement des statuts auprès de l'administration fiscale ;
- insertion de l'avis de constitution dans un journal d'annonces légales ;
- dépôt des statuts au greffe du tribunal de commerce ;
- immatriculation de la société au registre du commerce et des sociétés (RCS) ;
- insertion au bulletin national des annonces civiles et commerciales ;
- déblocage des fonds préalablement déposés chez un notaire, à la caisse des dépôts et consignations ou sur un compte bloqué d'un établissement de crédit.

C'est à compter de la signature des statuts que la société est réputée constituée. La société ne bénéficie de la personnalité morale qu'à compter de son immatriculation au Registre du commerce et des sociétés (RCS).

II Les différentes catégories d'apports

Il existe trois types d'apports :

- ***les apports en numéraire*** : liquidités ;
- ***les apports en nature*** : immeubles, fonds de commerce, biens mobiliers, etc. L'apport d'une entreprise individuelle ou d'une société est un apport en nature dont le montant est déterminé comme suit :

Total de l'actif (hors frais d'établissement) – Total des dettes

Les postes sont évalués à la valeur de reprise.

– ***les apports en industrie*** : apports de savoir-faire. Ils ne sont possibles que dans les SNC, les SARL et les SAS. Même s'ils sont autorisés, les apports en industrie ne sont pas pris en compte dans la formation du capital et ne génèrent aucune écriture comptable.

Les associés, qui effectuent des apports en numéraire ou en nature, reçoivent en contrepartie des droits sociaux (actions ou parts sociales).

REMARQUE

À la constitution d'une société, les statuts doivent contenir l'évaluation de chaque apport en nature. Le commissaire aux apports a pour mission d'apprécier la valeur des biens apportés à la société, lors de sa constitution. Pour simplifier la procédure de création d'une SARL une dérogation est prévue : les associés peuvent décider à l'unanimité que le recours à un commissaire aux apports ne sera pas obligatoire lorsque les deux conditions cumulatives suivantes sont respectées :

– la valeur de chaque apport en nature est inférieure à 30 000 € ;
– la valeur totale de l'ensemble des apports en nature non soumis à l'évaluation d'un commissaire aux apports n'excède pas la moitié du capital.

III Les règles juridiques

Les règles juridiques diffèrent selon la structure de la société.

Les parts sociales et les actions doivent être intégralement libérées lorsqu'elles représentent des apports en nature. Lorsqu'elles représentent des apports en numéraire, elles doivent être libérées d'au moins 20 % (SARL, EURL) ou 50 % (SA, SAS, SASU) de leur montant. La libération du surplus intervient en une ou plusieurs fois, dans un délai qui ne peut excéder 5 ans à compter de l'immatriculation de la société au registre du commerce et des sociétés.

Les règles juridiques sont résumées dans le tableau suivant :

Éléments	Sociétés de personnes	Sociétés à responsabilité limitée	Sociétés de capitaux	
	SNC, SCS	**SARL, EURL**	**SAS, SASU**	**SA, SCA**
Capital minimum	Aucun	Aucun	Aucun	37 000 €
Titres	Parts sociales	Parts sociales	Actions	Actions
Libération des apports en numéraire	Aucun minimum. Libération fixée librement par les statuts	Minimum de 20 %	Minimum de 50 %	
		Libération du solde dans les 5 ans suivant l'immatriculation au RCS		
Libération des apports en nature	100 %			

IV Le traitement comptable

Il convient en premier lieu de comptabiliser les promesses d'apports correspondant aux engagements des apports contractés par les associés ou les actionnaires dans les statuts, puis de comptabiliser la réalisation des apports. Seuls les apports en numéraire peuvent n'être libérés que partiellement, contrairement aux apports en nature qui doivent être libérés en totalité. Le compte 101 est subdivisé afin de permettre de suivre les montants du « capital souscrit – appelé, non versé » et du « capital souscrit – non appelé », puis du « capital souscrit – appelé, versé ». Le compte 109 *Actionnaires : capital souscrit – non appelé* représente une créance de la société envers ses actionnaires.

La comptabilisation comprend les étapes suivantes :

1. Promesses d'apport

45611 45615 1012	Associés – Apports en nature Associés – Apports en numéraire (*) Capital souscrit – appelé, non versé *Promesses d'apports*	X X	 X

(*) Apport en numéraire x % de libération

2. Part de capital restant à libérer

109 1011	Actionnaires : capital souscrit – non appelé (*) Capital souscrit – non appelé *Capital restant à libérer*	X	 X

(*) Apport en numéraire x (1 – % de libération)

3. Réalisation des apports

– ***Apports en nature***

2, 3, 4, 5 16, 4 491 44611	Comptes d'actifs Comptes de passifs Dépréciations des clients (*) Associés – Apports en nature *(solde)* *Réalisation des apports en nature*	X	 X X X

(*) Voir remarque page suivante.

– ***Apports en numéraire***

467 44615	Autres comptes débiteurs *(notaire)* (*) Associés – Apports en numéraire *(solde)* *Réalisation des apports en numéraire*	X	 X

(*) Le compte Banques (512) peut être utilisé.

Régularisation du capital

1012 1013	Capital souscrit – appelé, non versé *(solde)* Capital souscrit – appelé, versé *Régularisation du capital*	X	 X

REMARQUE

Concernant la réalisation des apports en nature, si les créances clients sont reprises à une valeur inférieure à celles figurant au bilan de l'entreprise apporteuse, les créances sont enregistrées à leur valeur brute et une dépréciation est constatée au passif, égale à la différence entre la valeur nominale et la valeur de reprise.

4. Règlement ultérieur des clients

512 654 411	Banques Pertes sur créances irrécouvrables (*) Clients *(solde)* *Avis de crédit n° …*	X X	 X

(*) Cas où le montant réglé est inférieur à la valeur nominale.

5. Appels ultérieurs des apports en numéraire

Lors des appels successifs, le compte 4562 *Apporteurs – Capital appelé*, non versé est inscrit au débit, puis il est crédité lors de la réalisation des apports par le débit d'un compte de trésorerie.

– ***Appel des fonds***

4562 109	Apporteurs – Capital appelé, non versé (*) Actionnaires : capital souscrit – non appelé *Appel des fonds*	X	 X

(*) Apport en numéraire x % d'appel des fonds

– ***Régularisation du capital***

1011 1012	Capital souscrit – non appelé Capital souscrit – appelé, non versé *Régularisation du capital*	X	 X

– ***Réalisation des apports***

512 4562	Banques Apporteurs – Capital appelé, non versé *(solde)* *Réalisation des apports*	X	 X

– ***Régularisation du capital***

1012 1013	Capital souscrit – appelé, non versé Capital souscrit – appelé, versé *Régularisation du capital*	X	 X

V Les frais liés lies à la constitution des sociétés

A Les modalités de la comptabilisation

Il existe deux possibilités de comptabilisation des frais de constitution :

- ***les frais sont comptabilisés en charges (méthode de référence).*** Les charges sont principalement des commissions de banques et honoraires des commissaires aux apports (6226), des publications dans les journaux d'annonces légales (6231), des frais de greffe (628) et des droits d'enregistrement (6354) ;
- ***les frais sont comptabilisés à l'actif en frais de constitution (compte 2011).*** S'ils ont été enregistrés en charges par nature, ils sont annulés via un compte de production immobilisée (compte 721). Ils sont amortissables sur 5 ans au maximum. Lorsqu'ils sont totalement amortis, ils sont sortis du bilan.

REMARQUE

Les frais d'établissement ne répondent pas à la définition d'un actif car ils ne procurent aucun avantage économique. Ce poste ne devrait donc pas figurer à l'actif. Mais, compte tenu de la possibilité de les étaler dans le temps, les frais d'établissement peuvent figurer, sur option de l'entreprise, à l'actif et seront amortis sur 5 ans au plus. L'étalement dans le temps de ces frais permet de ne pas altérer la présentation du compte de résultat du premier exercice.

B Le traitement comptable

1 La comptabilisation des frais de constitution en charges

Le plus souvent, les chèques sont déposés chez le notaire, puis sont versés par le notaire sur le compte bancaire de l'entreprise sous déduction des frais.

L'écriture comptable est la suivante :

512	Banques *(net en compte)*	X	
6226	Honoraires	X	
6354	Droits d'enregistrement et de timbre	X	
6231	Annonces et insertion	X	
44566	TVA sur biens et services	X	
467	Autres comptes débiteurs *(solde)*		X
	Versement des fonds		

2 La comptabilisation des frais de constitution dans un compte d'actif

Si les frais ont d'abord été comptabilisés en charges, les charges sont soldées via un compte de production immobilisée et les frais sont amortis sur 5 ans au maximum.

Les écritures comptables sont les suivantes :

Transfert des charges

2011 721	Frais de constitution Production immobilisée *Transfert des charges en compte d'actif*	X	 X

Amortissement des frais

6811 2801	Dotations aux amortissements des immobilisations Amortissements des frais d'établissement *Annuité comptable*	X	 X

VI Le cas particulier des versements anticipés

Les statuts peuvent prévoir que les actionnaires se libèrent, par anticipation, de fractions de capital non appelé.

Les versements anticipés peuvent être effectués dès la constitution ou lors d'appels ultérieurs. Ils sont comptabilisés en dettes, dans le compte 4564 *Associés – Versements anticipés*.

A Les versements anticipés dès la constitution de la société

Les écritures de ***promesses d'apports*** et de part de ***capital restant à libérer*** sont identiques à celles ci-dessus.

La comptabilisation comprend les étapes suivantes :

1. Réalisation des apports en numéraire

– ***Apports en numéraire***

467 45615 4564	Autres comptes débiteurs *(notaire)* (1) Associés – Apports en numéraire Associés – Versements anticipés (2) *Réalisation des apports en numéraire*	X	 X X

(1) (Apport en numéraire x % de libération) + Versement anticipé

(2) Fraction de l'apport en numéraire x % de libération anticipé

– ***Régularisation du capital***

1012 1013	Capital souscrit – appelé, non versé *(solde)* Capital souscrit – appelé, versé *Régularisation du capital*	X	 X

2. Appels ultérieurs des apports en numéraire
– ***Appel des fonds***

4562 109	Apporteurs – Capital appelé, non versé Actionnaires : capital souscrit – non appelé *Appel des fonds*	X	 X

– ***Régularisation du capital***

1011 1012	Capital souscrit – non appelé Capital souscrit – appelé, non versé *Régularisation du capital*	X	 X

– ***Réalisation des apports***

512 4564 4562	Banques (1) Associés – Versements anticipés (2) Apporteurs – Capital appelé, non versé *Réalisation des apports*	X X	 X

(1) Sauf versements anticipés pour la partie libérée.
(2) Pour solde de la fraction libérée lors de l'appel.

– ***Régularisation du capital***

1012 1013	Capital souscrit – appelé, non versé Capital souscrit – appelé, versé *Régularisation du capital*	X	 X

B Les versements anticipés lors d'appels ultérieurs

Dans la mesure où aucun versement anticipé n'a été réalisé à la constitution, les écritures de constitution sont inchangées.

Seuls les appels ultérieurs des apports en numéraire tiennent compte des versements anticipés.

La comptabilisation comprend les étapes suivantes :

1. Appel des fonds

4562 109	Apporteurs – Capital appelé, non versé Actionnaires : capital souscrit – non appelé *Appel des fonds*	X	 X

2. Régularisation du capital

1011 1012	Capital souscrit – non appelé Capital souscrit – appelé, non versé *Régularisation du capital*	X	 X

3. Réalisation des apports

512 4564 4562	Banques (1) Associés – Versements anticipés (2) Apporteurs – Capital appelé, non versé *(solde)* *Réalisation des apports*	X	 X X

(1) (Apport en numéraire x % de libération) + Versement anticipé
(2) Fraction de l'apport en numéraire x % de libération anticipé

4. Régularisation du capital

1012 1013	Capital souscrit – appelé, non versé Capital souscrit – appelé, versé *Régularisation du capital*	X	 X

Les écritures d'appels ultérieurs sont identiques à celles ci-dessus.

VII Le cas particulier des actionnaires retardataires

L'actionnaire est dit retardataire lorsqu'il ne verse pas les fonds dans les délais. La société lui adresse une mise en demeure. Il dispose d'un mois pour verser les fonds. La société peut exiger des intérêts de retard et le remboursement des frais engagés pour le recouvrement des fonds.

Les retards de paiement d'actionnaires retardataires ont lieu en principe lors des appels ultérieurs.

La comptabilisation comprend les étapes suivantes :

1. Appel des fonds

4562 109	Apporteurs – Capital appelé, non versé Actionnaires : capital souscrit – non appelé *Appel des fonds*	X	 X

2. Régularisation du capital

1011 1012	Capital souscrit – non appelé Capital souscrit – appelé, non versé *Régularisation du capital*	X	 X

3. Réalisation des apports

512 4562	Banques (*) Apporteurs – Capital appelé, non versé (*) *Réalisation des apports*	X	 X

(*) Sauf sommes dues par l'actionnaire retardataire.

4. Réalisation des apports de l'actionnaire retardaire

512 4562 763 791	Banques (1) Apporteurs – Capital appelé, non versé (2) Revenus des autres créances (3) Transferts de charges d'exploitation (4) *Réalisation des apports de l'actionnaire retardataire*	X	 X X X

(1) Sommes dues par l'actionnaire retardataire + Intérêt de retard et remboursement des frais
(2) Somme due par l'actionnaire retardataire
(3) Intérêts de retard
(4) Remboursement des frais engagés par l'entreprise

5. Régularisation du capital

1012 1013	Capital souscrit – appelé, non versé Capital souscrit – appelé, versé *Régularisation du capital*	X	 X

VIII Le cas particulier des actionnaires défaillants

À la fin du délai suivant la mise en demeure de l'actionnaire retardataire, l'actionnaire est dit défaillant. À la date limite de paiement, le montant dû est transféré dans le compte 4566 *Actionnaires défaillants*. La société peut vendre ses titres. Elle peut exiger des intérêts de retard et le remboursement des frais engagés pour le recouvrement des fonds. L'actionnaire défaillant est ensuite remboursé par la société de la différence entre le montant de la vente et le montant de sa dette.

Les retards de paiement d'actionnaires défaillants ont lieu en principe lors des appels ultérieurs.

Les écritures comptables liées aux appels ultérieurs sont les suivantes :

Appel des fonds

4562 109	Apporteurs – Capital appelé, non versé Actionnaires : capital souscrit – non appelé *Appel des fonds*	X	 X

Régularisation du capital

1011 1012	Capital souscrit – non appelé Capital souscrit – appelé, non versé *Régularisation du capital*	X	 X

Réalisation des apports

512 4566 4562	Banques (*) Actionnaires défaillants Apporteurs – Capital appelé, non versé *Réalisation des apports*	X X	 X

(*) Sauf sommes dues par l'actionnaire défaillant.

Vente des actions de l'actionnaire retardataire

512 4566	Banques Apporteurs – Capital appelé, non versé *Avis de crédit n° ...*	X	 X

Imputation des intérêts et des frais engagés

4566 763 791	Actionnaires défaillants Revenus des autres créances Transferts de charges d'exploitation *Imputation des frais à l'actionnaire retardataire*	X	 X X

Versement du solde au défaillant

4566 512	Apporteurs – Capital appelé, non versé *(solde)* Banques *Avis de débit n° ...*	X	 X

Régularisation du capital

1012 1013	Capital souscrit – appelé, non versé Capital souscrit – appelé, versé *Régularisation du capital*	X	 X

APPLICATION CORRIGÉE

La SA BOUTICYCLE a été constituée le 02/01/N. Le capital de 100 000 € est composé de 5 000 actions de nominal 20 €, libérées du minimum légal. Il se décompose de la façon suivante :

- la SA MOTO a apporté 60 000 € ;
- M. SERGE a apporté son entreprise individuelle : mobilier : 5 000 € ; ordinateur : 4 000 € ; stocks de marchandises : 6 000 € ; créances clients : 2 200 € ; reprises 2 000 € ; numéraire : 4 000 € et dettes fiscales : 1 000 € ; le reste est réparti entre plusieurs actionnaires qui apportent du numéraire ;
- les fonds sont versés le 05/01 chez le notaire. Un actionnaire possédant 200 actions libère la totalité de son apport. Le notaire verse les fonds le 20/01 sur le compte bancaire de la SA sous déduction des frais suivants : publicité légale : 500 € ; honoraires : 600 € ; droits d'enregistrement : 400 €. L'entreprise décide de les comptabiliser en charges. Le 01/06 la SA demande aux actionnaires la libération du solde. Ils se libèrent le 05/06 excepté un actionnaire qui possède 100 actions. Après une mise en demeure restée sans réponse, la SA vend ses actions le 20/07 pour 2 200 €. Les frais comprennent des intérêts de retard de 10 € et des frais divers de 7 €. Le 25/07 la société rembourse l'actionnaire défaillant. Négliger la TVA sur frais.

1. Comptabiliser les écritures liées à la constitution.

2. Indiquer si la société pourra distribuer des dividendes en cas de résultat bénéficiaire.

Correction

1. Écritures comptables

Apport de MOTO : 60 000 €

Apport de SERGE : (5 000 + 4 000 + 6 000 + 2 000 + 4 000) – 1 000 = 20 000 €

Apport des autres actionnaires = 100 000 – (60 000 + 20 000) = 20 000 €

Total des apports en numéraire = 60 000 + 20 000 = 80 000 € libérés de 50 %, soit 40 000 €

Total des apports en nature = 20 000 € libérés de 100 %

	02/01/N		
45611	Apports en nature	20 000	
45615	Apports en numéraire	40 000	
1012	Capital souscrit – appelé, non versé		60 000
	Promesses d'apport		
	02/01/N		
109	Actionnaires : capital souscrit – non appelé *(50 % x 80 000)*	40 000	
1011	Capital souscrit – non appelé		40 000
	Apports restant à libérer		
	05/01/N		
2183	Matériel de bureau et matériel informatique	4 000	
2184	Mobilier	5 000	
37	Stocks de marchandises	6 000	
411	Clients *(valeur nominale)*	2 200	
512	Banques	4 000	
448	État – Charges à payer		1 000
491	Dépréciations des comptes clients *(2 200 – 2 000)*		200
45611	Apports en nature		20 000
	Libération des apports en nature		

	05/01/N		
467	Autres comptes débiteurs	42 000	
45615	Apports en numéraire		40 000
4564	Associés – Versements anticipés *(200 x 20 x 50 %)*		2 000
	Libération des apports en numéraire		
	05/01/N		
1012	Capital souscrit – appelé, non versé	60 000	
1013	Capital souscrit – appelé, versé		60 000
	Régularisation du capital		
	20/01/N		
6231	Annonces et insertions	500	
6226	Honoraires	600	
6354	Droits d'enregistrement et de timbre	400	
512	Banques	40 500	
467	Autres comptes débiteurs *(pour solde)*		42 000
	Versement des fonds sous déduction des frais		
	01/06/N		
45621	Actionnaires – Capital souscrit et appelé, non versé *(pour solde)*	40 000	
109	Actionnaires : capital souscrit – non appelé		40 000
	Appel du solde		
	01/06/N		
1011	Capital souscrit – non appelé	40 000	
1012	Capital souscrit – appelé, non versé		40 000
	Régularisation du capital		
	05/06/N		
512	Banques	37 000	
4564	Associés – Versements anticipés *(200 x 20 x 50 %)*	2 000	
4566	Actionnaires défaillants *(100 x 20 x 50 %)*	1 000	
45621	Actionnaires : Capital souscrit et appelé, non versé		40 000
	Libération des apports		
	05/06/N		
1012	Capital souscrit – appelé, non versé	39 000	
1013	Capital souscrit – appelé, versé *(40 000 – 1 000)*		39 000
	Régularisation du capital		
	20/07/N		
512	Banques	2 200	
4566	Actionnaires défaillants		2 200
	Vente des actions du défaillant		

		Débit	Crédit
	20/07/N		
4566	Actionnaires défaillants	17	
763	Revenus des autres créances		10
791	Transferts de charges d'exploitation		7
	Imputation des frais au défaillant		
	25/07/N		
4566	Actionnaires défaillants *(2 200 – 1 000 – 17)*	1 183	
512	Banques		1 183
	Solde du compte du défaillant		
	25/07/N		
1012	Capital souscrit – appelé, non versé	1 000	
1013	Capital souscrit – appelé, versé		1 000
	Régularisation du capital		

2. Distribution des dividendes

La SA Bouticycle pourra distribuer des dividendes car les frais de constitution sont comptabilisés en charges. Le bilan ne comporte donc pas de frais de constitution non amortis.

Chapitre 14

LES VARIATIONS DE CAPITAL

Ce chapitre va vous permettre de maîtriser les règles d'évaluation des variations de capital et de leur comptabilisation.

I Les augmentations de capital

A Les opportunités et les risques d'une augmentation de capital

Les sociétés augmentent leur capital pour différentes raisons :

– se procurer des ressources nouvelles pour financer de nouveaux investissements ou pour renforcer la situation financière ;

– accroître le potentiel de la société en intégrant de nouveaux actifs utiles à son développement ;

– capitaliser les réserves afin de créer un effet psychologique favorable auprès des actionnaires, des associés ou des tiers ;

– éponger certaines dettes sans ponctionner la trésorerie ;

– permettre aux salariés de participer au capital.

L'augmentation de capital par apport en numéraire ou en nature permet de financer de nouveaux projets ou de développer des activités. L'équilibre financier est amélioré car le fonds de roulement net global augmente. Les ratios d'autonomie financière sont améliorés. Toutefois, l'entrée de nouveaux actionnaires peut modifier l'équilibre des pouvoirs.

L'augmentation de capital par incorporation de réserves ou par conversion de dettes permet de renforcer le capital afin de créer un effet psychologique favorable auprès des actionnaires et des tiers. Le capital est consolidé sans faire appel à de nouveaux apports. L'équilibre financier est inchangé.

B Les modalités

L'augmentation de capital peut être effectuée soit par :

- ***émission d'actions ou de parts sociales nouvelles*** : il peut s'agir d'apports en numéraire, en nature, de conversion de dettes, d'incorporation de réserves au capital ;
- ***augmentation de la valeur nominale des titres*** : cette modalité ne peut être décidée qu'avec le consentement des actionnaires ou des associés. Une telle opération n'est possible que dans les sociétés où le nombre d'associés est limité.

Les actions ou parts sociales nouvelles sont émises à un prix d'émission compris entre la valeur nominale (***prix plancher***) et la valeur réelle de l'action ou de la part sociale avant l'augmentation de capital (***prix plafond***).

Dans les sociétés cotées, la valeur réelle est la valeur boursière. Dans les sociétés non cotées, elle est déterminée selon différentes méthodes d'évaluation (méthode patrimoniale, etc.).

Le prix d'émission est souvent inférieur à la valeur économique de l'action avant l'augmentation de capital afin d'attirer de nouveaux actionnaires apporteurs de fonds nécessaires au développement de l'entreprise.

La prime d'émission constitue un supplément d'apport :

Prime d'émission = Prix d'émission – Valeur nominale

C Les augmentations de capital par apports nouveaux

Les augmentations de capital sont décidées par l'Assemblée générale extraordinaire (AGE), à l'exception du paiement des dividendes en actions qui doit être prévu dans les statuts (voir Chapitre 15. Affectation du résultat, Partie 3 Capitaux propres).

L'AGE peut déléguer, au conseil d'administration ou au directoire, le pouvoir de fixer les modalités de l'émission des titres.

1 L'augmentation de capital par apports en numéraire

a Les conditions

Le capital ancien doit être totalement libéré.

La libération des apports dépend de la structure juridique de la société. Elle est résumée dans le tableau suivant :

Éléments	SNC, SCS	SAS, SA, SCA, SARL
Pourcentage de libération minimum	Aucune	25 % de la valeur nominale. Le solde dans un délai de 5 ans. La prime d'émission est libérée à 100 %.

b Le droit préférentiel de souscription

Dans les SARL et les sociétés de personnes, le droit préférentiel de souscription (DPS) n'est pas prévu par la loi mais il peut être stipulé dans les statuts. Dans les sociétés par actions, chaque actionnaire ancien bénéficie d'un droit préférentiel de souscription attaché à chaque action ancienne qu'il possède, destiné à maintenir son droit dans le capital, à compenser la perte de valeur subie par ses actions anciennes et lui donner la priorité pour souscrire aux actions nouvelles. Pour les nouveaux actionnaires, ce droit leur permet de rentrer dans le capital et de bénéficier des réserves antérieurement constituées par les anciens actionnaires, dès lors qu'ils ont payé la différence entre la valeur des actions et le prix d'émission.

La souscription à une action nouvelle peut être effectuée à titre :

- ***irréductible*** : l'actionnaire ancien souscrit à un nombre d'actions au prix d'émission, proportionnel au nombre de droits dont il dispose. En exerçant ses droits, il conserve son pourcentage de contrôle. Dans le cas où il ne souhaite pas exercer ses droits, ou s'il n'a pas le nombre de droits requis pour souscrire à des actions nouvelles, il peut renoncer à ses droits en les cédant à des personnes désireuses de participer à l'augmentation de capital mais ne détenant pas ou détenant un nombre insuffisant d'actions ;
- ***réductible*** : lorsque certains actionnaires n'ont pas usé de leurs droits et qu'ils ne les cèdent pas, les souscriptions peuvent ne pas correspondre à l'augmentation de capital à réaliser. Si l'AGE l'a prévu, les actionnaires ou les détenteurs de droits peuvent souscrire à des actions supplémentaires disponibles. Si les encaissements effectifs sont supérieurs aux encaissements prévus par l'augmentation de capital, l'excédent est remboursé aux actionnaires concernés.

REMARQUE

L'AGE, ou par délégation, le conseil d'administration ou le directoire, peut décider la suppression du DPS au profit d'une ou plusieurs personnes afin de favoriser leur entrée dans la société. Cette suppression nécessite un rapport des commissaires aux comptes. Depuis le 1er avril 2009, les SA, SAS et SCA peuvent réaliser une augmentation de capital sans DPS, réalisable par placement privé, à l'intention d'investisseurs privés ou d'un cercle restreint d'investisseurs dans la limite de 20 % du capital social par an.

c Le calcul du droit préférentiel de souscription

La valeur du DPS est fixée comme étant la différence entre la valeur d'une action avant l'augmentation de capital et la valeur de cette action après l'augmentation. Elle est donc égale à la perte subie par chaque action ancienne suite à l'émission d'actions nouvelles.

Le tableau ci-dessous permet de calculer le cours de l'action après l'augmentation de capital :

Éléments	Nombre de titres (1)	Prix unitaire (2)	Total (1) x (2)
Avant l'augmentation de capital	Nombre d'actions anciennes avant l'augmentation de capital	Cours de l'action avant l'augmentation (valeur boursière ou valeur mathématique)	
Augmentation de capital	Nombre d'actions nouvelles émises	Prix d'émission (PE)	
Après l'augmentation de capital	Total (X)	Cours de l'action après l'augmentation Z = (Y / X)	Total (Y)

REMARQUE

Le cours de l'action avant l'augmentation de capital est la seule valeur connue avant la souscription ; le cours de l'action après l'augmentation de capital est un cours ex-droit, le DPS ayant été détaché.

Dans la situation de l'ancien actionnaire :

DPS = Cours de l'action avant l'augmentation – Cours ex-droit

Dans la situation du nouvel actionnaire :

DPS = (Cours ex-droit – PE) x Nombre d'actions nouvelles émises / Nombre d'actions anciennes

d Le traitement comptable

La souscription est constatée par le versement du prix d'émission via le compte 4563 *Associés – Versements reçus sur augmentation de capital*.

Augmentation de capital = [Nombre de titres émis x Valeur nominale x % libération] + [Nombre de titres émis x Prime d'émission]

La comptabilisation comprend les étapes suivantes :

1. Libération des apports appelés

512 4563	Banques (*) Associés – Versements reçus sur augmentation de capital *Avis de crédit n° ...*	X	 X

(*) Nombre d'actions émises x [(Valeur nominale x % libération) + Prime d'émission]

2. Constatation de l'augmentation de capital

4563 1013 1041	Associés – Versements reçus sur augmentation de capital Capital souscrit – appelé, versé (1) Primes d'émission (2) *Augmentation de capital en numéraire*	X	 X X

(1) [Nombre d'actions émises x (Valeur nominale x % libération)]
(2) [Nombre d'actions émises x (PE – Valeur nominale)]

3. Capital restant à libérer

109 1011	Actionnaires : capital souscrit – non appelé (*) Capital souscrit – non appelé *Capital restant à libérer*	X	 X

(*) Nombre d'actions émises x Valeur nominale x (100 % – % libération)

REMARQUE

Le traitement comptable des versements anticipés et des actionnaires retardataires ou défaillants est similaire à celui étudié lors de la constitution de sociétés.

Les appels ultérieurs sont comptabilisés selon les mêmes règles que celles de la constitution.

APPLICATION CORRIGÉE

La SA MICROCHIR au capital de 600 000 € dont la valeur nominale est de 100 € a réalisé une augmentation de capital en numéraire le 01/09/N–3 dont une partie a été libérée immédiatement. 2 000 actions nouvelles ont été émises. Les frais d'augmentation de capital ont été inscrits à l'actif pour 1 500 € et amortis sur 5 ans sans prorata temporis. Un actionnaire a acquis 50 actions et s'est libéré en totalité en septembre N–3. La SARL OPHTALMY possède 300 actions et a souscrit à l'augmentation de capital en utilisant tous ses droits. Le 02/01/N+1, la SA appelle le solde. Tous les versements sont effectués le 30/01/N+1.

L'extrait du bilan au 31/12/N est le suivant : capital : 800 000 € (dont versé 700 000 €) ; prime d'émission : 240 000 € ; réserve légale : 68 000 € ; autres réserves : 950 000 €.

1. Retrouver le prix d'émission.
2. Indiquer la fraction du capital appelée en N–3.
3. Comptabiliser les écritures en janvier N+1.
4. Quel est le nombre d'actions acquises par la SARL OPHTALMY ?

Correction

1. Prix d'émission

Prime d'émission = 240 000 = 2 000 (PE – 100) = PE = 220 €

2. Fraction du capital

Fraction non appelée = 800 000 – 700 000 = 100 000 = 2 000 x 100 x (X %) : X % = 50 %. La fraction appelée est en N–3 est donc de 100 % – 50 % = 50 %.

3. Écritures comptables

	02/01/N+1		
4562	Apporteurs – Capital appelé, non versé *(2 000 x 100 x 50 %)*	100 000	
109	Actionnaires : capital souscrit – non appelé		100 000
	Appel du solde		
	02/01/N+1		
1011	Capital souscrit – non appelé	100 000	
1012	Capital souscrit – appelé, non versé		100 000
	Régularisation du capital		
	30/01/N		
512	Banques *[100 000 – (50 x 100 x 50 %)]*	97 500	
4564	Associés – Versements anticipés *(50 x 100 x 50 %)*	2 500	
4562	Apporteurs – Capital appelé, non versé *(pour solde)*		100 000
	Réalisation des apports		

	02/01/N+1		
1012	Capital souscrit – appelé, non versé	100 000	
1013	Capital souscrit – appelé, versé		100 000
	Régularisation du capital		

4. Actions acquises

Selon la parité d'émission « 6 000 actions anciennes pour 2 000 actions nouvelles », il faut donc 3 droits pour souscrire à 1 action nouvelle. La SARL disposant de 300 actions, donc de 300 droits, peut souscrire à 100 actions nouvelles au PE de 220 €.

2 L'augmentation de capital par apports en nature

a Les conditions

La valeur de l'apport doit être vérifiée par un commissaire aux apports pour assurer l'exactitude de l'évaluation de l'apport. Comme cela été mentionné dans le ***chapitre sur la constitution des sociétés***, il est possible d'être dispensé de cette expertise si la valeur de l'apport est inférieure à 30 000 € et si la valeur totale de l'ensemble des apports n'excède pas la moitié du capital social.

Le capital ancien n'a pas à être totalement libéré.

Aucun droit préférentiel de souscription n'est prévu au profit des associés de la société émettrice.

b Le traitement comptable

Deux cas de figure peuvent se présenter :

– soit le nombre de titres émis est donné :

Augmentation de capital = Nombre de titres émis x Valeur nominale

il existe une ***prime d'apport*** si la valeur de l'apport est supérieure à :

Nombre de titres émis x Valeur nominale

– soit le nombre de titres émis n'est pas donné, on peut le retrouver de la façon suivante :

Nombre de titres émis = Valeur des apports / Prix d'émission

La comptabilisation passe par les étapes suivantes :

1. Constatation de l'augmentation de capital

45611 1013 1043	Apports en nature Capital souscrit – appelé, versé Primes d'apport *Augmentation de capital en nature*	X	 X X

2. Libération des apports appelés

2. 45611	Comptes d'actifs Apports en nature *Libération des apports en nature*	X	 X

D Les augmentations de capital sans apports nouveaux

1 L'augmentation de capital par incorporation de réserves

a Les conditions

Les augmentations de capital par incorporation de réserves sont décidées par l'Assemblée générale extraordinaire (AGE). Toutefois, pour les SARL, la décision est prise en AGO, par les associés qui représentent au moins la moitié des parts sociales ; pour les SAS, les modalités sont librement fixées au sein des statuts.

Le capital ancien n'a pas à être totalement libéré. La répartition du capital entre les actionnaires doit être équitable, au prorata des titres détenus.

Deux modalités sont possibles pour réaliser l'augmentation de capital :

– soit distribuer aux actionnaires des actions ou des parts sociales à titre gratuit ;

– soit augmenter la valeur nominale des titres.

La libération des apports est immédiate.

b Le droit d'attribution

Chaque actionnaire ancien bénéficie d'un droit d'attribution (DA) attaché à chaque action ancienne qu'il possède, destiné à compenser la perte de valeur subie par les actions anciennes. Si l'actionnaire ancien ne souhaite pas exercer ses droits, il peut renoncer à ses droits en les cédant à des personnes désireuses de participer à l'augmentation de capital mais ne détenant pas ou détenant un nombre insuffisant d'actions.

Dans les sociétés par actions, il est possible d'attribuer des actions gratuites aux salariés et aux dirigeants. Le nombre d'actions attribuées ne peut excéder 10 % du capital social.

c Le calcul du droit d'attribution

La valeur du DA est fixée comme étant la différence entre la valeur d'une action avant l'augmentation de capital et la valeur de cette action après l'augmentation. Elle est donc égale à la perte subie par chaque action ancienne suite à la distribution gratuite d'actions.

Le tableau ci-dessous permet de calculer le cours de l'action après l'augmentation de capital :

Éléments	Nombre de titres (1)	Prix unitaire (2)	Total (1) x (2)
Avant l'augmentation de capital	Nombre d'actions anciennes avant l'augmentation de capital	Cours de l'action avant l'augmentation (Cours boursier ou Valeur mathématique)	
Augmentation de capital	Nombre d'actions gratuites	0	0
Après l'augmentation de capital	Total (X)	Cours de l'action ex-droit Z = (Y / X)	Total (Y)

Dans la situation de l'ancien actionnaire :

DA = Cours de l'action avant l'augmentation – Cours ex-droit

Dans la situation du nouvel actionnaire :

DA = Z x Nombre d'actions gratuites / Nombre d'actions anciennes

d Le traitement comptable

L'augmentation de capital par incorporation de réserves ne modifie pas le total des capitaux propres de la société car il s'agit d'un simple transfert d'un compte de capitaux propres à un autre compte de capitaux propres.

Toutes les réserves figurant au bilan peuvent en principe, être utilisées.

Il existe une ***prime d'émission*** si le montant incorporé en réserves est supérieur à :

Nombre d'actions gratuites x Valeur nominale

L'écriture comptable est la suivante :

Constatation de l'augmentation de capital

106 1013 1041	Réserves Capital souscrit – appelé, versé Primes d'émission *Augmentation de capital par incorporation de réserves*	X	 X X

APPLICATION CORRIGÉE

Une société, au capital de 500 000 €, composé d'actions de 100 €, décide le 01/06/N de procéder à une augmentation de capital par incorporation de réserves pour un montant de 100 000 €, par attributions gratuites d'actions.

Calculer le nombre d'actions gratuites et comptabiliser l'écriture de l'augmentation de capital.

Correction

Nombre d'actions gratuites = 100 000 / 100 = 1 000 actions

	01/06/N		
1068	Autres réserves	100 000	
1013	Capital souscrit – appelé, versé		100 000
	Augmentation de capital par incorporation de réserves		

2 L'augmentation de capital par conversion de dettes en capital

a Les conditions

Les augmentations de capital par conversion de dettes en capital sont décidées par l'Assemblée générale extraordinaire (AGE). Elles sont traitées comme un apport en nature ; elles peuvent être traitées comme un apport en numéraire, à condition que les créances soient liquides et exigibles. L'ancien capital doit être totalement libéré. Aucun droit préférentiel de souscription n'est prévu.

b Le traitement comptable

Le créancier de la société devient actionnaire. La dette de la société est soldée.

Deux cas de figure peuvent se présenter :

– soit le nombre de titres émis est donné :

Augmentation de capital = Nombre de titres émis x Valeur nominale

il existe une ***prime d'apport*** si la valeur de la dette convertie est supérieure à :

Nombre de titres émis x Valeur nominale

– soit le nombre de titres émis n'est pas donné, on peut le retrouver de la façon suivante :

Nombre de titres émis = Valeur de la dette convertie / Prix d'émission

La comptabilisation passe par les étapes suivantes :

Constatation de l'augmentation de capital

4561 1013 1041	Associés – Comptes d'apport en société Capital souscrit – appelé, versé Primes d'émission *Augmentation de capital*	X	 X X

Conversion des dettes

4, 17 4561	Comptes de dettes Associés – Comptes d'apport en société *Conversion des dettes*	X	 X

E Le calcul des droits dans le cas d'une double augmentation de capital

Les actionnaires peuvent décider en AG de cumuler l'émission d'actions en numéraire avec la distribution d'actions gratuites. L'augmentation de capital peut être réalisée successivement ou simultanément.

1 L'augmentation de capital successive

a Augmentation par émission d'actions nouvelles puis par incorporation de réserves

Calcul du droit préférentiel de souscription à l'issue de la première augmentation de capital

Le tableau ci-dessous permet de calculer le cours de l'action après l'augmentation de capital :

Éléments	Nombre de titres (1)	Prix unitaire (2)	Total (1) x (2)
Avant l'augmentation de capital	Nombre d'actions anciennes avant la 1re augmentation de capital	Cours de l'action avant la 1re augmentation	
Augmentation de capital	Nombre d'actions émises	Prix d'émission	
Après l'augmentation de capital	Total (X_1)	Cours de l'action après la 1re augmentation $Z_1 = (Y_1 / X_1)$	Total (Y_1)

DPS = Cours de l'action avant la 1re augmentation – Cours de l'action après la 1re augmentation

DPS = (Z_1 – PE) x Nombre d'actions nouvelles émises / Nombre d'actions anciennes

Calcul du droit d'attribution lié à la seconde augmentation de capital

Le tableau ci-dessous permet de calculer le cours de l'action après l'augmentation de capital :

Éléments	Nombre de titres (1)	Prix unitaire (2)	Total (1) x (2)
Avant l'augmentation de capital	Nombre d'actions avant la 2e augmentation de capital (X_1)	Cours de l'action avant la 2e augmentation (Z_1)	
Augmentation de capital	Nombre d'actions gratuites	0	0
Après l'augmentation de capital	Total (X_2)	Cours de l'action après la 2e augmentation Z2 = (Y_2 / X_2)	Total (Y_2)

DA = Cours de l'action avant la 2e augmentation – Cours de l'action après la 2e augmentation

DA = Z_2 x Nombre d'actions gratuites / X_1

b Augmentation par incorporation de réserves puis par émission d'actions nouvelles

Calcul du droit d'attribution à l'issue de la première augmentation de capital

Le tableau ci-dessous permet de calculer le cours de l'action après l'augmentation de capital :

Éléments	Nombre de titres (1)	Prix unitaire (2)	Total (1) x (2)
Avant l'augmentation de capital	Nombre d'actions anciennes avant la 1re augmentation de capital	Cours de l'action avant la 1re augmentation	
Augmentation de capital	Nombre d'actions gratuites	0	0
Après l'augmentation de capital	Total (X_1)	Valeur de l'action après la 1re augmentation Z_1 = (Y_1 / X_1)	Total (Y_1)

DA = Cours de l'action avant la 1re augmentation – Cours de l'action après la 1re augmentation

DA = Z_1 x Nombre d'actions gratuites / Nombre d'actions anciennes

Calcul du droit préférentiel de souscription à l'issue de la seconde augmentation de capital

Le tableau ci-dessous permet de calculer le cours de l'action après l'augmentation de capital :

Éléments	Nombre de titres (1)	Prix unitaire (2)	Total (1) x (2)
Avant l'augmentation de capital	Nombre d'actions avant la 2e augmentation de capital (X_1)	Cours de l'action avant la 2e augmentation (Z_1)	
Augmentation de capital	Nombre d'actions émises	Prix d'émission	
Après l'augmentation de capital	Total (X_2)	Cours de l'action après la 2e augmentation $Z_2 = (Y_2 / X_2)$	Total (Y_2)

DPS = Cours de l'action avant la 2e augmentation – Cours de l'action après la 2e augmentation

DPS = (Z_2 – PE) x Nombre d'actions nouvelles émises / X_1

2 L'augmentation de capital simultanée

Calcul du droit préférentiel de souscription et du droit d'attribution.

Le tableau ci-dessous permet de calculer le cours de l'action après l'augmentation de capital :

Éléments	Nombre de titres (1)	Prix unitaire (2)	Total (1) x (2)
Avant l'augmentation de capital	Nombre d'actions anciennes avant l'augmentation de capital	Cours de l'action avant l'augmentation de capital	
Augmentation de capital par émission d'actions nouvelles	Nombre d'actions émises	Prix d'émission	
Augmentation par incorporation de réserves	Nombre d'actions gratuites	0	0
Après l'augmentation de capital	Total (X)	Cours de l'action ex-droit Z = (Y / X)	Total (Y)

DPS + DA = Cours de l'action avant l'augmentation – Cours de l'action ex-droit

DPS = (Z – PE) x Nombre d'actions nouvelles émises / Nombre d'actions anciennes

DA = Z x Nombre d'actions gratuites / Nombre d'actions anciennes

F Le traitement comptable des frais liés aux augmentations de capital

Les frais d'augmentation de capital peuvent être :

- soit enregistrés en charges dans les comptes concernés (charges similaires à celles de la constitution) ;
- soit enregistrés en frais d'augmentation de capital (compte 2013) et amortis par fractions égales sur 5 ans au maximum ;
- soit imputés sur la prime d'émission pour leur montant net d'impôt.

1 La comptabilisation des frais d'augmentation de capital en charges

L'écriture comptable est la suivante :

6226	Honoraires	X	
6354	Droits d'enregistrement et de timbre	X	
6231	Annonces et insertion	X	
44566	TVA sur biens et services	X	
512	Banques		X
	Avis de débit n° ...		

2 La comptabilisation des frais d'augmentation de capital dans un compte d'actif

Si les frais ont d'abord été comptabilisés en charges, les charges sont soldées via un compte de production immobilisée et les frais sont amortis sur 5 ans au maximum.

Les écritures comptables sont les suivantes :

Transfert des frais

2013	Frais d'augmentation de capital	X	
721	Production immobilisée		X
	Transfert des charges en compte d'actif		

Amortissement des frais

6811	Dotations aux amortissements des immobilisations	X	
2801	Amortissement des frais		X
	Annuité comptable		

3 L'imputation des frais sur la prime d'émission

Si les frais ont d'abord été comptabilisés en charges, les charges sont soldées via un compte de transfert de charges d'exploitation.

L'écriture comptable est la suivante :

1041 695 791	Primes d'émission *(montant net)* Impôts sur les bénéfices *(Taux d'IS x Frais)* Transferts de charges d'exploitation *(frais bruts)* *Imputation des charges sur la prime d'émission*	X X	 X

ATTENTION
L'imputation des frais est plafonnée au montant de la prime d'émission existante.

G Le cas particulier de l'émission de bons de souscription d'actions

Les sociétés par actions peuvent émettre des bons de souscriptions d'actions (BSA), donnant accès au capital. Les BSA représentent des droits qui permettront de souscrire à des actions nouvelles de la société émettrice, à un prix et dans les conditions fixées dans le contrat d'émission.

L'émission des BSA autonomes nécessite une décision prise à l'AGE des actionnaires. Les actionnaires doivent renoncer à leur droit préférentiel de souscription aux actions auxquelles donnent droit les BSA.

L'émission s'analyse comme une prime liée au capital, inscrite au compte 1045 *Primes liées au capital – BSA*. À la date de la réalisation de l'augmentation de capital, le nombre d'actions émises est proportionnel au quota de BSA exercés. Les écritures sont conformes à celles d'une augmentation de capital en numéraire.

La comptabilisation comprend les étapes suivantes par les étapes suivantes :

1. Émission des BSA

512 1045	Banques Primes liées au capital – BSA (*) *Émission des BSA*	X	 X

(*) Nombre de BSA émis x Prix d'émission du BSA

2. Lors de l'augmentation de capital

– ***Libération des apports appelés***

512 4563	Banques Associés – Versements reçus sur augmentation de capital *Avis de crédit n° ...*	X	 X

– ***Constatation de l'augmentation de capital***

4563 1013 1041	Associés – Versements reçus sur augmentation de capital Capital souscrit – appelé, versé Primes d'émission *Augmentation de capital en numéraire*	X	 X X

H Le cas particulier de l'émission d'actions à bons de souscription d'actions

Les actions à bons de souscription d'actions (ABSA) sont des actions auxquelles sont attachés des BSA. Ces derniers donnent le droit de souscrire à des actions nouvelles de la société émettrice, à un prix et dans les conditions fixées par le contrat d'émission. Une telle augmentation a pour avantage une augmentation immédiate des capitaux propres, puis ultérieurement, une nouvelle augmentation de capital résultant de l'exercice des BSA. Les écritures sont conformes à celles d'une augmentation de capital en numéraire.

I Les cas particuliers de l'émission d'obligations donnant accès au capital

Les sociétés par actions peuvent émettre des valeurs mobilières donnant accès au capital.

1 Les obligations à bons de souscription d'actions

Les obligations à bons de souscription d'actions (OBSA) représentent des obligations auxquelles sont attachés des BSA. Ces derniers donnent le droit de souscrire à des actions nouvelles de la société émettrice à un prix et dans les conditions fixées par le contrat d'émission.

2 Les obligations remboursables en actions

Les obligations remboursables en actions (ORA) sont des obligations dont le remboursement ne s'effectue pas en numéraire, mais en actions de la société émettrice, selon une parité fixée dans le contrat d'émission. La parité n'est pas modifiable pendant la durée de l'emprunt, sauf circonstances exceptionnelles (fusion, variations de capital, etc.).

3 Les obligations convertibles en actions

Les obligations convertibles en actions (OCA) sont des obligations permettant à leurs détenteurs, de convertir, à tout moment, leurs obligations en actions de la société émettrice, selon une parité fixée dans le contrat d'émission. La conversion des obligations en actions résulte de la volonté de l'obligataire, et non celle de l'émetteur.

L'étude des opérations sur les titres hybrides est exclue du référentiel.

II Les réductions de capital

La réduction de capital est décidée par l'AGE. Cette dernière peut déléguer cette décision au conseil d'administration ou au directoire. Le commissaire aux comptes doit établir un rapport permettant d'apprécier les causes et les conditions de la réduction.

A La réduction de capital motivée par l'apurement des pertes

1 Les motifs de la réduction de capital

La réduction de capital est une mesure d'assainissement provenant soit :

– ***de la volonté des dirigeants***, l'objectif étant d'améliorer la présentation des fonds propres qui peut être opportune lors d'une demande de financement ou en cas d'entrée de nouveaux investisseurs, mais aussi de permettre, en cas de bénéfices futurs, de pouvoir redistribuer des dividendes ;

– ***d'une obligation légale***, tel est le cas lorsque les capitaux propres d'une société deviennent inférieurs à la moitié de son capital social et que celle-ci ne peut pas reconstituer ses capitaux propres en temps voulu. Cette obligation concerne les sociétés par actions et les SARL.

Lorsque les capitaux propres sont inférieurs à 50 % du capital social, les associés réunis en AGE, sont tenus de décider dans les 4 mois suivant l'approbation des comptes ayant constaté cette situation, si la société poursuit son activité ou si elle est dissoute.

Lorsque la décision de poursuivre l'activité a été actée, les associés des sociétés de capitaux sont tenus de recapitaliser la société. La situation du capital doit être régularisée avant la fin du 2e exercice suivant celui où est apparue cette situation. Les associés peuvent inciter de nouveaux actionnaires à entrer dans le capital, investir eux-mêmes, ou convertir une dette en capital.

Tant que les capitaux propres sont inférieurs au capital social, il n'est pas possible d'émettre des actions à un prix supérieur ou égal à la valeur nominale. Il faut donc procéder à un ajustement, appelé « ***coup d'accordéon*** ».

Le coup d'accordéon consiste à effectuer une réduction de capital par apurement des pertes puis à procéder à une augmentation de capital pour que le montant du capital atteigne au moins le minimum légal.

2 Le traitement comptable

La réduction de capital peut s'effectuer soit :

– par réduction de la valeur nominale (remboursement aux actionnaires) ;

– par diminution du nombre de titres.

Les écritures comptables sont les suivantes :

Approbation des comptes

119 129	Report à nouveau débiteur Résultat de l'exercice *(perte)* *Approbation des comptes*	X	 X

Constatation de la réduction de capital à hauteur du report à nouveau (RAN) débiteur

1013 119	Capital souscrit – appelé, versé Report à nouveau débiteur *Réduction du capital*	X	 X

REMARQUE

Si la réduction n'est pas un multiple de la valeur nominale, la différence est portée au crédit du compte 1041.

B La réduction de capital non motivée par l'existence de pertes

1 Les motifs de la réduction de capital

La réduction de capital peut être à l'origine d'une réduction de l'activité de l'entreprise ou de périmètre (cession d'une filiale). Les sociétés peuvent ainsi se trouver dans la situation d'avoir un capital trop important et de souhaiter en rendre aux actionnaires, l'objectif étant d'obtenir une meilleure adéquation entre les capitaux investis et l'activité de l'entreprise.

2 Le traitement comptable

La réduction de capital peut s'effectuer :

– par le biais d'un rachat de titres en vue de leur annulation ;

– ou par voie de remboursement direct à l'actionnaire ou l'associé.

a Le rachat par l'entité de ses propres actions

Les sociétés par actions peuvent racheter leurs propres actions en vue de les annuler, dans la limite de 10 % du capital, à condition que le rachat ne soit pas motivé par des pertes. Dans les SA et les SAS, l'opération ne peut pas conduire à des capitaux propres inférieurs à la somme du capital social et des réserves non distribuables. Dans les SARL, la réduction de capital est envisageable sans limitation mais dans le respect de l'égalité des associés.

La comptabilisation comprend les étapes suivantes :

1. Rachat des titres

2772 512	Actions propres ou parts propres en voie d'annulation (*) Banques *Rachat des titres*	X	 X

(*) Nombre de titres rachetés x Valeur de rachat

2. Annulation des titres

1013 2772	Capital souscrit – appelé, versé Actions propres ou parts propres en voie d'annulation *Annulation des titres à la valeur nominale*	X	 X

– ***Si la valeur de rachat est < valeur nominale, la différence est inscrite au crédit du compte 1041***

1013 2772 1041	Capital souscrit – appelé, versé Actions propres ou parts propres en voie d'annulation Prime d'émission *Annulation des titres*	X	 X X

– ***Si la valeur de rachat est > valeur nominale, la différence est inscrite au débit du compte 1068***

1013 1068 2772	Capital souscrit – appelé, versé Réserves distribuables Actions propres ou parts propres en voie d'annulation *Annulation des titres*	X X	 X

b Le remboursement aux associés

Le compte 1013 *Capital souscrit – appelé*, versé est débité directement par le crédit d'un compte de trésorerie, mais compte tenu des délais s'écoulant entre la décision de réduction de capital et le remboursement aux associés, on utilise le compte intermédiaire 4567 *Associés – Capital à rembourser*.

Les écritures comptables sont les suivantes :

Capital à rembourser

1013 4567	Capital souscrit – appelé, versé Associés – Capital à rembourser *Capital à rembourser*	X	 X

Paiement aux associés

4567 512	Associés – Capital à rembourser Banques *Avis de débit n° ...*	X	 X

III L'amortissement du capital

L'amortissement du capital consiste à rembourser aux actionnaires tout ou partie de la valeur nominale des actions sans réduire le capital. Il peut être réalisé par anticipation, dans certaines circonstances (actif immobilisé devenu sans-valeur) et pour préserver les droits des actionnaires. Les remboursements sont prélevés sur les bénéfices ou les réserves. Les possibilités de distribution des dividendes sont réduites d'autant. Le remboursement d'une action fait perdre à l'actionnaire son droit au premier dividende.

Le capital social est réparti dans deux comptes, un compte *capital non amorti* et un compte *capital amorti*.

Les écritures comptables sont les suivantes :

Capital à rembourser

1013 4567	Capital souscrit – appelé, versé Associés – Capital à rembourser *Capital à rembourser aux actionnaires*	X	 X

Remboursement aux actionnaires

4567 512	Associés – Capital à rembourser Banques *Avis de débit n° ...*	X	 X

Amortissement du capital

1013 10131 10132	Capital souscrit – appelé, versé (*) Capital non amorti Capital amorti *Amortissement du capital*	X	 X X

(*) Le compte 1068 peut être utilisé dans le cas d'un prélèvement partiel sur les réserves.

Chapitre 15

L'AFFECTATION DU RÉSULTAT

Ce chapitre va vous permettre de maîtriser les règles de l'affectation du résultat et de sa comptabilisation.

Dans les six mois de la clôture de l'exercice, les associés ou actionnaires statuent à l'Assemblée générale ordinaire (AGO) sur le projet d'affectation du résultat.

I Le bénéfice distribuable

Le ***bénéfice distribuable*** correspond au bénéfice net comptable après impôt, diminué des pertes antérieures et des sommes portées en réserves en application de la loi (réserve légale) et des statuts, et augmenté du report à nouveau créditeur. La ***dotation à la réserve légale*** est imposée par la loi pour garantir les tiers créanciers des SARL et des sociétés par actions dans lesquelles la responsabilité des associés est limitée aux apports. Elle consiste à prélever 5 % du bénéfice de l'exercice, diminué du report à nouveau débiteur (pertes antérieures). Ce prélèvement cesse d'être obligatoire lorsque la réserve légale atteint 10 % du capital social. La dotation à la réserve légale n'est pas obligatoire dans les sociétés de personnes en raison de la responsabilité illimitée des associés.

La détermination du bénéfice distribuable est présentée dans le tableau suivant :

Bénéfice comptable net d'impôt
– Report à nouveau débiteur (RAN < 0 dû aux pertes antérieures)
– Dotation à la réserve légale (RL) La dotation à la RL obligatoirement prévue par la loi et est égale à : 5 % (Bénéfice comptable – RAN débiteur) : soit (RL bilan + Dotation RL prévue) ≤ (10 % x Capital) : Dotation RL = 5 % (Bénéfice comptable – RAN débiteur) soit (RL bilan + Dotation RL prévue) > (10 % x Capital) : Dotation RL = (10 % x Capital) – RL bilan
– Dotation aux réserves statutaires Les réserves statutaires sont des réserves prévues dans les statuts
– Dotation aux réserves réglementées Les réserves réglementées sont des réserves liées à des dispositions particulières afférentes à certaines activités ou à certaines contraintes fiscales
+ Report à nouveau créditeur (RAN > 0)
= Bénéfice distribuable

II Les dividendes dans les SARL et dans les sociétés par actions soumises à l'IS

Le dividende est composé de deux parties : le premier dividende ou dividende statutaire et le superdividende. Il peut également exister des dividendes prioritaires (parts ou actions privilégiées).

A Les conditions de distribution

Préalablement à la distribution des dividendes, la SA doit établir un bilan intermédiaire certifié par le CAC. Ce bilan doit faire apparaître que la société a réalisé un bénéfice. En cas d'acomptes sur dividendes, ceux-ci ne peuvent excéder ce bénéfice diminué des sommes à porter en réserve légale ou statutaire.

Pour pouvoir distribuer des dividendes et des acomptes sur dividendes, les conditions suivantes doivent être respectées :

- les frais de premier établissement, les frais d'augmentation de capital et les frais de recherche et de développement doivent être totalement amortis, sauf si le montant des réserves libres est supérieur ou égal au montant des frais non amortis ;
- les capitaux propres doivent être supérieurs à la somme du capital social et des réserves non libres.

Réserves non libres =
Écart de réévaluation + Écart d'équivalence + Réserve légale + Réserves statutaires

B Le premier dividende ou dividende statutaire (ou encore intérêt statutaire)

Lorsque le taux d'intérêt est prévu dans les statuts, l'intérêt doit obligatoirement être versé si le bénéfice distribuable le permet. Il est déterminé prorata temporis en pourcentage du montant libéré et non remboursé des actions ou parts sociales. Les versements anticipés peuvent bénéficier d'un intérêt statutaire.

Intérêt statutaire = n x i x Valeur nominale x % libération au prorata temporis

n = nombre d'actions ou de parts sociales ; i = taux d'intérêt statutaire

Dans le silence des statuts, la part reçue par chaque associé est proportionnelle à ses apports.

C Le superdividende

L'AGO peut décider d'effectuer une partie du résultat en réserve facultative et/ou attribuer un ***dividende complémentaire (superdividende)***, en sus du premier dividende, si le bénéfice distribuable le permet. Le superdividende s'applique à toutes les actions ou parts sociales, qu'elles soient libérées ou non.

Le dividende ou le superdividende est arrondi afin de faciliter son paiement. Les arrondis sont effectués par défaut. La différence entre la distribution calculée et la distribution effective est portée en report à nouveau (reliquat).

Le calcul du dividende est présenté dans le tableau suivant :

Bénéfice distribuable
– Intérêts statutaires
– Dotation en réserves facultatives
+ Prélèvements éventuels sur les réserves libres (*)
– Autres affectations
= Montant disponible
– Superdividende
= Report à nouveau (reliquat)

(*) Réserves que l'AGO peut décider de distribuer en l'absence de bénéfices suffisants, sous réserve du respect du maintien d'un certain niveau de capitaux propres.

D Les actions de préférence

Les actions de préférence s'appliquent aux sociétés par actions et peuvent être émises dès la constitution d'une société ou lors d'une augmentation de capital. Elles ne s'appliquent pas aux SARL. Ce sont des titres de capital avec ou sans droit de vote attaché, assortis de droits particuliers de toute nature, accordés de manière temporaire ou définitive.

Ces droits particuliers sont principalement :

- un taux d'intérêt statutaire majoré par rapport à celui des actions ordinaires ;
- un premier dividende prioritaire ;
- un dividende reportable sur un ou plusieurs exercices s'il n'a pas pu être payé en totalité pour un exercice donné.

Les possesseurs d'actions à dividende prioritaire sans droit de vote jouissent d'une priorité sur les actions ordinaires. Le dividende prioritaire est prélevé sur le bénéfice distribuable avant toute autre affectation. Si le bénéfice distribuable est insuffisant pour verser intégralement le dividende prioritaire, ce dernier doit être réparti entre les titulaires d'actions à dividende prioritaire. La part non versée sera reportée sur l'exercice suivant, voire sur les deux exercices ultérieurs.

Le référentiel limite l'étude aux sociétés ayant émis des actions ordinaires.

E Le paiement des acomptes sur dividendes

Pour attribuer un dividende avant l'AG, la société peut verser des acomptes sur dividendes. La distribution d'acomptes sur dividendes nécessite l'établissement d'un bilan après la dernière clôture, certifié par un commissaire aux comptes.

Le bilan doit faire apparaître que la société, depuis la clôture de l'exercice précédent, après constitution des amortissements, dépréciations et provisions, déduction faite des pertes antérieures et des sommes portées en réserves en application de la loi et des statuts, et compte tenu du report à nouveau créditeur, a réalisé un bénéfice suffisant au moins égal au montant des acomptes.

F Le paiement des dividendes

Les modalités de paiement sont fixées par l'AGO. Le paiement des dividendes doit avoir lieu dans un délai maximal de neuf mois après la clôture de l'exercice.

Les dividendes peuvent être perçus selon deux modalités :

- paiement en numéraire ;
- paiement sous forme d'actions.

  Les actionnaires des sociétés de capitaux peuvent percevoir leurs dividendes sous forme d'actions à condition que le capital soit entièrement libéré. Le paiement en actions doit être prévu dans les statuts de la société. Chaque actionnaire peut opter ou non pour le paiement de ses dividendes en actions. Cette opération génère une augmentation de capital.

  Le prix d'émission doit répondre aux conditions suivantes :

  - le prix d'émission des actions nouvelles ne doit pas être inférieur à la valeur nominale,
  - dans les sociétés non cotées, le prix d'émission des actions nouvelles est soit déterminé en fonction du montant de l'actif net, soit fixé par un expert désigné en justice à la demande du conseil d'administration ou du directoire,
  - dans les sociétés cotées, le prix d'émission doit être supérieur ou égal à 90 % de la moyenne des cours cotés aux 20 séances de bourse précédant le jour de la décision de mise en paiement, diminuée du montant net du dividende.

Lorsque les dividendes calculés ne sont pas un multiple de la valeur d'attribution d'une action, soit le nombre d'actions est arrondi par défaut et la société verse une soulte à l'actionnaire, soit le nombre d'actions est arrondi par excès et l'actionnaire verse une soulte à la société.

G Le cas particulier des tantièmes dans les SARL soumises à l'IS

Les statuts des SARL peuvent prévoir d'allouer à leurs dirigeants une rémunération ou tantième (X), égale à un pourcentage du bénéfice distribuable. Cette rémunération est une charge normalement déductible (compte 641) et nécessite une mise en équation :

Résultat fiscal (RF) après rémunération = RF – X

IS = Taux d'IS x (RF – X)

Résultat comptable (RC) après rémunération et après IS = RC – X – Taux d'IS x (RF – X)

Rémunération ou tantième (X) = Taux de rémunération [RC – X – Taux d'IS (RF – X)]

III Les dividendes dans les sociétés de personnes relevant de l'IR

Les modalités de distribution sont fixées par les statuts. Elles peuvent prévoir une rémunération fixe et une rémunération brute du gérant. Le solde est partagé entre les associés en fonction de leurs apports.

Deux cas peuvent se présenter :

– soit il est attribué au gérant une part supplémentaire de bénéfice (tantième) qui est prélevée sur le bénéfice distribuable, diminuée de l'intérêt statutaire :

Tantième = % Rémunération x (Bénéfice distribuable – Intérêts statutaires versés aux associés)

– soit il est attribué au gérant, un intéressement, considéré comme un complément de rémunération (tantième). Son calcul est identique à celui étudié dans les SARL soumises à l'IS.

IV Le traitement comptable

A Le résultat comptable est bénéficiaire

La distribution d'acomptes sur dividendes est constatée au crédit du compte 4571 *Associés – Dividendes à payer* par le débit d'un sous-compte à créer du compte Résultat de l'exercice.

Lors de l'affectation du résultat, les différents comptes de réserves sont crédités, ainsi que les comptes Dividendes à payer et Report à nouveau à reporter, par le débit du compte 120 *Résultat de l'exercice*.

La mise en paiement des dividendes entraîne l'exigibilité de prélèvements à la source (prélèvement à la source, imputé par le bénéficiaire du dividende sur le prélèvement forfaitaire unique (PDU) dû l'année suivante au titre de l'impôt sur le revenu, sauf option pour l'imposition selon le barème progressif) et de prélèvements sociaux sur les distributions, précomptés par la société distributrice. À la mise en paiement, le compte 4571 est débité par le crédit du compte 4422 *Prélèvements forfaitaires non libératoires* ou du compte 4423 *Retenues et prélèvements sur les distributions* et d'un compte de trésorerie.

Les écritures comptables sont les suivantes :

Acomptes sur dividendes

– ***Acomptes à verser***

129.1	Résultat de l'exercice – Acomptes sur bénéfice	X	
4571	Associés – Dividendes à payer		X
	Acomptes à verser sur dividendes		

– ***Paiement des acomptes***

457	Associés – Dividendes à payer	X	
512	Banques		X
	Avis de débit n° …		

– ***Affectation du résultat***

120	Résultat – Bénéfice	X	
110	Report à nouveau – Solde créditeur *(solde RAN antérieur)*	X	
1061	Réserve légale		X
1063	Réserves statutaires ou contractuelle		X
1064	Réserves réglementées		X
1068	Autres réserves		X
110	Report à nouveau – Solde créditeur *(reliquat)*		X
119	Report à nouveau – Solde débiteur *(solde RAN antérieur)*		X
457	Associés – Dividendes à payer		X
129.1	Résultat de l'exercice – Acomptes sur Bénéfice *(solde)*		X
	Affectation du résultat		

– ***Paiement des dividendes en numéraire***

457 4422 4423 512	Associés – Dividendes à payer *(solde)* Prélèvements forfaitaires non libératoires Retenues et prélèvements sur les distributions Banques *(net en compte)* *Paiement des dividendes en numéraire*	X	 X X X

– ***Paiement des dividendes en actions***

457 1013 1041	Associés – Dividendes à payer Capital souscrit – appelé, versé Primes d'émission *Paiement des dividendes en actions*	X	 X X

B Le résultat comptable est déficitaire

Deux cas de figure peuvent se présenter :

– ***soit la perte est affectée en report à nouveau***

119 129	Report à nouveau – solde débiteur Résultat de l'exercice – Perte *Perte reportée à nouveau*	X	 X

– ***soit la perte est imputée sur le report à nouveau créditeur, puis sur les réserves***

110 106 129	Report à nouveau – solde créditeur Autres réserves Résultat de l'exercice – Perte *Perte reportée à nouveau*	X X	 X

APPLICATION CORRIGÉE

Le capital de la SA YPREMIUM est divisé en 15 000 actions de nominal 200 € entièrement libérées dont 3 000 actions de préférence.

Les statuts prévoient la possibilité de payer les dividendes en actions, uniquement pour les actions ordinaires. Ils prévoient qu'après une dotation à la réserve légale, on portera en réserve statutaire un montant égal à 3 fois celui de la dotation à la réserve légale. Le taux d'intérêt statutaire est de 6 % pour les actions ordinaires et de 12 % pour les actions de préférence. Le dividende attribué aux actions ordinaires est de 15 €. Il est prévu de doter la réserve facultative de 10 000 € au minimum. Si le report à nouveau est créditeur, il ne devra l'être que d'un montant de 1 000 € au plus, le reste sera attribué en complément à la réserve facultative. Les détenteurs de 5 000 actions ordinaires ont donné leur accord pour percevoir leurs dividendes en actions. Le prix d'émission est fixé à 220 €. Le nombre d'actions nouvelles émises sera arrondi à l'entier inférieur.

Extrait du bilan au 31/12/N : Capital : 3 000 000 € (15 000 actions de 200 €) ; réserve légale : 295 300 € ; report à nouveau : 500 € ; réserves statutaires : 150 000 € ; autres réserves : 75 000 € ; résultat de l'exercice : 294 000 €.

1. Présenter le projet de répartition du bénéfice.

2. Calculer le nombre d'actions attribuées aux actionnaires désirant percevoir leurs dividendes en actions.

Correction

1. Projet de répartition du bénéfice

Résultat : 294 000 €

– Dotation RL : 5 % (294 000) = 14 700 ; 295 300 + 14 700 = 310 000 > 10 % (3 000 000) : Dotation RL = 10 % (3 000 000) – 295 300 = 4 700 €

+ RAN > 0 : 500 €

– Dotation RS : 3 x 4 700 = 14 100 €

= Bénéfice distribuable : 275 700 €

– Intérêt statutaire sur actions de préférence : 3 000 × 12 % × 200 = 72 000 €

– Intérêt statutaire sur actions ordinaires : (15 000 – 3 000) x 6 % x 200 = 144 000 soit un intérêt statutaire unitaire de 6 % x 200 = 12 €

– Superdividende : 15 000 (15 – 12) = 45 000 €

= 14 700 €

– Dotation RF : 14 700 – 1 000 = 13 700 €

= RAN : 1 000 €

En l'absence d'actions de préférence, l'intérêt statutaire serait de 180 000 € (15 000 x 6 % x 200) et la dotation en réserve facultative de 49 700 €.

2. Nombre d'actions

Nombre d'actions attribuées aux actionnaires désirant le versement de leurs dividendes en actions = (5 000 x 15) / 220 = 340,90 = 340 actions

Chapitre 16

LES PROVISIONS RÉGLEMENTÉES

Ce chapitre va vous permettre de définir et de comptabiliser les provisions réglementées.

I La définition des provisions réglementées

Les ***provisions réglementées*** sont des provisions ne correspondant pas à l'objet normal d'une provision et comptabilisées en application de textes particuliers de niveau supérieur. Elles génèrent des avantages fiscaux pour l'entreprise, lui permettant de diminuer son résultat imposable.

Elles correspondent à une part de bénéfice inscrite sous un régime d'exonération provisoire de l'impôt et constituent dans ce sens des réserves latentes qui ne sont pas définitivement libérées de l'impôt. La logique est donc de les classer dans les ***capitaux propres***.

Leur constitution est facultative et relève d'une décision de gestion, motivée par l'intérêt de bénéficier d'un avantage fiscal. Tout changement de dotations ou de reprises significatives au regard de l'entité doit être mentionné dans l'annexe. Le règlement ANC 2018-01 précise que les conditions d'un tel changement n'obéissent pas à celles d'un changement de méthode mais sont définies par les textes qui les ont créées.

II Le principe de comptabilisation

La classe 14, destinée à comptabiliser les provisions réglementées, est subdivisée de la façon suivante :

Nature des provisions	Numéros de comptes
Provisions réglementées relatives aux immobilisations Provisions pour restructuration des glissements miniers et pétroliers Provisions pour investissement	142 (1423) (1424)
Provisions réglementées relatives aux stocks Provisions pour hausse des prix	143 (1431)
Provisions réglementées relatives aux autres éléments de l'actif	144
Amortissements dérogatoires	145
Provisions spéciales de réévaluation	146
Plus-value réinvestie	147
Autres provisions réglementées	148

La contrepartie des comptes 14 est un compte de dotation aux provisions réglementées :

- 6872 : Dotations aux provisions réglementées : Immobilisations ;
- 6873 : Dotations aux provisions réglementées : Stocks ;
- 6874 : Dotations aux autres provisions réglementées.

III Le traitement comptable

Les dotations sont portées au débit des sous-comptes 687 par le crédit des subdivisions du compte 14. Elles sont reprises ultérieurement, conformément aux textes qui les ont créées.

La comptabilisation comprend les étapes suivantes :

Création de la provision

687 14	Dotations aux provisions réglementées (*) Provisions réglementées (*) *Dotations aux provisions*	X	 X

(*) À subdiviser selon la nature des provisions.

Reprise de la provision

14 787	Provisions réglementées (*) Reprises sur provisions réglementées (*) *Reprises sur provisions*	X	 X

(*) À subdiviser selon la nature des provisions.

IV Les cas particuliers de provisions réglementées

A Les provisions pour investissement (PPI)

Depuis le 17 août 2012, les entreprises autres que les sociétés coopératives de production (SCOP), ne peuvent plus doter de PPI.

B Les provisions pour hausse des prix

Les entreprises ont la faculté de pratiquer en franchise d'impôt une provision pour hausse des prix lorsque, pour une matière ou un produit donné, il est constaté, au cours d'une période ne pouvant excéder deux exercices consécutifs, une hausse des prix supérieure à 10 %. Destinée à faciliter le financement du coût de réapprovisionnement des produits du stock dont les cours sont en hausse, la provision peut être constituée même si le résultat de l'exercice est déficitaire. La reprise de la provision doit intervenir au plus tard à l'expiration de la sixième année suivant la clôture de l'exercice au cours duquel la provision a été constatée.

La provision est évaluée, élément par élément, pour chaque matière, approvisionnement ou produit en stock à la clôture de l'exercice.

Deux cas de figure peuvent se présenter :

– ***soit la hausse du prix entre N–1 et N est supérieure à 10 %*** :

$$\text{DAP N} = [P_N - (1{,}10 \times P_{N-1}] \times Q_N$$

– ***soit la hausse du prix entre N–1 et N est inférieure ou égale à 10 %*** :

- soit la hausse du prix entre N–2 et N est ≤ à 10 % : DAP N = 0,
- soit la hausse du prix en N–2 et N est > 10 % : DAP N = $[P_N - (1{,}10 \times P_{N-2}] \times QN - DAP_{N-1}$.

Si la hausse du prix est supérieure à 10 %, à la fois entre N–2 et N et entre N–1 et N, l'entreprise peut doter la plus forte des dotations calculées.

Les écritures comptables sont les suivantes :

Création de la provision

6873 1431	Dotations aux provisions – Stocks Provisions pour hausse des prix *Dotations aux provisions*	X	 X

Reprise de la provision dotée en N–5

1431 7873	Provisions pour hausse des prix Reprises sur provisions réglementées – Stocks *Reprises sur provisions*	X	 X

APPLICATION CORRIGÉE

Une société a constitué une provision pour hausse des prix au titre d'une matière première utilisée dans la fabrication des produits qu'elle vend.

Éléments	N–2	N–1	N
Quantités	5 000	3 000	4 000
Prix	50	60	70

Aucune provision n'a été constatée en N–1.

Calculer la provision en N.

Correction

Hausse des prix > 10 % entre N–1 et N : DAP_N = 70 – (1,10 x 60) x 4 000 = 16 000 €

Hausse des prix > 10 % entre N–2 et N : DAP_N = 70 – (1,10 x 50) x 4 000 – 0 = 60 000 €

L'entreprise peut doter le montant le plus élevé, soit 60 000 €

C Les amortissements dérogatoires

Les amortissements dérogatoires sont assimilés à des provisions réglementées. Ils peuvent être définis sous deux angles :

– soit ils représentent la ***part supplémentaire d'amortissement que l'entreprise comptabilise en application de textes particuliers*** (durée d'usage plus courte que la durée d'utilisation d'un bien, amortissement dégressif, amortissement exceptionnel, base amortissable comptable réduite d'une valeur résiduelle, etc.) ;

– soit ils représentent un ***amortissement ne correspondant pas à l'objet normal d'un amortissement car le bien n'entre pas dans la catégorie des biens amortissables*** (frais d'acquisition des titres de participation activés, déduction immédiate des coûts de développement des logiciels ou des sites internet créés).

L'étude des amortissements dérogatoires est développée dans le Chapitre 4 Les immobilisations corporelles (Partie 2 Actif).

PARTIE 4

PASSIFS EXTERNES

Selon le programme officiel de l'examen, cette partie va vous permettre de définir les passifs externes et d'appliquer les règles de leur évaluation et de leur comptabilisation.

Vous développerez ainsi les compétences suivantes :

– Caractériser les différentes catégories de passif ;

– Exposer et appliquer les conditions d'inscription d'un passif ;

– Évaluer et comptabiliser les opérations portant sur certains passifs à leur entrée et postérieurement à leur entrée ;

– Analyser les conséquences d'un choix de comptabilisation, notamment sur la présentation des comptes annuels, dans une situation donnée ;

– Présenter les informations à fournir en annexe.

Chapitre 17

LES DIFFÉRENTES CATÉGORIES DE PASSIFS EXTERNES

Ce chapitre va vous permettre de définir les différentes catégories de passifs externes et d'appliquer les conditions d'inscription d'un passif.

I La définition générale d'un passif

Un ***passif*** est un élément du patrimoine ayant une valeur économique négative pour l'entité, c'est-à-dire une obligation de l'entreprise à l'égard d'un tiers existant à la clôture d'un exercice, dont il est probable ou certain qu'elle provoquera une sortie de ressource au bénéfice de ce tiers, sans contrepartie au moins équivalente attendue de celui-ci.

Cette obligation peut être d'ordre légal, réglementaire ou contractuel, le tiers pouvant être une personne physique ou morale ou un ensemble de personnes.

II Les différentes catégories de passifs externes

On distingue quatre catégories de passifs externes.

A Les dettes

Une dette est un passif certain dont l'échéance ou le montant est fixé de façon précise.

B Les provisions

Une provision est un passif dont l'échéance ou le montant ne sont pas fixés de façon précise.

C Les charges à payer

Une charge à payer est un passif certain dont il est parfois nécessaire d'estimer le montant ou l'échéance avec une incertitude moindre que s'agissant des provisions pour risques et charges.

D Les passifs éventuels

Un passif éventuel est soit :

- une obligation potentielle de l'entité à l'égard d'un tiers résultant d'évènements dont l'existence ne sera confirmée que par la survenance ou non d'un ou plusieurs évènements futurs incertains qui ne sont pas totalement sous le contrôle de l'entité ;
- une obligation de l'entité à l'égard d'un tiers dont il n'est pas probable ou certain qu'elle provoquera une sortie de ressources sans contrepartie au moins équivalente attendue de celui-ci.

Un passif éventuel n'est pas comptabilisé ; il est mentionné dans l'annexe. Les passifs éventuels nécessitent un suivi car ils peuvent évoluer ; de ce fait, ils peuvent devenir des passifs à comptabiliser.

Le tableau ci-dessous récapitule les différents cas de passifs externes :

Obligation existant à la clôture de l'exercice		Sortie de ressource sans contrepartie		Échéance ou montant fixé précisément	Échéance ou montant fixé		Échéance ou montant non précisé	Nature du passif
Probable ou certaine	Éventuelle	Probable ou certaine	Éventuelle		Avec estimation fiable	Avec incertitude faible		
Oui		Oui		Oui				Dette
Oui		Oui				Oui		Charge à payer
Oui		Oui			Oui			Provision
Oui		Oui					Oui	Passif éventuel
Oui			Oui					Passif éventuel
	Oui	Oui						Passif éventuel

Dans tous les autres cas, il n'y a pas lieu de constituer un passif.

APPLICATION CORRIGÉE

Indiquer la nature du passif dans les cas suivants :

1. **Une facture a été reçue au 31/12/N pour un montant de 1 000 € TTC, à payer début N+1.**
2. **La facture d'EDF n'est pas parvenue au 31/12/N ; son montant est estimé à 1 000 € TTC.**
3. **L'entreprise est en litige avec un client. L'affaire est portée devant les tribunaux en N ; l'avocat chargé de l'affaire estime que l'entreprise risque de payer 10 000 € de dommages et intérêts.**
4. **Une société accorde en N une caution à sa filiale en garantie d'un emprunt souscrit par la filiale.**
5. **Une entreprise a licencié en N un salarié pour faute professionnelle ; sa lettre de licenciement est envoyée début N+1.**

Correction

1. Il existe une obligation à la clôture de l'exercice (payer la facture) vis-à-vis d'un tiers (le fournisseur) ; la sortie de ressource est probable ou certaine (coût de l'acquisition) et sans contrepartie ; l'échéance et le montant sont nettement précisés. Il s'agit d'une dette.
2. Il existe une obligation à la clôture de l'exercice (payer la facture) vis-à-vis d'un tiers (le fournisseur) ; la sortie de ressource est probable ou certaine (consommation EDF) et sans contrepartie ; l'échéance et le montant ne sont pas nettement précisés ; l'incertitude est faible. Il s'agit d'une charge à payer.
3. Il existe une obligation à la clôture de l'exercice (payer les dommages et intérêts) vis-à-vis d'un tiers (le client) ; la sortie de ressource est probable ou certaine (dommages et intérêts) sans contrepartie ; l'échéance et le montant ne sont pas nettement précisés ; l'estimation est fiable (avocat). Il s'agit d'une provision.
4. Il existe une obligation à la clôture de l'exercice (octroi de la caution) vis-à-vis d'un tiers (la filiale) ; la sortie de ressource est éventuelle. Il s'agit d'un passif éventuel.
5. Il n'existe aucune obligation à la clôture de l'exercice vis-à-vis d'un tiers (le salarié). Il n'y a pas lieu de comptabiliser un passif.

Chapitre 18

LES PROVISIONS POUR RISQUES ET CHARGES

I Les conditions de constitution des provisions

Une provision est comptabilisée à la clôture d'un exercice si les conditions suivantes sont réunies :

- une obligation existe à la date de clôture ;
- il est probable ou certain, à la date d'établissement des comptes, que cette obligation provoquera une sortie de ressources au bénéfice de tiers sans contrepartie au moins équivalente attendue de ceux-ci après la date de clôture ;
- le montant de l'obligation peut être évalué avec une fiabilité suffisante.

ATTENTION : Même en l'absence ou insuffisance de bénéfice, il convient de procéder aux provisions nécessaires. Leur non-constitution peut entraîner la distribution de dividendes fictifs et la présentation des comptes annuels ne donnerait pas une image fidèle de l'entreprise. D'autre part, la constitution de provisions trop élevées par rapport aux risques encourus est proscrite.

APPLICATION CORRIGÉE

Définir dans les cas suivants s'il y a lieu ou non de constater une provision :

1. **Une entreprise décide de réaliser des travaux en N+1 et signe un devis en N.**
2. **Une entreprise est contrainte en N, pour des raisons économiques, de transférer ses locaux. Le déménagement aura lieu début N+1. L'entreprise doit verser au bailleur une indemnité de 10 000 €.**

Correction

1. Il existe une obligation à la clôture de l'exercice (signature du devis) vis-à-vis d'un tiers (le fournisseur) ; la sortie de ressource est probable ou certaine (coût des travaux) mais avec contrepartie. Il n'y a pas lieu de constater une provision.
2. Il existe une obligation à la clôture de l'exercice (résiliation du bail) vis-à-vis d'un tiers (le bailleur) ; la sortie de ressource est probable ou certaine (indemnité de résiliation du bail) sans contrepartie. Une provision de 10 000 € doit être constatée au 31/12/N.
   Toutefois, si l'entreprise décide de transférer ses locaux en N+1, sachant que le coût du déménagement est estimé à 10 000 € HT, il n'existe dans ce cas aucune obligation à la clôture de l'exercice envers un tiers. La sortie de ressource est probable ou certaine mais avec contrepartie (poursuite de l'activité en N+1). La dépense de 10 000 € HT sera comptabilisée en charge en N+1. Aucune provision ne sera comptabilisée au 31/12/N.

II Le traitement comptable

A La classification comptable des provisions pour risques et charges

La classe 15, destinée à comptabiliser les provisions pour risques et charges, est subdivisée de la façon suivante :

Nature des provisions	Numéros de comptes
Pour litiges	1511
Pour garanties données aux clients	1512
Pour pertes sur marchés à terme	1513
Pour amendes et pénalités	1514
Pour pertes de change	1515
Pour pertes sur contrats	1516
Pour pensions et obligations similaires	153
Pour restructuration	154
Pour impôts	155
Pour renouvellement des immobilisations	156
Pour gros entretien et grandes révisions	1572
Pour remise en état	1581

B L'évaluation des provisions pour risques et charges

À l'origine, les provisions sont évaluées pour le montant correspondant à la meilleure estimation de la sortie des ressources nécessaires à l'extinction de l'obligation :

- ***soit il existe un grand nombre d'obligations similaires*** : la probabilité qu'une sortie de ressources soit nécessaire à l'extinction de ces obligations est déterminée, en considérant cet ensemble d'opérations comme un tout (cas de la garantie accordée sur les produits vendus). Le recours aux statistiques pour évaluer la provision peut être justifié ;
- ***soit il existe une obligation unique et plusieurs hypothèses d'évaluation à la sortie de ressources*** : le montant à provisionner est celui qui correspond à l'hypothèse la plus probable (cas d'un litige avec un client, entre une probabilité de 80 % de lui verser des dommages et intérêts pour 10 000 € et une probabilité de 20 % de lui verser 15 000 €, l'hypothèse la plus probable correspondant au montant de 10 000 € sera retenue).

Ultérieurement, les provisions sont revues à chaque date d'établissement des comptes et ajustées pour refléter la meilleure estimation à cette date.

Les provisions sont rapportées au résultat de l'exercice lorsque les raisons qui les ont motivées ont cessé d'exister.

C La comptabilisation

Les dotations sont portées au débit des sous-comptes 68 par le crédit des subdivisions du compte 15. Le compte de provision est réajusté (à la hausse ou à la baisse) à la fin de chaque exercice.

La comptabilisation comprend les étapes suivantes :

1. Création de la provision

68 15	Dotations aux provisions (*) Provisions (*) *Dotations aux provisions*	X	 X

(*) À subdiviser selon la nature des provisions.

2. Ajustement de la provision

– ***Ajustement à la hausse***

68 15	Dotations aux provisions (*) Provisions (*) *Dotations aux provisions*	X	 X

(*) À subdiviser selon la nature des provisions.

– ***Ajustement à la baisse***

15 78	Provisions (*) Reprises sur provisions (*) *Reprises sur provisions*	X	 X

(*) À subdiviser selon la nature des provisions.

3. Réalisation du risque ou de la survenance de la charge

La charge est inscrite dans le compte de charges intéressé et la provision antérieurement constatée doit être soldée.

15 78	Provisions (*) Reprises sur provisions (*) *Reprises sur provisions*	X	 X

(*) À subdiviser selon la nature des provisions.

III Le cas particulier des provisions pour retraites et obligations similaires

L'évaluation des engagements de retraite et avantages similaires est estimée selon une méthode actuarielle. Cette méthode est recommandée pour les sociétés de plus de 250 salariés. En dessous de ce seuil, l'entreprise peut définir sa propre méthode d'évaluation qu'elle doit décrire dans l'annexe.

Les montants seront fournis aux candidats. La méthode du corridor n'est pas appliquée.

L'entreprise a le choix entre :

- porter en annexe le montant des engagements de l'entreprise en matière de pensions, compléments de retraites, d'indemnités ou d'allocations en raison du départ à la retraite, ou avantages similaires des membres ou associés de son personnel et de ses mandataires sociaux ;
- comptabiliser tout ou partie des engagements en matière de retraite sous forme de provisions.

La ***comptabilisation de la totalité des engagements*** en matière de retraite sous forme de provisions est la ***méthode de référence***. Une comptabilisation partielle ne peut pas être justifiée par l'utilisation d'une méthode de référence. Ainsi, si la provision est partielle, une information doit être portée dans l'annexe sur l'engagement non couvert par une provision.

L'écriture comptable de création de la provision est la suivante :

68 153	Dotations aux provisions Provisions pour pensions et obligations similaires *Dotations aux provisions*	X	 X

IV Le cas particulier des provisions pour restructuration

Les coûts de restructuration constituent un passif s'ils résultent d'une obligation de l'entreprise à l'égard de tiers ou de membres de son personnel, ayant pour origine la décision prise par l'organe compétent, matérialisée avant la date de clôture par l'annonce de cette décision aux tiers et aux membres du personnel concernés, dont il est probable ou certain qu'elle provoquera une sortie de ressource au bénéfice de ces tiers, sans contrepartie au moins équivalente attendue de ceux-ci. Il peut s'agir de l'arrêt d'une branche d'activité, la fermeture d'un site d'activité, la délocalisation d'une activité.

L'écriture comptable de la création de la provision est la suivante :

68 154	Dotations aux provisions Provisions pour restructuration *Dotations aux provisions*	X	 X

ATTENTION

La provision pour restructuration n'inclut que les dépenses entraînées par la restructuration non liées aux activités futures.

Les coûts d'une restructuration conditionnée par une opération financière (vente d'une branche d'activité) ne peuvent pas être provisionnés tant que l'entreprise n'est pas engagée par un accord irrévocable.

V L'ajustement de la provision pour perte de change

Seuls sont étudiés le calcul et la comptabilisation des écarts de conversion à la clôture et de la provision pour pertes de change.

A Les règles d'évaluation des opérations libellées en devises

Seules sont concernées les opérations libellées dans des devises des pays extérieurs à l'Union européenne et des pays de l'Union européenne n'ayant pas adopté l'euro. Les créances et les dettes en monnaies étrangères sont converties en monnaie nationale sur la base du dernier cours de change.

B Le calcul des écarts de conversion à la clôture de l'exercice

Lorsque l'application du taux de conversion à la date de clôture de l'exercice modifie les montants précédemment comptabilisés, les différences de conversion correspondent soit à :

- des ***pertes latentes***. Le montant de la dette à la date de clôture est supérieur à celui évalué à la date de facturation, ou le montant de la créance à la date de clôture est inférieur à celui évalué à la date de facturation ; la hausse de la dette ou la baisse de la créance génère alors une *perte latente* ;
- des ***gains latents***, inscrits à des comptes transitoires. Le montant de la dette à la date de clôture est inférieur à celui évalué à la date de facturation, ou le montant de la créance à la date de clôture est supérieur à celui évalué à la date de facturation ; la baisse de la dette ou la hausse de la créance génère un *gain latent*.

En application du principe de prudence, les pertes de change latentes entraînent la constitution d'une provision pour risques. Conformément au principe de non-compensation, il n'est pas possible de compenser les pertes et les gains latents (sauf dérogation).

C Le traitement comptable

Les différences de conversion sont inscrites à des comptes transitoires, en attente de régularisation ultérieure. Les pertes latentes entraînent la constitution d'une provision pour pertes de change, en respect du principe de prudence. La provision pour pertes de change, devenant sans objet, doit être reprise à la clôture de l'exercice suivant sa dotation.

Les écritures comptables sont les suivantes :

Perte latente

476 40, 41	Différences de conversion – Actif Fournisseurs, Clients *Perte latente*	X	 X

Provision pour pertes de change

6815 1515	Dotations aux provisions d'exploitation (*) Provisions pour pertes de change *Provision pour pertes de change*	X	 X

(*) On utilise le compte 6865 *Dotations aux provisions financières* pour les pertes latentes portant sur des opérations financières.

Gain latent

40, 41 477	Fournisseurs, Clients Différences de conversion – Passif *Gain latent*	X	 X

Reprise de la provision pour pertes de change devenue sans objet

1515 7815	Provisions pour pertes de change Reprises sur provisions d'exploitation (*) *Reprise de la provision pour pertes de change*	X	 X

(*) On utilise le compte 7865 *Reprises sur provisions financières* pour les pertes latentes portant sur des opérations financières.

ATTENTION
Les écarts de conversion sont assimilés à des comptes de régularisation et doivent être contrepassés à l'ouverture de l'exercice suivant leur constatation.

D Le cas particulier des emprunts libellés en devises à la clôture de l'exercice

Les écarts de conversion sont calculés sur le capital restant dû.

Les écritures comptables sont les suivantes :

Perte latente

Perte latente = Capital restant dû converti au cours de la clôture – Capital restant dû converti au cours de la souscription de l'emprunt

476 16	Différences de conversion – Actif Emprunts *Perte latente*	X	 X

Une provision pour pertes de change doit être constatée (principe de prudence) :

6865 1515	Dotations aux provisions financières Provisions pour pertes de change *Provision pour pertes de change*	X	 X

Gain latent

Gain latent = Capital restant dû converti au cours de la souscription de l'emprunt – Capital restant dû converti au cours de la clôture

16 477	Emprunts Différences de conversion – Passif *Gain latent*	X	 X

Intérêts courus non échus

ICNE = Capital restant dû en devises converti au cours de la clôture x Taux d'intérêt x Nombre de jours entre la date de l'emprunt et la date de clôture / 360

6661 1688	Intérêts des emprunts Intérêts courus *Intérêts courus non échus*	X	 X

REMARQUE

Le raisonnement est le même pour les prêts, excepté que les comptes sont inversés. Les comptes 274 *Prêts* ou 267 *Créances rattachées à des participations* remplacent le compte 164. Les comptes 7626 ou 7627 *Revenus des prêts ou des créances immobilisées* remplacent le compte 6611.

APPLICATION CORRIGÉE

Le 01/12/N, l'entreprise emprunte 30 000 $ au taux de 3 % auprès d'une banque américaine remboursable *in fine* le 18/01/N+1. Les cours sont les suivants :

– 01/12/N : 1 $ = 0,76 € ;

– 31/12/N : 1 $ = 0,70 €.

Comptabiliser les écritures nécessaires en N.

Correction

Au 01/12, l'emprunt est de 30 000 x 0,76 = 22 800.

Au 31/12/N, l'emprunt est évalué à : 30 000 x 0,70 = 21 000 €, soit une diminution de la dette représentant un gain latent de 1 800 €.

Les intérêts courus non échus sont de : 30 000 x 0,70 x 3 % x 1 / 12 = 52,50.

		01/12/N		
512		Banques	22 800	
	164	Emprunts auprès des établissements de crédit		22 800
		Avis de crédit banque américaine n° ...		
		31/12/N		
164		Emprunts auprès des établissements de crédit	1 800	
	477	Différences de conversion – Passif		1 800
		Gain latent sur la banque américaine		
		31/12/N		
6611		Intérêts des emprunts et dettes	52,50	
	1688	Intérêts courus		52,50
		Intérêts courus non échus		

E Les cas de limitation de la provision pour pertes de change

Selon le PCG, les provisions pour pertes de change peuvent être ajustées, dès lors que les circonstances suppriment tout ou partie le risque de perte. Tel est le cas lorsque l'opération traitée est assortie d'une opération destinée à couvrir les conséquences d'une évolution défavorable de la devise (couvertures de change) et lorsque les gains et pertes latents concourent à une position globale de change.

L'objectif est d'obtenir une image fidèle et d'améliorer l'information financière.

Les principes comptables remis en cause sont le principe de prudence et le principe de permanence des méthodes.

1 La couverture de change par un contrat de garantie

Depuis le 1er janvier 2017, il n'est plus possible de comptabiliser les opérations couvertes par un instrument financier, directement au cours couvert. Toutefois, les opérations d'achats et de ventes, couvertes par un instrument financier, peuvent être comptabilisées au cours couvert, dès lors que ce dernier supprime tout risque de perte et rend la couverture « *quasi-parfaite* ».

Tel est le cas des contrats :

- ***à terme ferme***, fixant définitivement le cours de la devise. Cette opération permet de connaître les montants définitifs des créances et des dettes à l'avance, en fixant le cours de la devise à l'échéance, éliminant ainsi toute incertitude ;
- ***d'assurance COFACE***, fixant un cours garanti pour une opération commerciale.

Aucun écart de conversion n'est constaté, aucune provision pour pertes de change n'est comptabilisée.

Deux cas de figure peuvent se présenter :

- soit les dettes et créances en monnaies étrangères sont comptabilisées au cours fixé par l'élément de couverture. Aucun gain ou perte de change n'est constaté ;
- soit les dettes et créances en monnaies étrangères sont comptabilisées au cours de l'acquisition ou de la vente tant que la couverture n'est pas mise en place. Lors de la réalisation de la couverture, les créances et dettes sont converties au cours de la couverture et les écarts constatés entre la valeur des créances et des dettes à l'origine et leur valeur au cours de la couverture sont comptabilisés en pertes ou en gains de change.

APPLICATION CORRIGÉE

Une entreprise acquiert le 01/10/N des marchandises pour 150 000 $, cours 1 € = 1,50 $; le règlement est au 01/02/N+1. L'entreprise souscrit le 15/10/N un contrat d'achat à terme, échéance le 01/02/N+1, au cours 1 € = 1,25 $.

Comptabiliser les écritures en N et en N+1.

Correction

La couverture étant mise en place après la date de l'acquisition, l'achat est comptabilisé au cours fixé à l'achat.

La dette au 01/10/N est de : 150 000 / 1,50 = 100 000 €

À la date de la couverture, l'entreprise achète les $ pour : 150 000 / 1,25 = 120 000 €, soit une hausse de la dette de 20 000 € représentant une perte de change.

À la date du règlement, l'entreprise n'a pas à constater de pertes ou de gains de change car le montant réglé correspond à la somme de la dette fournisseurs, à savoir 100 000 + 20 000 = 120 000 €.

	01/10/N		
607	Achats de marchandises	100 000	
401	Fournisseurs		100 000
	Facture n° …		
	15/10/N		
656	Pertes de change sur dettes commerciales	20 000	
401	Fournisseurs		20 000
	Perte de change		
	01/02/N+1		
401	Fournisseurs *(solde)*	120 000	
512	Banques		120 000
	Règlement de la dette		

Si la couverture avait été mise en place à la date de l'opération, l'achat aurait été comptabilisé pour 120 000 au 01/10/N.

2 La couverture de change ne fixant pas le cours de la devise à l'échéance

Il s'agit généralement de deux opérations de sens inverse (achat et vente ou emprunt et prêt), conclues dans la même devise, et ayant la même échéance. Le taux de conversion des créances et des dettes en monnaie étrangère, à l'échéance, n'est pas connu.

Les écarts de conversion et la provision pour perte de change doivent être constatés dans les sous-comptes 4768 *Différences compensées par couverture de change – actif* et 4778 *Différences compensées par couverture de change – passif* ; la provision pour pertes de change n'est constituée qu'à concurrence du risque de change non couvert.

APPLICATION CORRIGÉE

Une entreprise prête à sa filiale américaine un montant de 150 000 $ le 01/09/N, remboursable le 31/03/N+1 et elle emprunte à une banque new-yorkaise 100 000 $, remboursable le 31/03/N+1. Au 01/06/N : 1 € = 1,50 $. Au 31/12/N : 1 € = 1,60 $.

Comptabiliser les écritures nécessaires en N.

Correction

À la date de l'opération, le montant du prêt est de 100 000 € (150 000 / 1,5) ; à la date de clôture de l'exercice, il est de 93 750 € (150 000 / 1,60), soit une diminution de la créance, représentant une perte latente de 6 250 €.

À la date de l'opération, le montant de l'emprunt est de 80 000 € (120 000 / 1,5) ; à la date de clôture, il est de 75 000 € (120 000 / 1,60), soit une diminution de la dette, représentant un gain latent de 5 000 €.

Prêt

	01/09/N		
267	Créances rattachées à des participations	100 000	
512	Banques		100 000
	Prêt accordé à la filiale		
	31/12/N		
476	Différences de conversion – Actif	6 250	
267	Créances rattachées à des participations		6 250
	Perte latente		

Emprunt

	01/09/N		
512	Banques	80 000	
164	Emprunts auprès des établissements de crédit		80 000
	Avis de crédit n° … City Bank		
	31/12/N		
164	Emprunts auprès des établissements de crédit	5 000	
477	Différences de conversion – Passif		5 000
	Gain latent		

La couverture de change ne fixant pas le cours de la devise à l'échéance, la provision pour pertes de change est constituée à concurrence du risque non couvert, à savoir 6 250 – 5 000 = 1 250 [euros ? dollars ?].

	31/12/N		
6865	Dotations aux provisions financières	1 250	
1515	Provisions pour pertes de change		1 250
	Provision pour perte de change		

3 La position globale de change relative à des opérations dont les termes sont suffisamment voisins

Pour des opérations dont les termes sont voisins, les pertes et gains latents peuvent concourir à une position globale de change, et le montant de la provision peut être limité à l'excédent des pertes sur les gains latents.

ATTENTION

Aucune compensation ne peut être opérée entre les écarts de conversion. La compensation ne concerne que la provision pour pertes de change.

APPLICATION CORRIGÉE

Une entreprise vend le 01/11/N des marchandises pour 150 000 $, 1 € = 1,50 $, le règlement est prévu le 31/01/N+1. Corrélativement, l'entreprise achète le 15/12/N des marchandises pour 1 500 000 $, 1 € = 1,25 $. Le règlement est prévu le 15/02/N+1. Le cours au 31/12/N est : 1 € = 1,20 $.

Comptabiliser les écritures au 31/12/N.

Correction

Au 31/12/N, la créance est de 125 000 € (150 000 / 1,20) contre 10 000 € (150 000 / 1,50), soit une hausse de la créance de 25 000 € représentant un gain latent.

La dette est de 1 250 000 € (1 500 000 / 1,20) contre 1 200 000 € (1 500 000 / 1,25), soit une hausse de la dette de 50 000 € représentant une perte latente de 50 000 €.

– si l'entreprise n'applique pas la dérogation, la provision sera dotée pour le montant global de la perte latente, soit 50 000 € ;

– si l'entreprise applique la dérogation, seule la provision nette sera dotée pour 50 000 – 25 000 = 25 000 €.

	31/12/N		
476	Différences de conversion – Actif	50 000	
401	Fournisseurs		50 000
	Perte latente		
	31/12/N		
411	Clients	25 000	
477	Différences de conversion – Passif		25 000
	Gain latent		
	31/12/N		
6815	Dotations aux provisions d'exploitation	25 000	
1515	Provisions pour pertes de change		25 000
	Provision pour perte de change		

4 Les mentions à porter dans l'annexe

Les entreprises doivent fournir dans l'annexe des informations sur le montant et le traitement comptable des écarts de conversion et les méthodes retenues. Les ajustements des provisions pour pertes de change doivent être appliqués avec prudence et doivent être explicitement mentionnés et justifiés dans l'annexe, dans le respect du principe de permanence des méthodes. Les règles applicables aux changements de méthodes s'appliquent.

5 Le cas particulier des créances douteuses libellées en devises

L'entreprise peut décider de limiter l'écart de conversion-actif à la partie saine de ses créances. Comme les créances douteuses ont été déjà dépréciées, il est logique de limiter la perte latente, donc la provision pour pertes de change, à la partie saine des créances qui n'ont pas fait l'objet de provisions pour dépréciations. Cette solution permet d'éviter une double constatation de charges au niveau du résultat comptable. Si cette solution est adoptée, elle doit être explicitée dans l'annexe.

VI Le coût de démantèlement, d'enlèvement et de remise en état de site

Le démantèlement touche les grandes installations de type centrale nucléaire, plateforme pétrolière et constructions qui entraînent une dégradation immédiate des installations. L'obligation de remise en état existe dès la réalisation de l'installation et la sortie de ressources est inéluctable. Une provision doit être comptabilisée dès la réalisation de l'installation pour l'intégralité du coût de remise en état. L'actif de démantèlement fait l'objet d'un plan d'amortissement propre, au même rythme d'amortissement que l'actif de support.

ATTENTION

Ne sont pas visées les dépenses liées à des dégradations progressives de site. Dans ce cas, la provision est dotée au fur et à mesure de l'exploitation et de la dégradation du site.

La comptabilisation comprend les étapes suivantes :

1. À la date de l'évaluation initiale

21.2 1581	Immobilisations corporelles – Actif de démantèlement Provisions pour remise en état *Coût du démantèlement*	X	 X

2. À la date de la révision des coûts de démantèlement

L'estimation des coûts futurs de démantèlement peut être révisée à la clôture d'un exercice.

Différence de démantèlement = Coût estimé – Coût révisé

Deux cas de figure se présentent :

– le coût de démantèlement est ajusté à la baisse

1581 21.2 7811	Provisions pour remise en état Immobilisations corporelles – Actif de démantèlement (1) Reprises sur amortissements des immobilisations (2) *Différence de démantèlement*	X	 X X

(1) Montant plafonné à la VNC de l'actif de démantèlement
(2) Différence de démantèlement – Montant plafonné

La base amortissable de l'actif de support est modifiée :

VNC de l'actif de support – Crédit du compte 7811

La base amortissable de l'actif de démantèlement est modifiée :

VNC de l'actif de démantèlement – Crédit du compte 21.2

L'amortissement de l'actif de démantèlement est calculé sur la durée résiduelle.

– le coût de démantèlement révisé est ajusté à la hausse

21.2 1581	Immobilisations corporelles – Actif de démantèlement (1) Provisions pour remise en état *Différence de démantèlement*	X	 X

La base amortissable de l'actif de support est modifiée :

VNC de l'actif de support

La base amortissable de l'actif de démantèlement est modifiée :

VNC de l'actif de démantèlement – Débit du compte 21.2

L'amortissement de l'actif de démantèlement est calculé sur la durée résiduelle.

APPLICATION CORRIGÉE

Une société a installé une plate-forme pétrolière le 01/07/N pour 1 200 000 €. Au terme de la durée d'utilisation qui est de 15 ans, la société doit démanteler les installations en mer. Le coût du démantèlement est de 600 000 €. Le taux de TVA est de 20 %.

Comptabiliser l'acquisition ainsi que les écritures au 31/12/N+10 dans le cas où le coût du démantèlement est de 400 000 €.

Correction

	01/01/N		
213.1	Constructions – Actif de support	1 200 000	
44562	TVA déductible sur immobilisations	240 000	
213.2	Constructions – Actif de démantèlement	600 000	
404	Fournisseurs d'immobilisations		1 440 000
1581	Provision pour remise en état		600 000
	Facture n° …		

Le coût révisé est < coût initial : Différence de démantèlement = 600 000 – 400 000 = 200 000 €

VNC actif de démantèlement = 600 000 – [(600 000 / 15) x 6 / 12 + (600 000 / 15) x 10] = 180 000 €

	31/12/N+10		
1581	Provision pour remise en état	200 000	
215.2	Installations techniques – Actif de démantèlement *(différence plafonnée à 180 000 €)*		180 000
7811	Reprises sur amortissements des immobilisations *(200 000 – 180 000)*		20 000
	Différence de démantèlement		

Base amortissable de l'actif de support = 1 200 000 – [(1 200 000 / 15) x 6 / 12 + (1 200 000 / 15) x 10] – 20 000 = 340 000 €.

Base amortissable de l'actif de démantèlement = 180 000 – 180 000 = 0 € (actif de démantèlement totalement amorti)

Durée résiduelle = 15 – 10,5 = 4,5 ans.

	31/12/N+10		
6811	Dotations aux amortissements sur immobilisations corporelles – Actif de support	75 555,55	
281.1	Amortissements des immobilisations corporelles *(340 000 / 4,5)*		75 555,55
	Annuité comptable de l'actif de support		

Les provisions pour gros entretien ou grandes révisions

Les dépenses d'entretien faisant l'objet de programmes annuels de gros entretien ou de grandes révisions peuvent soit :

– être comptabilisées comme un composant de seconde catégorie ;

– donner lieu à la comptabilisation d'une provision pour gros entretien ou grandes révisions.

L'étude des provisions pour gros entretien ou grandes révisions a été développée dans le Chapitre 8 Les immobilisations décomposées (Partie 2 Actif) au niveau des composants de seconde catégorie.

Chapitre 19

LES ENGAGEMENTS FINANCIERS

Ce chapitre va vous permettre de définir les différentes catégories d'engagements financiers et de les comptabiliser.

Le bilan d'une entreprise comprend l'ensemble des éléments actifs et passifs résultant d'opérations réalisées à la clôture de l'exercice. D'autres opérations non comptabilisées peuvent avoir une incidence sur l'appréciation de la situation de l'entreprise. Il s'agit des engagements non comptabilisés.

I La définition des engagements financiers

Les comptes d'engagement enregistrent des droits et des obligations susceptibles de modifier le montant ou la consistance du patrimoine de l'entité.

II Les différentes catégories d'engagements financiers

On distingue plusieurs catégories d'engagements :

- ***les engagements de garantie donnés*** : leur objet est de garantir un créancier contre la défaillance éventuelle de son débiteur (avals, cautions, garanties données, nantissement, hypothèques) ;
- ***les engagements de garantie reçus*** : leur objet est de garantir l'entreprise en cas d'insolvabilité d'un tiers ou de mise en cause de la responsabilité d'un tiers (cautions, garanties reçues, hypothèques) ;
- ***les engagements réciproques*** : ils comportent à la fois un engagement donné à un cocontractant et un engagement reçu du même cocontractant (commande d'un client, engagement de crédit-bail, effets escomptés non échus) ;
- ***les engagements de retraite***.

III L'évaluation des engagements

Il existe trois modes d'évaluation des engagements :

- ***l'évaluation résulte directement de la convention***. L'engagement figure dans l'annexe pour le montant figurant dans la convention ;
- ***l'évaluation n'est pas immédiate mais peut être effectuée***. Elle est réalisée à la date du bilan en fonction du montant résiduel de l'engagement ;
- ***l'évaluation ne peut pas être effectuée***. Une information est fournie dans l'annexe quant à la nature de l'engagement.

IV Le traitement comptable

La tenue d'une comptabilité des engagements est facultative. Elle est prévue par le PCG qui utilise les comptes de la classe 8. La contrepartie est un compte réfléchi dont la seule fonction est d'équilibrer l'écriture.

Les écritures comptables sont les suivantes :

Engagements donnés

Les engagements donnés sont assimilés à des dettes conditionnelles.

8091 801	Contrepartie des engagements 801 Engagements donnés par l'entité *Engagements donnés*	X	 X

Engagements reçus

Les engagements reçus sont assimilés à des créances conditionnelles.

802 8092	Engagements reçus par l'entité Contrepartie des engagements 802 *Engagements reçus*	X	 X

Engagements réciproques

802 801	Engagements reçus par l'entité Engagements donnés par l'entité *Engagements réciproques*	X	 X

V Les mentions à porter en annexe

L'existence d'opérations non encore réalisées ou non traduites en comptabilité, mais qui peuvent avoir un impact significatif pour l'appréciation de la situation financière de l'entreprise, doivent être mentionnées dans l'annexe afin de donner la meilleure information possible.

Les engagements sont regroupés dans l'annexe par catégorie. Les informations à fournir concernent principalement :

- les engagements financiers données et reçus ;
- les remises accordées à un débiteur par les créanciers dans le cadre du règlement des entreprises en difficultés ;
- les engagements en matière de crédit-bail ;
- les engagements relatifs aux quotas de CO_2.

En application du principe d'importance relative, les informations en matière d'engagements ne doivent être fournies dans l'annexe que si elles ont un caractère significatif.

APPLICATION CORRIGÉE

Comptabiliser les écritures dans la société A dans les cas suivants :

1. **La société A contracté un emprunt et a garanti cet emprunt au moyen d'une hypothèque sur un immeuble qu'elle détient, évalué à 1 000 000 €.**
2. **L'entreprise B a garanti un emprunt contracté par A au moyen d'une caution de 100 000 €.**
3. **La société A a escompté des effets escomptes non échus pour 10 000 et a signé un contrat de crédit-bail le 01/01/N sur un matériel de valeur 100 000 € HT, d'une durée d'utilisation de 5 ans, la redevance annuelle est de 20 000 € HT, versée a terme échu.**

Correction

1. Hypothèque sur A

L'entreprise A dispose d'une dette assortie d'une garantie (hypothèque) ; l'hypothèque constitue un engagement de garantie donné.

	31/12/N		
8091	Contrepartie des engagements 801	1 000 000	
801	Engagements donnés par l'entité		1 000 000
	Engagement de garantie donné		

2. Caution de B sur A

L'entreprise A dispose d'une créance assortie d'une garantie (caution) : la caution constitue un engagement de garantie reçu.

	31/12/N		
802	Engagements reçus par l'entité	1 000 000	
8092	Contrepartie des engagements 802		1 000 000
	Engagement de garantie reçu		

3. Effets escomptés non échus et contrat de crédit-bail

Pour les EENE, il s'agit d'un engagement donné de payer la banque en cas de défaillance du tiré et un engagement reçu du tiré d'assurer le règlement de la somme due.

Pour le crédit-bail, il s'agit d'un engagement donné de payer les loyers non échus (20 000 x 5 = 100 000) et d'un engagement reçu d'avoir le droit d'utiliser le matériel évalué à la VNC [100 000 – (100 000 / 5)] = 80 000

	31/12/N		
802	Engagements reçus par l'entité	10 000	
801	Engagements donnés par l'entité		10 000
	Engagements de garantie réciproques liés aux EENE		
	31/12/N		
8091	Contrepartie des engagements 801	100 000	
801	Engagements donnés par l'entité		100 000
	Engagement de garantie donné lié à la redevance crédit-bail		
	31/12/N		
802	Engagements reçus par l'entité	80 000	
8092	Contrepartie des engagements 802		80 000
	Engagement de garantie reçu lié au droit d'utiliser le bien en crédit-bail		

Chapitre 20
LES EMPRUNTS OBLIGATAIRES

Ce chapitre va vous permettre de définir et de comptabiliser les emprunts obligataires.

Seuls les emprunts obligataires, dans leur forme ordinaire, sont étudiés, avec ou sans prime de remboursement. Les emprunts convertibles ne font pas partie du référentiel.

I Les emprunts obligataires de forme ordinaire

A La définition

Un ***emprunt obligataire*** est un emprunt représenté par des titres négociables appelés obligations qui, pour une même valeur nominale, confèrent les mêmes droits de créance.

L'émission d'obligations n'est permise qu'aux sociétés par actions ayant deux années d'existence et ayant établi deux bilans régulièrement approuvés par les actionnaires. De plus, la loi interdit l'émission d'obligations aux sociétés dont le capital n'est pas entièrement libéré, sauf si les actions non libérées ont été réservées aux salariés. Une société par actions, n'ayant pas établi deux bilans régulièrement approuvés par les actionnaires, doit être précédée d'une vérification de l'actif et du passif.

L'émission peut être décidée par le conseil d'administration, le directoire, le ou les gérants, sauf si les statuts réservent ce pouvoir à l'AGE ou si cette dernière décide de l'exercer.

Les SARL peuvent, sous certaines conditions, émettre des obligations ; il s'agit des SARL, tenues de désigner un commissaire aux comptes et dont les comptes des trois derniers exercices de douze mois ont été régulièrement approuvés par les associés. L'émission est décidée par l'assemblée des associés.

B Les modalités de remboursement

Terminologie :

c : valeur du coupon : c = C x i
C : valeur nominale
E : prix d'émission
i : taux d'intérêt nominal
n : durée de l'emprunt
N : nombre d'obligations émises
r : taux d'intérêt réel : r = (C / R) x i
R : prix de remboursement

Les modalités de remboursement sont de trois ordres :

– ***remboursement par amortissements constants*** :

$$A = N \times R / n$$

– ***remboursement par annuités constants*** :

$$a = N \times R \times r / [1 - (1 + r)^{-n}]$$

– ***remboursement in fine*** :

A = 0 ; pour la dernière année, A = N x R

Lorsque cela sera nécessaire, les tableaux d'amortissements des emprunts seront fournis aux candidats.

C Le traitement comptable de l'emprunt obligataire

1 La comptabilisation à la date d'émission de l'emprunt obligataire

L'emprunt obligataire constitue une dette financière comptabilisée dans le compte 163, assortie d'une prime de remboursement comptabilisée à l'actif dans le compte 169 lorsque la valeur de remboursement est supérieure à la valeur d'émission. La prime de remboursement est égale à la différence entre la valeur de remboursement et la valeur d'émission. Les engagements des souscripteurs sont inscrits dans le compte 4671, soldé, lors du versement des fonds, par un compte de trésorerie. Les frais d'émission de l'emprunt obligataire sont comptabilisés en charges, au débit du compte 6272.

Le traitement comptable comprend les étapes suivantes :

1. Émission de l'emprunt obligataire

471 163	Obligations à placer *(N x R)* Autres emprunts obligataires *Émission de l'emprunt*	X	 X

2. Souscription de l'emprunt obligataire

4671 169 471	Obligataires, obligations souscrites *(N x E)* Primes de remboursement des obligations *[N x (R – E)]* Obligations à placer *(solde)* *Souscription de l'emprunt*	X X	 X

3. Libération de l'emprunt obligataire

512 4671	Banques Obligataires, obligations souscrites *(solde)* *Avis de crédit n° ...*	X	 X

4. Frais d'émission de l'emprunt obligataire

6272 44566 512	Commissions et frais sur émission d'emprunts TVA sur autres biens et services Banques *Avis de débit n° ...*	X X	 X

APPLICATION CORRIGÉE

La SA PA a émis le 01/02/N un emprunt obligataire au taux de 8 % l'an par émission de 15 000 obligations de valeur nominale 250 € ; le prix d'émission est de 240 € et le prix de remboursement de 260 € ; les sommes sont versées à la Société Générale le 01/03/N ; les frais d'émission sont de 20 000 € HT (TVA à 20 %) ; la durée de l'emprunt est de 10 ans.

Comptabiliser les écritures relatives à l'émission de l'emprunt.

Correction

	01/02/N		
471 163	Obligations à placer *(15 000 x 260)* Autres emprunts obligataires *Émission de l'emprunt obligataire*	3 900 000	 3 900 000
	01/02/N		
4671 169 471	Obligataires, obligations souscrites *(15 000 x 240)* Primes de remboursement des obligations *(3 900 000 – 3 600 000)* Obligations à placer *(pour solde)* *Souscription des obligations*	3 600 000 300 000	 3 900 000
	01/03/N		
512 4671	Banques Obligataires, obligations souscrites *(pour solde)* *Libération des obligations*	3 600 000	 3 600 000
	01/03/N		
6272 44566 512	Commissions et frais sur émission d'emprunts TVA déductible sur autres biens et services Banques *Règlement des frais d'émission*	20 000 4 000	 24 000

2 Le traitement comptable de l'amortissement de la prime de remboursement des obligations

La prime de remboursement (P) est amortie sur la durée de l'emprunt (n) :

– soit par fractions égales au prorata de la durée de l'emprunt :

DAP = P / n

Un prorata temporis existe pour les emprunts émis en cours d'année ;

– soit au prorata des intérêts courus :

DAP = P x ICNE de l'exercice / Total des ICNE sur la durée n

Le choix de l'une des deux modalités constitue une décision de gestion et il ne peut pas être modifié, pour un emprunt donné, au cours de la période de remboursement.

L'écriture comptable est la suivante :

6861 169	Dotations aux amortissements des primes Primes de remboursement des obligations *Dotation de l'exercice*	X	 X

REMARQUE

Si l'emprunt a été émis en cours d'exercice, les ICNE doivent être déterminés, pour chaque année de la façon suivante : ICNE du 01/01 jusqu'à la date de l'échéance de l'emprunt et ICNE de la date de l'échéance de l'emprunt jusqu'à la date de clôture.

3 Le traitement comptable des frais d'émission d'emprunts

L'entreprise a le choix entre :

– maintenir les frais d'émission en charges au titre de l'exercice ;

– répartir les frais sur plusieurs exercices au moyen d'un compte de charges à répartir.

Si les frais sont supportés intégralement par l'exercice d'émission, aucune écriture n'est à comptabiliser à la clôture de l'exercice ; si les frais sont répartis sur plusieurs exercices, la durée maximale de répartition est la durée de l'emprunt. Aucun prorata temporis n'est appliqué pour les emprunts émis en cours d'exercice.

L'étalement peut être opéré selon deux modalités :

– soit par fractions égales, au prorata de la durée de l'emprunt (n) :

DAP = P x ICNE de l'exercice / Total des ICNE sur la durée n

– soit au prorata de la rémunération courue :

Frais d'émission x Rémunération courue de l'exercice / Rémunération courue totale
Rémunération courue = Intérêts courus + Amortissement de la prime de remboursement

En respect du principe de permanence des méthodes, les modalités des frais d'émission des emprunts doivent s'appliquer à l'ensemble des emprunts obligataires émis. L'option retenue est globale et irrévocable pour une durée de deux ans.

Les écritures comptables sont les suivantes :

Transfert des frais d'émission pour leur montant total

4816 791	Frais d'émission des emprunts Transferts de charges d'exploitation *Frais sur emprunt à répartir*	X	 X

Amortissement des frais répartis

6812 4816	Dotations aux amortissements des charges à répartir Frais d'émission des emprunts *Dotation de l'exercice*	X	 X

4 Le traitement comptable des intérêts courus non échus

Les ICNE sont déterminés de la date de l'emprunt à la date de clôture :

ICNE = Capital dû en début d'exercice x i x n / 360

L'écriture comptable est la suivante :

6611 16883	Intérêts des emprunts et dettes Intérêts courus sur autres emprunts obligataires *Intérêts courus*	X	 X

ATTENTION
Ne pas oublier de contrepasser les ICNE à l'ouverture de l'exercice suivant.

APPLICATION CORRIGÉE

La SA OBLIGA a émis le 01/10/N un emprunt obligataire au taux de 5 % l'an, par émission de 10 000 obligations de valeur nominale 100 € ; le prix d'émission est de 95 € ; le remboursement est au pair ; l'emprunt est remboursable par annuités constantes sur 4 ans ; les frais d'émission sont de 12 000 € HT.

Comptabiliser les écritures au 31/12/N.

Correction

Prime de remboursement = 10 000 (100 – 95) = 50 000

– Hypothèse 1 : la prime de remboursement et les frais d'émission sont amortis sur la durée de l'emprunt

	31/12/N		
6611	Intérêts des emprunts et dettes *(10 000 x 100 x 5 % x 3 / 12)*	12 500	
16883	Intérêts courus sur autres emprunts obligataires		12 500
	Intérêts courus non échus		
	31/12/N		
6861	Dotations aux amortissements des primes de remboursement	3 125	
169	Primes de remboursement des obligations [*(50 000 / 4)* x 3 / 12]		3 125
	Amortissement de la prime de remboursement		
	31/12/N		
4816	Charges à répartir sur plusieurs exercices – frais d'émission des emprunts	12 000	
791	Transferts de charges d'exploitation		12 000
	Transfert des frais d'émission		
	31/12/N		
6812	Dotations aux amortissements des charges d'exploitation à répartir *(12 000 / 4)*	3 000	
4812	Charges à répartir sur plusieurs exercices – frais d'émission		3 000
	Amortissement des frais d'émission		

– Hypothèse 2 : les frais d'émission sont amortis sur la durée de l'emprunt au prorata de la rémunération courue et la prime de remboursement est amortie au prorata des intérêts courus

Calcul des amortissements de l'emprunt obligataire :

Années	Nombre d'obligations	Nombre d'obligations amorties réellement (1)	Amortissements réels (1) x R
1	2 320,12 (1)	2 320	232 000
2	2 436,13 = 2 320,12(1,05)[1]	2 436	243 600
3	2 557,93 = 2 436,13(1,05)[1]	2 558	255 800
4	2 685,83 = 2 557,93(1,05)[1]	2 686	268 600

(1) A1 = 10 000 × 0,05 / $[(1,05)^4 - 1]$

Tableau d'amortissement de l'emprunt obligataire (le tableau sera fourni aux candidats) :

Années	Capital début	Intérêts	Amortissements	Annuités réelles	Capital fin
01/10/N+1	1 000 000	50 000	232 000	282 000	768 000
01/10/N+2	768 000	38 400	243 600	282 000	524 400
01/10/N+3	524 400	26 220	255 800	282 020	268 600
01/10/N+4	268 600	13 430	268 600	282 030	0
Total		128 050			

Amortissement de la prime de remboursement et des frais d'émission :

Périodes	Intérêts courus du 01/01 au 31/12 (1)	Amortissement de la prime au prorata des intérêts courus (2)	Rémunération courue (1) + (2)	Amortissement des frais d'émission au prorata de la rémunération courue
31/12/N	12 500 (1)	4 881 (6)	17 381	1 171 (7)
31/12/N+1	47 100 (2)	18 391	65 491	4 414
31/12/N+2	35 355 (3)	13 805	49 160	3 313
31/12/N+3	3 357,5 (4)	8 990	32 012,5	2 158
31/12/N+4	10 072,5 (5)	3 933	14 005,5	944
Total	128 050	50 000	178 050	12 000

(1) 0 + (50 000 x 3 / 12) = 12 500
(2) (50 000 x 9 / 12) + (38 400 x 3 / 12) = 47 100
(3) (38 400 x 9 / 12) + (26 220 x 3 / 12) = 35 355
(4) (26 220 x 9 / 12) + (13 430 x 3 / 12) = 3 357,5
(5) 13 430 x 9 / 12 = 10 072,5
(6) 50 000 x 12 500 / 128 050 = 4 881
(7) 12 000 x 17 381 / 178 050 = 1 171

Compte	Libellé	Débit	Crédit
	31/12/N		
6611	Intérêts des emprunts et dettes *(10 000 x 100 x 5 % x 3 / 12)*	12 500	
16883	Intérêts courus sur autres emprunts obligataires		12 500
	Intérêts courus non échus		
	31/12/N		
6861	Dotations aux amortissements des primes de remboursement	4 881	
169	Primes de remboursement des obligations		4 881
	Amortissement de la prime de remboursement		
	31/12/N		
4816	Charges à répartir sur plusieurs exercices – Frais d'émission des emprunts	12 000	
791	Transferts de charges d'exploitation		12 000
	Transfert des frais d'émission		
	31/12/N		
6812	Dotations aux amortissements des charges d'exploitation à répartir	1 171	
4812	Charges à répartir sur plusieurs exercices – Frais d'émission		1 171
	Amortissement des frais d'émission		

5 Le traitement comptable à la date d'échéance de l'emprunt

L'annuité comprend les intérêts et une part du remboursement de l'emprunt.

Les écritures sont les suivantes :

Annuité à payer

163	Autres emprunts obligataires	X	
6611	Intérêts des emprunts et dettes	X	
4674	Obligataires, obligations à rembourser		X
4676	Obligataires, coupons à payer		X
	Annuité à payer		

Paiement de l'annuité

4674	Obligataires, obligations à rembourser	X	
4676	Obligataires, coupons à payer	X	
512	Banques		X
	Avis de débit n° ...		

APPLICATION CORRIGÉE

Reprendre l'exercice précédent et comptabiliser les écritures au 01/10/N+1.

Correction

	01/10/N+1		
6611	Intérêts des emprunts et dettes	50 000	
163	Autres emprunts obligataires	232 000	
4674	Obligataires – Obligations à rembourser		232 000
4676	Obligataires – Coupons à payer		50 000
	Échéance de l'emprunt		
	01/10/N+1		
4674	Obligataires – Obligations à rembourser	232 000	
4676	Obligataires – Coupons à payer	50 000	
512	Banques		282 000
	Règlement de l'annuité		

II Les émissions de bons de souscriptions d'obligations

Les sociétés par actions peuvent émettre des bons de souscription donnant droit à l'attribution de titres de créances. Les bons de souscription d'obligations (BSO) représentent des droits qui permettront de souscrire à des obligations nouvelles de la société émettrice, à un prix et dans les conditions fixées dans le contrat d'émission. Lors de leur émission, la société doit constater l'encaissement de trésorerie, en contrepartie d'un produit constaté d'avance. À l'émission de l'emprunt obligataire, les écritures sont conformes à celles d'un emprunt obligataire de forme ordinaire.

Les écritures sont les suivantes :

Émission des BSO

512 487	Banques Produits constatés d'avance *Avis de crédit n° ...*	X	 X

À l'émission de l'emprunt obligataire

– ***Émission de l'emprunt obligataire***

471 163	Obligations à placer *(N x R)* Autres emprunts obligataires *Émission de l'emprunt*	X	 X

– ***Souscription de l'emprunt obligataire***

4671 169 471	Obligataires, obligations souscrites *(N x E)* Primes de remboursement des obligations *[N x (R – E)]* Obligations à placer *(solde)* *Souscription de l'emprunt*	X X	 X

– ***Libération de l'emprunt obligataire***

512 4671	Banques Obligataires, obligations souscrites *(solde)* *Avis de crédit n° ...*	X	 X

À la clôture de l'exercice

Deux cas de figure se présentent :

– ***Les BSO utilisés sont rapportés au résultat de l'exercice, sur la durée de l'emprunt***

487 768	Produits constatés d'avance (*) Autres produits financiers *Utilisation des BSO*	X	 X

(*) (Nombre de BSO utilisés x Prix d'émission d'1 BSO) / Durée de l'emprunt

– ***Les BSO non utilisés sont repris***

487 768	Produits constatés d'avance (*) Autres produits financiers *Reprise des BSO*	X	 X

(*) Nombre de BSO non utilisés x Prix d'émission d'1 BSO

III L'émission d'obligations donnant droit à la souscription de titres de créances

Les sociétés par actions peuvent émettre des obligations donnant droit à l'attribution de titres de créances. On distingue :

– les ***obligations à bons de souscription d'obligations (OBSO)*** : les OBSO représentent des obligations auxquelles sont attachés un ou plusieurs bons. Ces derniers donnent le droit de souscrire à des obligations nouvelles de la société émettrice à un prix et dans les conditions fixées par le contrat d'émission ;

– les ***obligations convertibles en obligations (OCO)*** : les OCO sont des obligations, permettant à leurs détenteurs, de convertir leurs obligations en de nouvelles obligations émises par la société émettrice, à un taux généralement moins élevé, suite la baisse des taux sur le marché obligataire. Cette opération est liée à une clause suspensive : la faculté de remboursement anticipé doit figurer dans le contrat d'émission de l'emprunt initial.

Les emprunts convertibles ne font pas partie du référentiel.

IV Le rachat par l'entité de ses propres obligations

Le rachat par une société émettrice de ses propres obligations est possible lorsqu'une clause figure dans le contrat initial. Une telle clause est intéressante lorsque le cours de l'obligation est inférieur au prix de remboursement (période de hausse des intérêts) ou lorsque la société souhaite réduire le coût de son endettement.

Le traitement comptable comprend les étapes suivantes :

1. Rachat des obligations

505 512	Obligations et bons émis et rachetés par la société Banques *Avis de débit n° ...*	X	 X

2. Remboursement des obligations

– ***Soit la valeur de rachat est inférieure à la valeur de remboursement***

La différence représente un boni crédité dans un compte de produits exceptionnels.

163	Autres emprunts obligataires	X	
505	Obligations et bons émis et rachetés par la société		X
7783	Bonis provenant du rachat		X
	Remboursement des obligations		

– ***Soit la valeur de rachat est supérieure à la valeur nominale***

La différence représente un mali débité dans un compte de charges exceptionnelles.

163	Autres emprunts obligataires	X	
6783	Malis provenant du rachat	X	
505	Obligations et bons émis et rachetés par la société		X
	Remboursement des obligations		

PARTIE 5

CHARGES ET PRODUITS

Selon le programme officiel de l'examen, cette partie va vous permettre d'appréhender l'importance de la notion de temps dans le processus comptable et la question de rattachement des charges et des produits au résultat de l'exercice.

Vous développerez ainsi les compétences suivantes :

– Exposer et appliquer les traitements comptables relatifs au rattachement des charges et des produits ;

– Évaluer et comptabiliser les opérations citées et plus particulièrement celles se déroulant sur plusieurs exercices ;

– Analyser les conséquences d'un choix de comptabilisation, notamment sur la présentation des comptes annuels, dans une situation donnée ;

– Présenter les informations à fournir en annexe.

Chapitre 21

L'ABONNEMENT DES CHARGES ET DES PRODUITS

Ce chapitre va vous permettre d'étudier la répartition des charges et des produits prévisibles de façon à obtenir des résultats nets intermédiaires.

I La définition

Les entreprises ont la possibilité de mettre en place la ***méthode de l'abonnement des charges et des produits*** en ouvrant des comptes de régularisation (comptes 4886 et 4887), afin de répartir par fractions égales entre les périodes comptables de l'exercice les charges et les produits, dont le montant peut être connu ou fixé d'avance avec une précision suffisante (impôts, loyers, etc.).

Cette mesure permet de produire rapidement des situations intermédiaires et de déterminer un résultat intermédiaire proche de la réalité.

Contrairement à l'ajustement obligatoire des comptes de gestion, la méthode de l'abonnement est ***facultative***.

II Le traitement comptable

A L'abonnement des charges

Le montant prévisionnel de la charge doit être estimé avec précision afin que le total des sommes inscrites au débit des comptes de charges se rapproche le plus possible, en fin d'exercice, au montant réel de la charge :

– au règlement d'une facture, le compte 4886 est débité par le crédit d'un compte de trésorerie ;

– à la fin de chaque période comptable intermédiaire, le compte 4886 est crédité par le débit du compte de charge concernée ;

– à la clôture de l'exercice comptable, le compte 4886 est soldé afin de comptabiliser, dans les comptes de charges, le montant réel des charges de la période.

La comptabilisation comprend les étapes suivantes :

1. Règlement de la facture

4886 44566 512	Comptes de répartition périodique des charges TVA sur biens et services Banques *Avis de débit n° …*	X X	 X

2. Répartition périodique des charges à la clôture de chaque situation intermédiaire

6. 4886	Comptes de charges Comptes de répartition périodique des charges *Répartition des charges*	X	 X

3. Répartition des dotations aux amortissements à la clôture de chaque situation intermédiaire

6811 4886	Dotations aux amortissements des immobilisations Comptes de répartition périodique des charges *Répartition des dotations*	X	 X

4. Solde du compte de répartition à la clôture de l'exercice

6. 4886	Comptes de charges Comptes de répartition périodique des charges *Pour solde du compte de répartition*	X	 X

REMARQUE
Si la période d'étalement court sur plusieurs exercices, le solde du compte 4886 est effectué par le biais d'un compte de régularisation (charges constatées d'avance ou charges à payer).

B L'abonnement des produits

Le montant prévisionnel du produit doit être estimé avec précision afin que le total des sommes inscrites au crédit des comptes de produits se rapproche le plus possible, en fin d'exercice, au montant réel du produit.

Le compte 4887 est crédité par le débit d'un compte de trésorerie au règlement d'une facture et il est crédité par le crédit du compte de produit concerné à la fin de chaque période comptable intermédiaire ; il est soldé afin de comptabiliser, dans les comptes de produits, le montant réel des produits de la période à la clôture de l'exercice comptable.

La comptabilisation comprend les étapes suivantes :

1. À la réception de la facture

512	Banques	X	
4887	Comptes de répartition périodique des produits		X
44571	TVA collectée		X
	Avis de crédit n° ...		

2. Répartition périodique des produits à la clôture de chaque situation intermédiaire

4887	Comptes de répartition périodique des produits	X	
7.	Comptes de produits		X
	Répartition des produits		

3. Solde du compte de répartition à la clôture de l'exercice

4887	Comptes de répartition périodique des produits	X	
7.	Comptes de produits		X
	Pour solde du compte de répartition		

REMARQUE
Si la période d'étalement court sur plusieurs exercices, le solde du compte 4887 est effectué par le biais d'un compte de régularisation (produits constatés d'avance ou produits à recevoir).

APPLICATION CORRIGÉE

Une entreprise souhaite enregistrer mensuellement les charges et les produits abonnés. Elle a réalisé les opérations suivantes : paiement le 01/09/N, par chèque bancaire, du loyer d'une machine-outil pour le trimestre à venir pour 6 000 € HT, le paiement pour le trimestre suivant intervenant le 01/12/N. À partir du 01/12/N, le loyer est de 6 600 € HT.

Comptabiliser les écritures nécessaires en N.

Correction

Écritures comptables nécessaires en N

	01/09/N		
4886	Compte de répartition périodique des charges	6 000	
44566	TVA sur autres biens et services	1 200	
512	Banques		7 200
	Règlement du loyer		
	09-10-11/N		
613	Locations	2 000	
4886	Compte de répartition périodique des charges		2 000
	Abonnement mensuel (6 000 / 3 = 2 000)		
	01/12/N		
4886	Compte de répartition périodique des charges	6 600	
44566	TVA sur autres biens et services	1 320	
512	Banques		7 920
	Règlement du loyer		
	31/12/N		
613	Locations	2 200	
4886	Compte de répartition périodique des charges		2 200
	Abonnement mensuel (6 600 / 3 = 2 200)		
	31/12/N		
486	Charges constatées d'avance	4 400	
4886	Compte de répartition périodique des charges		4 400
	Loyers payés d'avance (6 600 x 2 / 3 = 4 400)		

Le compte 4886 est bien soldé : (6 000 + 6 600) – [(2 000 x 3) + 2 200 + 4 400] = 0.

Chapitre 22

LES ÉVÈNEMENTS POSTÉRIEURS À LA CLÔTURE

Ce chapitre va vous permettre d'étudier les modalités d'application du traitement comptable des évènements postérieurs à la clôture d'un exercice.

I La définition du contrat à long terme

Les ***évènements postérieurs à la clôture de l'exercice*** sont les évènements intervenus au cours de l'exercice ou d'un exercice antérieur mais qui ne sont connus qu'entre la date de clôture de l'exercice et celle de l'établissement des comptes annuels.

La prise en compte des évènements postérieurs à la clôture de l'exercice doit respecter les principes suivants :

- principe d'indépendance des exercices ;
- principe de prudence ;
- principe de continuité d'exploitation ;
- principe de l'importance significative.

II Le traitement comptable

La comptabilisation dépend de l'existence ou non du lien de causalité direct et prépondérant avec une situation antérieure.

A Les évènements ayant un lien de causalité direct et prépondérant avec une situation antérieure

Il s'agit d'évènements qui viennent confirmer une situation qui avait pris naissance avant la clôture de l'exercice tels que :

- la révélation de la situation compromise d'un débiteur rendant la créance douteuse ;
- les évaluations et les cessions entraînant une valeur inférieure à celle constatée en comptabilité ;
- les indemnités obtenues à la clôture de l'exercice au terme de négociations ;
- les produits en stock interdits de vente, suite à une décision des autorités compétentes ;
- une hausse importante du coût des matières premières dans les contrats à long terme entraînant un risque de perte important.

Les comptes annuels doivent être ajustés. L'ajustement consiste à comptabiliser une dépréciation ou une provision. Toutefois, aucune écriture ne sera comptabilisée dans les cas exceptionnels où le montant de l'obligation ne peut être évalué avec une fiabilité suffisante. Une information sera fournie dans l'annexe.

Les différentes situations sont résumées dans le tableau ci-dessous :

Évènements susceptibles de générer un risque ou une perte	Lien de causalité direct et prépondérant avec une situation antérieure		Évènements entre la date de clôture et la date d'établissement des comptes		Évènements après la date d'établissement des comptes et avant la date de leur approbation		Estimation		Évènements significatifs		Conséquences comptables
	Existant	Inexistant	Connus	Inconnus	Connus	Inconnus	Fiable	Non fiable	Oui	Non	
Oui	Oui		Oui				Oui				Modification des comptes
Oui	Oui		Oui					Non			Information en annexe
Oui	Oui			Oui	Oui				Oui		Modification des comptes
Oui	Oui			Oui	Oui					Non	Information en annexe
Oui	Oui			Oui		Oui					Rien à faire

B Les évènements n'ayant aucun lien de causalité direct et prépondérant avec une situation antérieure

Il s'agit d'évènements n'ayant aucun lien direct et prépondérant avec une situation existant à la clôture de l'exercice, et qui surviennent entre la date de clôture et la date d'établissement des comptes tels que :

- les pertes futures de participation ;
- l'évolution significative des cours en bourse ;
- les litiges ou les procès dont la cause est postérieure à l'exercice ;
- un contrôle fiscal après la date de clôture ;
- les expropriations et sinistres intervenus après la date de clôture.

Une information est donnée dans l'annexe si cet évènement est susceptible, par son influence sur le patrimoine et la situation financière de l'entreprise, de remettre en cause la continuité de l'exploitation.

APPLICATION CORRIGÉE

Un incendie a détruit en N une partie des stocks.

Indiquer si cet évènement a un lien de causalité avec une situation antérieure.

Correction

Il s'agit d'un évènement n'ayant aucun lien de causalité avec une situation antérieure au 31/12/N. Une information sera fournie dans l'annexe si l'évènement (sinistre) est susceptible de remettre en cause la continuité de l'exploitation (indemnité d'assurance insuffisante, etc.).

Chapitre 23

LES CONTRATS À LONG TERME

Ce chapitre va vous permettre d'étudier la comptabilisation de l'étalement du chiffre d'affaires et du résultat sur la période de réalisation de contrats s'étendant sur plusieurs exercices.

I La définition

Un ***contrat à long terme*** est un contrat d'une durée généralement longue, spécifiquement négocié dans le cadre d'un projet unique portant sur la construction, la réalisation ou, le cas échéant, la participation en qualité de sous-traitant, à la réalisation d'un bien, d'un service ou d'un ensemble de biens ou services fréquemment complexes, dont l'exécution s'étend sur au moins deux périodes comptables ou exercices. Le droit de l'entité à percevoir les revenus contractuels est fonction de la conformité au contrat du travail exécuté.

II Le calcul du résultat à terminaison

Un contrat peut être bénéficiaire ou déficitaire.

Résultat à terminaison = Chiffre d'affaires prévu au contrat – Coût de revient prévisionnel total

Le coût de revient comprend les coûts imputables au contrat.

ATTENTION

Les coûts fixes correspondent aux coûts fixes totaux en cas de suractivité ou aux coûts fixes imputés en cas de sous-activité. Sont exclus les coûts qui ne peuvent pas être imputés aux contrats en général ou à un contrat donné (frais d'administration générale, frais de recherche et développement, etc.).

III Le calcul du pourcentage d'avancement

Le pourcentage d'avancement est déterminé soit :

– en utilisant des méthodes qui mesurent avec fiabilité les travaux ou les services acceptés et exécutés

% d'avancement = Coût des travaux et services à la date de clôture / Coût total prévisionnel

– à partir de mesures physiques ou d'études permettant d'évaluer le volume des travaux ou services exécutés.

IV Le traitement comptable

Un contrat à long terme est comptabilisé soit à la méthode à l'achèvement, soit à la méthode à l'avancement.

ATTENTION

Quelle que soit la méthode retenue, aucune ne constitue une méthode de référence.

A La méthode à l'achèvement

La ***méthode de l'achèvement*** consiste à ne comptabiliser le chiffre d'affaires et le résultat que lorsque le contrat est achevé.

Les avances et acomptes versés par le client sont comptabilisés en cours du contrat dans le compte 4191.

Au cours de chaque exercice, les charges engagées sont comptabilisées dans les comptes de charges concernées. Les contrats à long terme sont traités comme toute production de biens ou services non terminée à la clôture. Les travaux ou services en cours sont constatés à la clôture de l'exercice à hauteur des charges qui ont été enregistrées. Le principe de prudence est privilégié.

1 Le contrat est bénéficiaire

La comptabilisation passe par les étapes suivantes :

1. À la clôture de l'exercice

– ***Valorisation du stock final au coût de production***

33, 34 713	En-cours de production de biens ou de services Variation des stocks d'encours *Encours de production*	X	 X

2. À la clôture des exercices suivants

– ***Annulation du stock initial***

713 33, 34	Variation des stocks d'encours En-cours de production de biens ou de services *Annulation du stock initial*	X	 X

– ***Valorisation du stock final au coût de production***

33, 34 713	En-cours de production de biens ou de services Variation des stocks d'encours *Encours de production*	X	 X

3. À l'achèvement du contrat

– ***Facturation du chiffre d'affaires total***

411 704, 706 44571	Clients Travaux ou Prestations de services TVA collectée (*) *Facture n° ...*	X	 X X

(*) Si la société a opté pour les débits en matière de TVA.

– ***Reprise du stock***

713 33, 34	Variation des stocks d'encours En-cours de production de biens ou de services *Annulation du stock*	X	 X

2 Le contrat est déficitaire

Les écritures sont les mêmes que pour un contrat bénéficiaire. Une provision pour perte à terminaison doit être comptabilisée, dans le respect du principe de prudence.

La provision se décompose en deux éléments :

– ***une provision pour dépréciation des en-cours*** :

Perte à terminaison – Dépréciation des en-cours

– ***une provision pour risques*** :

Perte à terminaison – Dépréciation des en-cours

Les écritures sont les suivantes :

Dépréciation des en-cours

6817 39	Dotations aux dépréciations des actifs circulants Dépréciations des stocks et en-cours *Constatation de la dépréciation*	X	 X

Provision pour risques

6815 1516	Dotations aux provisions d'exploitation Provisions pour pertes sur contrats *Constatation de la provision*	X	 X

Ajustement des provisions à la clôture des exercices suivants

L'augmentation est constatée en dotation, la diminution en reprise.

APPLICATION CORRIGÉE

Un promoteur immobilier a conclu le 01/01/N un contrat à long terme d'une durée de 18 mois. Le montant de ce contrat est fixé à 1 000 000 € HT. Le coût de revient total est estimé à 1 100 000 € HT. Les charges engagées en N ont été évaluées par le service de la comptabilité analytique et s'élèvent à 495 000 € HT. La société a opté pour les débits en matière de TVA. Le contrat est facturé comme convenu le 01/04/N+1.

Comptabiliser les écritures nécessaires en N et en N+1.

Correction

Le contrat est déficitaire : Résultat à terminaison = 1 000 000 – 1 100 000 = – 100 000

Pourcentage d'avancement = 495 000 x 100 / 1 100 000 = 45 %

Dépréciation des en-cours = 100 000 x 45 % = 45 000

Provision pour risques = 100 000 – 45 000 = 55 000

	31/12/N		
33 713	En-cours de production de biens Variation des en-cours de production *Valorisation des en-cours finaux*	495 000	 495 000
	31/12/N		
6817 393	Dotations aux dépréciations des en-cours Variation des en-cours de production *Dépréciation des en-cours*	45 000	 45 000
	31/12/N		
6815 1516	Dotations aux provisions d'exploitation Provisions pour pertes sur contrats *Provision pour risques*	55 000	 55 000

	01/04/N+1		
411	Clients	1 200 000	
704	Travaux		1 000 000
44571	TVA collectée		200 000
	Facture n° …		
	31/12/N+1		
713	Variation des en-cours de production	495 000	
33	En-cours de production des biens		495 000
	Reprise des en-cours initiaux		
	31/12/N+1		
393	Variation des en-cours de production	45 000	
7817	Reprises sur dépréciations des actifs circulants		45 000
	Reprise de la dépréciation des en-cours		
	31/12/N+1		
1516	Provisions pour pertes sur contrats	55 000	
7815	Reprises sur provisions d'exploitation		55 000
	Reprise de la provision pour risques		

B La méthode à l'avancement

La méthode à l'avancement consiste à comptabiliser le chiffre d'affaires et le résultat au fur et à mesure de l'avancement des contrats.

Quatre conditions doivent être réalisées pour pouvoir appliquer cette méthode :

- l'existence d'un inventaire ;
- la réalisation certaine du contrat ;
- l'acceptation du cocontractant ;
- l'établissement de documents comptables prévisionnels.

Le traitement comptable dépend de l'estimation du résultat à terminaison. La capacité à estimer de façon fiable le résultat à terminaison repose sur les trois critères suivants :

- la possibilité d'identifier clairement le montant total des produits du contrat ;
- la possibilité d'identifier clairement le montant total des coûts imputables au contrat ;
- l'existence d'outils de gestion, de comptabilité analytique et de contrôle interne permettant de valider le pourcentage d'avancement et de réviser, au fur et à mesure de l'avancement, les estimations de charges, de produits et de résultat.

1 Le résultat à terminaison est estimé de façon fiable

a Le contrat est bénéficiaire

Au cours de chaque exercice, les charges engagées sont comptabilisées dans les comptes de charges concernées. Le résultat est constaté en appliquant au résultat à terminaison le pourcentage d'avancement.

À la clôture de l'exercice, le résultat est constaté en appliquant au résultat à terminaison, le pourcentage d'avancement : Chiffre d'affaires total x % d'avancement.

À la clôture des exercices suivants, le chiffre d'affaires est régularisé, à la hausse ou à la baisse, afin de mettre en évidence le résultat à l'avancement.

La comptabilisation passe par les étapes suivantes :

1. À la clôture de l'exercice

4181 704, 706 44587	Clients – Factures à établir Travaux ou prestations de services TVA sur factures à établir *Constatation du CA à l'avancement*	X	 X X

2. À l'achèvement du contrat

– ***Facturation du chiffre d'affaires total***

411 704, 706 44571	Clients Travaux ou prestations de services TVA collectée (*) *Facture n° ...*	X	 X X

(*) Si la société a opté pour les débits en matière de TVA.

– ***Contrepassation du chiffre d'affaires à l'avancement***

704, 706 44587 4181	Travaux ou prestations de services TVA sur factures à établir Clients – Factures à établir *Contrepassation du chiffre d'affaires à l'avancement*	X	 X X

ATTENTION :

Si des facturations intermédiaires ont eu lieu, le chiffre d'affaires comptabilisé à la clôture de l'exercice correspond aux travaux effectués et acceptés à la clôture de l'exercice, déduction faite du chiffre d'affaires déjà comptabilisé.

APPLICATION CORRIGÉE

Une entreprise a signé en avril N un contrat à long terme pour concevoir et réaliser un parcours de golf. La date d'achèvement est prévue fin N+1. Le prix de contrat est fixé à 1 000 000 € HT. Les coûts totaux prévisionnels sont estimés à 800 000 €. Les coûts engagés en N et en N+1 sont respectivement de 320 000 € et 595 000 €. L'entreprise a opté pour les débits en matière de TVA.

Comptabiliser les écritures nécessaires en N et en N+1.

Correction

Le contrat est bénéficiaire : 1 000 000 – 800 000 = 200 000

% d'avancement au 31/12/N = 320 000 x 100 / 800 000 = 40 %

Chiffre d'affaires à l'avancement au 31/12/N = 1 000 000 x 40 % = 400 000

	31/12/N		
4181	Clients – Factures à établir	480 000	
704	Travaux		400 000
44587	TVA sur factures à établir		80 000
	Chiffre d'affaires à l'avancement		
	31/12/N+1		
411	Clients	1 200 000	
704	Travaux		1 000 000
44571	TVA collectée		200 000
	Facture n° …		
	31/12/N+1		
704	Travaux	480 000	
44587	TVA sur factures à établir		400 000
4181	Clients – Factures à établir		80 000
	Contrepassation des factures à établir		

Il aurait été possible de ne comptabiliser qu'une seule écriture au 31/12/N+1. Le CA HT serait alors de 600 000 €.

b Le contrat est déficitaire

Les écritures sont les mêmes que pour un contrat bénéficiaire. Il convient de constater une provision pour risques (principe de prudence), qui doit couvrir la perte totale à terminaison, sous déduction des pertes déjà constatées à l'avancement :

Perte à l'avancement constatée au 31/12/N = CA comptabilisé en N – Coûts engagés en N

Provision pour risques = Perte totale – Perte à l'avancement constatée à la clôture N

L'écriture est la suivante :

6815 1516	Dotations aux provisions d'exploitation Provisions pour pertes sur contrats *Constatation de la provision*	X	 X

La provision sera ajustée au cours de chaque exercice suivant, puis sera reprise à l'achèvement du contrat.

ATTENTION :

Si une partie des travaux effectués n'a pas été acceptée (coût des travaux effectués > coût des travaux acceptés), ces travaux ne donnent pas lieu à la constatation d'un chiffre d'affaires mais à un stock comptabilisé dans les comptes 33 ou 34.

APPLICATION CORRIGÉE

Un promoteur immobilier et a conclu le 01/01/N un contrat à long terme d'une durée de 18 mois. Le montant de ce contrat est fixé à 840 000 € HT. Le coût de revient total est estimé à 1 020 000 € HT. Les charges engagées ont été évaluées par le service de la comptabilité analytique et s'élèvent respectivement en N et en N+1 à 520 200 € HT et 499 800 € HT. La société a opté pour les débits en matière de TVA. Le contrat est facturé comme convenu le 01/04/N+1.

Comptabiliser les écritures en N et en N+1.

Correction

Le contrat est déficitaire : résultat à terminaison = 840 000 – 1 020 000 = – 180 000

Exercice N :

% d'avancement au 31/12/N = 520 200 x 100 / 1 020 000 = 51 %

Résultat partiel au 31/12/N = – 180 000 x 51 % = – 91 800

Chiffre d'affaires à l'avancement au 31/12/N = 840 000 x 51 % = 428 400

Perte constatée au 31/12/N = 428 400 – 520 200 = – 91 800

Provision pour risques = 180 000 – 91 800 = 88 200

Exercice N+1

% d'avancement au 31/12/N+1 = (520 200 + 499 800) x 100 / 1 020 000 = 1 020 000 x 100 / 1 020 000 = 100 %

Résultat partiel au 31/12/N+1= – 180 000 x 100 % = – 180 000

Chiffre d'affaires à l'avancement au 31/12/N+1 = (840 000 x 100 %) – 428 400 = 411 600

Années	Charges engagées cumulées	% d'avancement cumulé	Résultats partiels cumulés	CA à comptabiliser chaque année
N	520 200	51 %	– 91 800	428 400
N+1	1 020 000	100 %	– 180 000	411 600

		Débit	Crédit
	31/12/N		
4181	Clients – Factures à établir	514 080	
704	Travaux		428 400
44587	TVA sur factures à établir		85 680
	Chiffre d'affaires à l'avancement		
	31/12/N		
6815	Dotations aux provisions d'exploitation	88 200	
1516	Provisions pour pertes sur contrats		88 200
	Provision pour risques		
	01/04/N+1		
411	Clients	1 008 000	
704	Travaux		840 000
44571	TVA collectée		168 000
	Facture n° … (*)		
	01/04/N+1		
704	Travaux	428 400	
44587	TVA sur factures à établir	85 680	
4181	Clients – Factures à établir		514 080
	Contrepassation des factures à établir		
	31/12/N+1		
1516	Provisions pour pertes sur contrats	88 200	
7815	Dotations aux provisions d'exploitation		88 200
	Reprise de la provision pour risques		

(*) Au lieu de contrepasser les factures, il est possible de ne comptabiliser qu'une seule écriture : le CA serait alors de 411 600 €.

2 Le résultat à terminaison n'est pas déterminable de façon fiable

a Le contrat est bénéficiaire

Si l'entité retient la méthode à l'avancement mais n'est pas en mesure d'estimer de façon fiable le résultat à terminaison, aucun profit n'est dégagé. Le montant inscrit en chiffre d'affaires est limité aux coûts engagés ayant concouru à l'exécution du contrat.

L'écriture est la suivante :

4181 704, 706 44587	Clients – Factures à établir Travaux ou prestations de services TVA sur factures à établir *Constatation du CA à l'avancement*	X	 X X

En fin de contrat, le chiffre d'affaires est normalement constaté et le chiffre d'affaires comptabilisé à l'avancement est contrepassé.

b Le contrat est déficitaire

Deux cas peuvent se présenter :

– ***soit l'entité est capable d'estimer la perte de façon raisonnable*** : il y a lieu de provisionner la perte la plus probable, ou le cas échéant, de provisionner la perte correspondant à la perte la plus faible d'entre elles, et de mentionner le risque additionnel dans l'annexe :

6815 1516	Dotations aux provisions d'exploitation Provisions pour pertes sur contrats *Constatation de la provision*	X	 X

– ***soit l'entité est dans l'incapacité d'estimer la perte de façon raisonnable*** : aucune provision ne peut être constatée. L'existence et la nature de l'incertitude doivent être mentionnées dans l'annexe.

V Le choix de la méthode comptable

La méthode de comptabilisation retenue doit être appliquée à l'ensemble des contrats et doit être précisée dans l'annexe.

Chapitre 24

LES DISPOSITIFS ASSOCIANT LE PERSONNEL AUX PERFORMANCES DE L'ENTREPRISE

Ce chapitre va vous permettre d'exposer et d'appliquer les traitements comptables relatifs à la participation, à l'intéressement et aux plans d'épargne.

I La participation des salariés aux résultats de l'entreprise

A La définition

La ***participation des salariés*** est un dispositif légal qui a pour objet d'associer les salariés aux résultats de leur entreprise. Elle est obligatoire dans les entreprises employant plus de 50 salariés. Elle est facultative pour les entreprises de moins de 50 salariés qui peuvent conclurent des accords afin de se soumettre volontairement au régime obligatoire. Lorsqu'une entreprise atteint le seuil de 50 salariés, la mise en place de la participation n'est obligatoire qu'au titre du troisième exercice clos après le franchissement du seuil, dès lors que l'entreprise est déjà dotée d'un accord d'intéressement et que cet accord soit appliqué sans discontinuité pendant cette période.

B Les bénéficiaires

Les bénéficiaires sont :

- les salariés liés par un contrat de travail à l'entreprise ; les accords de participation peuvent prévoir une condition de 3 mois ;
- les chefs d'entreprise, présidents, directeurs généraux, gérants ou membres du directoire s'il s'agit de personnes morales, ainsi que le conjoint du chef d'entreprise s'il a le statut de conjoint collaborateur ou de conjoints associé, des entreprises de 1 à 250 salariés (250 salariés au plus à compter du 1er janvier 2020) ayant conclu un accord dérogatoire prévoyant une formule plus avantageuse que la formule légale, et des entreprises de moins de 50 salariés qui ont institué volontairement un accord de participation.

C L'indisponibilité des sommes

Les droits des salariés sont bloqués 5 ans. Plusieurs cas de déblocage anticipé sont autorisés, permettant aux bénéficiaires de la participation, de disposer de leurs droits avant le terme du délai d'indisponibilité : cessation du contrat de travail, mariage, divorce, décès du salarié ou du conjoint, acquisition ou agrandissement de la résidence principale, naissance ou adoption du 3e enfant, situation de surendettement du salarié, création d'entreprise par le bénéficiaire ou son conjoint.

En application de la loi du 3 décembre 2008 en faveur des revenus du travail, les salariés peuvent faire le choix de recevoir immédiatement leurs primes de participation qui ne seront plus automatiquement bloquées pendant cinq ans.

La participation doit être versée avant le dernier jour du 5e mois suivant l'exercice.

D Le forfait social

Les entreprises doivent verser une contribution sur la participation, qualifiée de ***forfait social (FS)***. Celui-ci est recouvré par l'URSSAF. Son taux est de 20 %. Il existe deux taux réduits de forfait social :

- un taux de 16 % lorsque les bénéficiaires verse les sommes issues de la participation sur un PERCO (sous conditions) ;
- un taux de 8 % applicable pendant 6 ans aux PME de moins de 50 salariés mettant volontairement en place pour la première fois un accord de participation, ou concluant un nouvel accord dont le dernier remonte à plus de 5 ans.

Les PME de moins de 50 salariés sont exonérées du forfait social applicable aux sommes versées en 2019 au titre de la participation. Aucune charge à payer supplémentaire ne sera constatée à la clôture.

E Le calcul de la réserve spéciale de participation

La participation repose sur des accords de participation conclus entre l'entreprise et son personnel qui prévoient d'affecter une partie du bénéfice réalisé à une réserve spéciale de participation (RSP).

La somme affectée à la RSP peut être calculée :

- soit par l'utilisation d'une formule légale de droit commun ;
- soit par l'utilisation d'une formule conventionnelle, à condition que le montant de participation soit au moins égal à celui obtenu à l'aide de la formule légale.

1 La formule légale de droit commun

À la fin de chaque exercice bénéficiaire, l'entreprise assujettie doit constituer une RSP. Le montant minimum de la participation est déterminé à l'aide de la formule légale suivante :

RSP selon formule légale = 50 % (B – 5 % x C) x S / VA

Dans cette formule :

- B représente le bénéfice imposable ;
- C représente les capitaux propres ;
- S représente les salaires ;
- VA représente la valeur ajoutée.

Le calcul de ces éléments est détaillé dans le tableau suivant et concerne les sociétés soumises à l'IS :

B	Bénéfice fiscal imposable au taux normal d'IS ou au taux réduit pour les PME dans la limite de 38 120 € + Bénéfices exonérés de l'impôt sur les sociétés (entreprises implantées dans certaines zones) – Report des déficits – IS au taux de droit commun ou au taux réduit pour les PME avant imputation du report en arrière des déficits **Attention** Les contributions additionnelles à l'IS et les plus-values nettes à long terme bénéficiant d'une imposition à un taux réduit ne sont pas retenues. Les entreprises soumises à l'IS disposant de reports de déficits supérieurs à 1 M€ doivent limiter l'imputation du déficit reportable. L'IS retenu n'a pas à être minoré des crédits et des réductions d'impôts imputés sur l'impôt.

C	Capital social appelé versé (capital social – capital non appelé) + Primes d'apport + Écarts de réévaluation (sauf écart de réévaluation légale) + Report à nouveau créditeur (ou – report à nouveau débiteur) + Réserves (sauf réserve de réévaluation) + Provisions réglementées (sauf amortissements dérogatoires et sauf provision spéciale de réévaluation) + Provisions pour risques et charges ayant supporté l'impôt (provisions non déductibles fiscalement, à l'exception des dotations aux provisions pour risques et charges réalisées en N (puisque réintégrées fiscalement en N) **Attention** Ne pas omettre un prorata temporis pour le capital versé en cours d'exercice et pour les primes d'apport. Ne sont pas compris dans les capitaux propres : le résultat de l'exercice, les subventions d'investissement.
S	Salaires bruts soumis à cotisations sociales (donc y compris les avantages en nature mais hors indemnités non soumises à cotisations comme les primes de licenciement par exemple).
VA	Résultat courant avant impôt + Impôts, taxes et versements assimilés + Charges de personnel (traitements et salaires + cotisations sociales) + Dotations aux amortissements, aux dépréciations et aux provisions d'exploitation + Charges financières (dont les dotations aux amortissements, dépréciations et provisions financières) **Attention** Ne sont pas retenues les dotations aux amortissements, dépréciations et provisions exceptionnelles.

REMARQUE

Le forfait social sur la participation au titre de l'exercice N verse en N+1, est déductible du résultat de l'exercice N. Cette charge nette d'IS nécessite un calcul en dedans du bénéfice fiscal, qui vise à modifier le montant de la RSP :

RSP avec prise en compte d'un forfait social de 20 % = RSP / [1 + (20 % x Taux d'IS x S / VA)]

APPLICATION CORRIGÉE

La SA PART emploie 150 salariés et attribue une participation aux résultats à ses salariés, calculée selon les modalités prévues par la loi. Le résultat fiscal est de 240 000 € en N. Les calculs ont conduit à un montant des capitaux propres de 850 000 € et à un coefficient Salaires / Valeur ajoutée de 0,52 pour l'exercice N. Un déficit de 6 000 € est reportable en N. On supposera un taux d'IS de 30 %. Le forfait social est négligé.

Calculer la RSP.

Correction

B = 240 000 – 6 000 – (240 000 x 30 %) = 162 000

RSP N = 50 % [162 000 – (5 % x 850 000)] x 0,52 = 31 070

2 La formule dérogatoire

Les accords peuvent prévoir un mode de calcul différent de la formule légale à condition que cette formule soit plus avantageuse pour le salarié.

L'accord ouvre droit à des régimes fiscaux et sociaux de faveur si la RSP n'excède pas l'un des plafonds suivants :

- (50 % x Bénéfice net comptable)
- Bénéfice net comptable – (5 % x Capitaux propres)
- Bénéfice net fiscal – (5 % x Capitaux propres)
- (50 % x Bénéfice fiscal)

Le choix est laissé aux signataires de l'accord. À défaut de choix validé, c'est le plafond suivant qui s'applique :

(50 % x Bénéfice net comptable)

Le montant de la participation distribué à un même bénéficiaire ne doit pas excéder pour un même salarié 75 % du plafond moyen annuel de la sécurité sociale.

F Le traitement comptable

Les taux de forfait social, de CSG et de CRDS applicables seront donnés aux candidats.

La participation constitue un passif car l'entité a un engagement à l'égard d'un tiers (salariés) à la clôture de l'exercice, qui se traduira par une sortie de ressources sans contrepartie équivalente attendue sur les exercices suivants, que l'on peut évaluer avec fiabilité, et qui a une valeur positive pour l'entreprise. La participation est une charge à payer car le montant peut être estimé avec une incertitude moindre que s'agissant d'une provision.

À la date de l'approbation des comptes par l'assemblée générale des actionnaires, la dette envers les salariés est créditée au compte 4246 ; la CSG et la CRDS sont précomptées par l'entreprise et reversées à l'URSSAF.

À la date de l'utilisation des fonds, les sommes issues de la participation sont affectées à un plan épargne salariale (PEE, PEI ou PERCO) ou à un fonds de participation créé et géré par l'entreprise.

La loi PACTE a supprimé la possibilité d'affecter les sommes à un compte courant bloqué géré par l'entreprise, destiné à financer des investissements. Les entreprises, qui pratiquaient l'affectation en comptes courants bloqués avant la publication de la loi, peuvent continuer à le faire.

Lorsque les fonds deviennent disponibles, aucune écriture n'est à comptabiliser pour les fonds affectés à un plan d'épargne car ce dernier est un emploi hors bilan pour l'entreprise ; pour les fonds affectés à un compte bloqué, le compte 4248 est débité par le crédit des comptes de trésorerie appropriés ; si le salarié demande le versement immédiat de tout ou partie des sommes dues au titre de la participation, les sommes débloquées sont soumises à l'impôt sur le revenu (sauf déblocage pour évènements exceptionnels) ; le compte 442 sera crédité en conséquence.

La comptabilisation comprend les étapes suivantes :

1. À la clôture de l'exercice

– ***Constatation de la RSP***

691 4284	Participation des salariés aux résultats Dettes provisionnées pour participation des salariés *Constatation de la RSP*	X	 X

– ***Forfait social (taux du FS x RSP)***

6338 431	Autres impôts, taxes et versements sur rémunérations (1) Sécurité sociale (2) *Forfait social à payer*	X	 X

(1) On peut utiliser le compte 6451 *Cotisations à l'URSSAF*.
(2) On peut utiliser le compte 4386 *Organismes sociaux – Forfait social à payer*.

2. À la date de l'approbation des comptes par l'AG en N+1

4284 4246 431	Dettes provisionnées pour participation des salariés *(solde)* Participation des salariés – Réserve spéciale *(RSP x 90,3 %)* Sécurité sociale *(RSP x 9,7 %)* (*) *Approbation des comptes*	X	 X X

(*) Si l'on a utilisé le compte 4386 lors de la comptabilisation du FS, l'écriture est alors la suivante :

4284 4386 4246 431	Dettes provisionnées pour participation des salariés *(solde)* Organismes sociaux – Forfait social à payer *(solde)* Participation des salariés – Réserve spéciale [*(RSP x 90,3 %)*] Sécurité sociale [*(RSP x Taux du FS) + (RSP x 9,7 %)*] *Approbation des comptes*	X X	 X X

3. À la date de l'utilisation des fonds en N+1

– ***Affectation des fonds à un plan d'épargne salariale***

4246 512 4247	Réserve spéciale *(solde)* Banques (1) Personnel – Plan d'épargne (2) *Affectation à un plan d'épargne*	X	 X X

(1) Achats de titres de SICAV ou versements aux dépositaires de FCP.
(2) Versements sur un plan d'épargne suivi par l'entreprise elle-même.

4. Affectation des fonds en comptes courants bloqués

4246 1662	Participation des salariés – Réserve spéciale *(solde)* Fonds de participation *Création d'un fonds de participation*	X	 X

5. À la date du déblocage des fonds affectés au préalable à un fonds de participation

– ***Déblocage des fonds***

1662 4248	Fonds de participation Participation des salariés – Comptes courants *Déblocage des fonds*	X	 X

– ***Versement des fonds aux salariés***

4248 442 512	Participation des salariés – Comptes courants Contributions, impôts et taxes recouvrés pour le compte de l'État Banques *Avis de débit*	X X	 X

APPLICATION CORRIGÉE

La RSP N est de 28 990 € et est affectée le 20/05/N+1 à un fonds de participation géré par l'entreprise. Le taux du forfait social est de 20 %.

Comptabiliser les écritures nécessaires en N et en N+1.

Correction

	31/12/N		
691 4284	Participation des salariés aux résultats Dettes provisionnées pour participation des salariés aux résultats *Constatation de la RSP*	28 990	 28 990
	31/12/N		
6338 431	Autres impôts, taxes et versements assimilés sur rémunérations Sécurité sociale *Forfait social (20 % x 28 990)*	5 798	 5 798
	20/05/N+1		
4284 4246 431	Dettes provisionnées pour participation des salariés aux résultats Réserve spéciale Sécurité sociale *(28 990 x 9,7 %)* *Approbation des comptes*	28 990	 26 177,97 2 812,03
	20/05/N+1		
4246 1662	Réserve spéciale Fonds de participation *Utilisation des fonds*	26 177,97	 26 177,97

II L'intéressement des salariés

A La définition de l'intéressement

L'***intéressement*** (I) est un régime facultatif. Il découle d'un accord conclu entre l'entreprise et son personnel, dans les mêmes conditions que l'accord de participation. Au même titre que la participation, il est ouvert aux chefs d'entreprise, aux présidents, directeurs généraux, gérants ou membres du directoire s'il s'agit de personnes morales, ainsi qu'au conjoint du chef d'entreprise s'il a le statut de conjoint collaborateur ou de conjoint associé, des entreprises de 1 à 250 salariés (250 salariés au plus à compter du 1er janvier 2020).

Les salariés reçoivent immédiatement leurs primes d'intéressement. Elles doivent être versées avant le dernier jour du 5e mois suivant l'exercice. Si un plan d'épargne existe, le plan fixe les conditions dans lesquelles les sommes seront automatiquement affectées sur ce plan.

B Le calcul de l'intéressement

La loi ne fixe aucune règle particulière.

Les modalités de calcul doivent répondre aux critères suivants :

- l'intéressement doit avoir un ***caractère collectif*** : tous les salariés sont concernés. Un minimum d'ancienneté peut être prévu ;
- l'intéressement doit avoir un ***caractère aléatoire*** : L'intéressement n'est pas un droit acquis : aucune prime minimale n'est garantie ;
- l'intéressement est ***lié aux résultats ou aux performances de l'entreprise*** : les éléments pris en compte sont le résultat fiscal, le résultat comptable, le résultat d'exploitation, le chiffre d'affaires, etc. ; la période de calcul de l'intéressement est annuelle ou infra-annuelle (avec un plancher fixé à 3 mois) ; la loi PACTE permet de compléter la formule de calcul par un objectif pluriannuel ;
- l'intéressement est ***plafonné*** : le montant distribué à un même bénéficiaire ne peut pas excéder, sur un exercice, 50 % du montant du plafond annuel de la sécurité sociale ; la loi PACTE relève ce plafond à 75 %. Le plafonnement est désormais identique à celui applicable à la participation.

C Le forfait social

Au même titre que la participation, les entreprises doivent verser un forfait social. Son taux est de 20 %. Le taux de 8 % est applicable pendant 6 ans aux PME de moins de 50 salariés mettant volontairement en place pour la première fois un accord d'intéressement.

D Le traitement comptable

À la clôture de l'exercice, l'intéressement constitue un passif (charge à payer), comptabilisé au crédit du compte 4286.

À la date de l'approbation des comptes, la dette envers les salariés est constatée au crédit du compte 421 ; la CSG et la CRDS de 9,7 % au total, sont précomptées par l'entreprise et reversées à l'URSSAF.

À la date du versement des fonds, la somme est versée, soit directement au salarié, soit à un plan d'épargne salariale ; le compte 421 sera soldé par le crédit du compte de trésorerie approprié. Les sommes versées directement au salarié étant soumises à l'impôt sur le revenu, le compte 442 sera crédité en conséquence.

La comptabilisation comprend les étapes suivantes :

1. À la clôture de l'exercice

– ***Constatation de l'intéressement***

6414	Indemnités et avantages divers	X	
4286	Personnel – Autres charges à payer		X
	Constatation de l'intéressement		

– ***Forfait social (taux du FS x RSP)***

6338	Autres impôts, taxes et versements sur rémunérations (1)	X	
431	Sécurité sociale (2)		X
	Forfait social à payer		

(1) On peut utiliser le compte 6451 *Cotisations à l'URSSAF.*
(2) On peut utiliser le compte 4386 *Organismes sociaux – Forfait social à payer.*

2. À la date de l'approbation des comptes en N+1

4286	Personnel – Autres charges à payer	X	
421	Personnel – Rémunérations dues *(I x 90,3 %)*		X
431	Sécurité sociale *(I x 9,7 %)* (*)		X
	Approbation des comptes		

(*) Si l'on a utilisé le compte 4386 lors de la comptabilisation du FS, l'écriture est alors la suivante :

4286	Personnel – Autres charges à payer *(solde)*	X	
4386	Organismes sociaux – Forfait social à payer *(solde)*	X	
421	Personnel – Rémunérations dues *(I x 90,3 %)*		X
431	Sécurité sociale [*(I x Taux du FS)* + *(I x 9,7 %)*]		X
	Approbation des comptes		

3. À la date du versement des fonds en N+1

– ***Versement immédiat***

421 442 512	Personnel – Rémunérations dues *(solde)* Contributions, impôts et taxes recouvrés pour le compte de l'État Banques *Avis de débit*	X	 X X

– ***Affectation à un plan d'épargne***

421 4247	Personnel – Rémunérations dues *(solde)* Personnel – Plan d'épargne *Affectation à un plan d'épargne*	X	 X

III L'abondement

L'entreprise peut verser une contribution supplémentaire aux salariés, qualifiée d'« ***abondement*** » (A), dès lors que les salariés effectuent des versements volontaires et affectent tout ou partie des sommes issues de la participation ou de l'intéressement à un plan d'épargne salariale. L'abondement est facultatif ; il est proportionnel aux versements effectués par les salariés. Le montant annuel de l'abondement est plafonné à 8 % du plafond annuel de la sécurité sociale pour le PEE et il ne peut excéder le triple de la contribution du bénéficiaire.

La comptabilisation comprend les étapes suivantes :

1. Constatation de l'abondement

647 4286	Autres charges sociales Personnel – Autres charges à payer *Constatation de l'abondement*	X	 X

2. Forfait social (Taux du FS x Abondement)

6338 431	Autres impôts, taxes et versements sur rémunérations (1) Sécurité sociale (2) *Forfait social à payer*	X	 X

(1) On peut utiliser le compte 6451 *Cotisations à l'URSSAF*.
(2) On peut utiliser le compte 4386 *Organismes sociaux – Forfait social à payer*.

3. À la date de l'approbation des comptes par l'AG en N+1

La CSG et la CRDS de 9,7 % au total, sont précomptées par l'entreprise et reversées à l'URSSAF.

4286 421 431	Personnel – Autres charges à payer Personnel – Rémunérations dues *(A x 90,3 %)* Sécurité sociale *(A x 9,7 %)* *Approbation des comptes*	X	 X X

Versement de l'abondement sur un plan d'épargne

421 4247	Personnel – Rémunérations dues *(solde)* Personnel – Plan d'épargne *Affectation à un plan d'épargne*	X	 X

REMARQUE

Depuis le 1er janvier 2019, les entreprises, qui ne sont pas assujetties à titre obligatoire à la participation, sont exonérées de forfait social sur les abondements aux plans d'épargne salariale.

APPLICATION CORRIGÉE

La SA INT a signé un accord d'intéressement avec ses salariés, leur attribuant 5 % du résultat comptable avant intéressement et avant impôts. Elle verse un abondement de 30 % aux salariés qui affectent leur part d'intéressement à un PEE. Le résultat comptable de N est de 650 000 €. Le 20/06/N+1, des salariés ayant acquis pour 15 000 € de droits décident de les affecter à un PEE ; les autres salariés perçoivent le montant de leur intéressement. Les salariés décident d'affecter l'abondement à un PEE. On négligera les retenues à la source.

Comptabiliser les écritures en N et en N+1.

Correction

Intéressement = 5 % x 650 000 = 32 500

	31/12/N		
6414	Indemnités et avantages divers	32 500,00	
4286	Personnel – Autres charges à payer		32 500,00
	Constatation de l'intéressement		
	31/12/N		
6338	Autres impôts, taxes et versements assimilés sur rémunérations	6 500,00	
431	Sécurité sociale		6 500,00
	Forfait social (32 500 x 20 %)		
	20/06/N+1		
4286	Personnel – Autres charges à payer	32 500,00	
421	Personnel – Rémunérations dues		29 347,50
431	Sécurité sociale *(32 500 x 9,7 %)*		3 152,50
	Approbation des comptes		
	20/06/N+1		
421	Personnel – Rémunérations dues	29 347,50	
512	Banques *(29 347,5 – 15 000)*		14 347,50
4247	Personnel – Plan d'épargne		15 000,00
	Paiement de l'intéressement		
	20/06/N+1		
647	Autres charges sociales *(15 000 x 30 %)*	4 500,00	
4286	Personnel – Autres charges à payer		4 500,00
	Abondement		
	20/06/N+1		
6338	Autres impôts, taxes et versements assimilés sur rémunérations	900,00	
431	Sécurité sociale		900,00
	Forfait social (4 500 x 20 %)		
	20/06/N+1		
4286	Personnel – Autres charges à payer	4 500,00	
421	Personnel – Rémunérations dues		4 063,50
431	Sécurité sociale *(4 500 x 9,7 %)*		436,50
	Approbation des comptes		
	20/06/N+1		
6338	Autres impôts, taxes et versements assimilés sur rémunérations	900,00	
431	Sécurité sociale		900,00
	Forfait social (4 500 x 20 %)		
	20/06/N+1		
421	Personnel – Rémunérations dues	4 063,50	
4247	Personnel – Plan d'épargne		4 063,50
	Versement de l'abondement sur un PEE		

IV Les règles fiscales et sociales

A Les règles applicables au salarié

Le salarié bénéficie d'une exonération d'impôt sur le revenu sur les sommes issues de la participation sous condition d'une indisponibilité des droits pendant 5 ans (sauf CSG et CRDS). Il en est de même pour les revenus relatifs au placement des sommes issues de la participation, sous réserve de respecter l'indisponibilité des fonds. L'exonération est réduite de moitié si la durée d'indisponibilité est ramenée à 3 ans.

Les revenus perçus sur le placement des sommes issues de la participation pendant la période d'indisponibilité sont soumis aux prélèvements sociaux de 17,2 %.

Si le salarié demande le versement immédiat de tout ou partie des sommes dues au titre de la participation, les sommes débloquées sont exonérées des cotisations sociales mais sont soumises à l'impôt sur le revenu dans la catégorie des « Traitements et salaires » (sauf déblocage pour évènements exceptionnels) et supporteront donc la retenue à la source de l'impôt sur le revenu.

Les sommes perçues au titre de l'intéressement sont soumises à l'impôt sur le revenu dans la catégorie des « Traitements et salaires » et supporteront donc la retenue à la source de l'impôt sur le revenu. Toutefois, les sommes distribuées sont partiellement exonérées d'impôt sur le revenu, dans la limite de 75 % du plafond annuel de la Sécurité sociale, lorsque le bénéficiaire les reverse dans les 15 jours, sur un plan d'épargne (PEE, PEI ou PERCO). Cette mesure bénéficie également aux exploitants individuels et aux associés des sociétés de personnes.

Le salarié bénéficie d'une exonération des charges sociales sur les sommes perçues issues de la participation et de l'intéressement, à l'exception de la CSG et de la CRDS.

B Les règles applicables à l'entreprise

Les sommes attribuées au titre de la participation et de l'intéressement sont exonérées de charges sociales. L'entreprise est soumise au forfait social de 20 % (taux réduit sous conditions). Fiscalement, la RSP est déductible du résultat imposable au cours de l'exercice suivant sa constatation ; l'intéressement est déductible du résultat imposable dès l'exercice de son attribution. *L'étude relève de l'UE 4 Droit fiscal (voir Carrés DCG 4 - Droit fiscal, du même auteur).*

V Les plans d'épargne salariale

Les plans d'épargne salariale peuvent être volontairement mis en place par l'entreprise, soit par accord entre l'employeur et les institutions représentatives du personnel, soit à l'initiative du comité d'entreprise ou des délégués du personnel.

A Le plan d'épargne entreprise (PEE) et le plan d'épargne interentreprises (PEI)

Le PEE est un système d'épargne collective qui prévoit la constitution d'un portefeuille de valeurs mobilières de placement financé par les salariés. Il est alimenté par les versements volontaires effectués par les salariés, par les sommes perçues au titre de la participation et de l'intéressement et par l'abondement de l'entreprise. Le montant annuel de l'abondement est plafonné 8 % du plafond annuel de la sécurité sociale et il ne peut excéder le triple du versement du salarié.

Le PEI permet de constituer un PEE commun à plusieurs entreprises, pour permettre aux salariés des PME de profiter d'un regroupement nécessaire pour accéder à cette forme de placement.

REMARQUE

Depuis le 1er janvier 2019, les entreprises, qui ne sont pas assujetties à titre obligatoire à la participation, sont exonérées de forfait social sur les abondements au PEE.

B Le plan d'épargne pour la retraite collectif (PERCO)

Le PERCO est alimenté par les versements volontaires effectués par les salariés, par les sommes perçues au titre de la participation et de l'intéressement et par l'abondement de l'entreprise. Le montant annuel de l'abondement est plafonné 16 % du plafond annuel de la sécurité sociale et il ne peut excéder le triple du versement du salarié.

Les sommes issues de l'épargne salariale sont bloquées jusqu'au départ à la retraite du salarié, sauf cas exceptionnels (décès, invalidité du bénéficiaire ou de son conjoint, achat d'une résidence principale, situation de surendettement, chômage).

La loi PACTE a supprimé la disposition selon laquelle une entreprise ne pouvait mettre en place un PERCO qu'à la condition de proposer à ses adhérents un PEE d'une durée plus courte. Il est désormais possible de mettre en place un PERCO sans avoir de PEE. Cela ne concerne que les entreprises de moins de 50 salariés puisque les entreprises de plus de 50 salariés, assujetties obligatoirement à la participation, doivent avoir mis en place un PEE pour centraliser les sommes bloquées.

Les frais de tenue de compte, assumés par d'anciens salariés souhaitant continuer à alimenter leur PERCO, sont plafonnés ; ces plafonds seront fixes par décret.

REMARQUE

Depuis le 1er janvier 2019, les entreprises, qui ne sont pas assujetties à titre obligatoire à la participation, sont exonérées de forfait social sur les abondements au PERCO.

Les sommes issues de la participation, de l'intéressement, les abondements et les versements unilatéraux des employeurs bénéficieront, à une date fixée par décret, et au plus tard au 1er janvier 2020, d'un forfait social au taux réduit de 16 % si les sommes sont affectées sur un « PERCO plus ».

Chapitre 25

L'IMPÔT SUR LES SOCIÉTÉS

Ce chapitre va vous permettre d'aborder l'impôt sur les sociétés et les contributions additionnelles, leur paiement, les crédits d'impôts et le report en arrière des déficits.

Les montants résultant de l'application des règles fiscales seront fournis aux candidats.

I la définition de l'impôt sur les sociétés

L'***impôt sur les sociétés*** (IS) est un impôt direct sur les bénéfices réalisés par les sociétés relevant de cet impôt.

II Les sociétés imposables à l'impôt sur les sociétés

A Les sociétés imposables de plein droit à l'impôt sur les sociétés

Quels que soient leur objet et leur activité, sont soumises de plein droit à l'IS :

- les sociétés anonymes ;
- les sociétés en commandite par actions ;
- les sociétés par actions simplifiées ;
- les sociétés à responsabilité limitée ;
- les sociétés d'exercice libéral ;
- les sociétés coopératives (sauf règles particulières) ;
- les personnes morales qui se livrent à des opérations à caractère lucratif ;
- les EURL dont l'associé unique est une personne morale sont soumises à l'IS.

B Les sociétés imposables à l'impôt sur les sociétés sur option

Certaines entreprises sont soumises sur option à l'IS, en particulier :
- les sociétés en nom collectif ;
- les entreprises unipersonnelles à responsabilité limitée dont l'associé unique est une personne physique ;
- les exploitations agricoles à responsabilité limitée (EARL) ;
- les sociétés en commandite simple.

L'option pour l'IS est en principe irrévocable. Toutefois, pour les exercices clos à compter du 31 décembre 2018, il est possible de renoncer à l'option dans les conditions suivantes :
- l'option peut être dénoncée jusqu'au cinquième exercice qui suit celui au titre duquel elle a été exercée ;
- la renonciation doit être notifiée à l'administration avant la fin du mois qui précède la date limite du paiement du premier acompte d'IS.

C Les sociétés soumises à la contribution sociale (CS)

Les entreprises, réalisant un CA HT d'au moins 7 630 000 € et acquittant un IS au taux normal et au taux réduit applicable aux plus-values à long terme supérieur à 763 000 €, sont soumises à une contribution sociale.

III Le calcul de l'impôt

A La base de calcul de l'impôt sur les sociétés et de la contribution sociale

L'impôt sur les sociétés est calculé à partir du bénéfice fiscal (BF), correspondant au résultat comptable corrigé des réintégrations et des déductions extracomptables, en application des règles fiscales.
La contribution sociale est calculée sur la fraction de l'impôt supérieure à 763 000 €.

B Les taux d'imposition

1 Le taux normal et le taux réduit de l'impôt

L'abaissement du taux d'IS s'effectue selon les modalités suivantes :

Années	PME éligibles au taux réduit d'IS (*)	Autres entreprises
2019	15 % jusqu'à 38 120 € 28 % pour un BF compris entre 38 120 € et 500 000 € 31 % au-delà	28 % jusqu'à 500 000 € 31 % au-delà
2020	15 % jusqu'à de 38 120 € 28 % au-delà	28 %
2021	15 % jusqu'à 38 120 € 26,5 % au-delà	26,5 %
2022	15 % jusqu'à 38 120 € 25 % au-delà	25 %

(*) Entreprises dont le CA HT est < 7 630 000 €, le capital est entièrement libéré et détenu pour 75 % au moins par des personnes physiques.

2 Le taux de la contribution sociale

Le taux de la contribution sociale est de 3,3 %.

Le calcul de l'IS dû et de la contribution sociale due relèvent de l'UE 4 Droit fiscal.

IV Le paiement de l'impôt

Les entreprises soumises à l'IS sont tenues de :

– régler quatre acomptes de l'impôt sur les sociétés et de la contribution sociale ;

– liquider l'impôt sur les sociétés et la contribution sociale, sous déduction des acomptes.

Les acomptes à valoir sur l'impôt de l'exercice en cours sont calculés sur la base de l'exercice précédent.

La télétransmission des déclarations de résultat et de paiement de l'IS est obligatoire sous peine de sanctions.

V Le traitement comptable

A La comptabilisation des acomptes

Les acomptes sont réglés au plus tard, les 15 mars, 15 juillet, 15 septembre et 15 décembre pour les sociétés qui clôturent leur exercice au 31 décembre.

Le versement des acomptes représente une créance envers l'État.

L'écriture est la suivante :

444 512	État – Impôts sur les bénéfices Banques *Avis de débit n° ...*	X	 X

B La comptabilisation de l'impôt et de la contribution sociale dus

L'impôt sur les sociétés et la contribution sociale dus représentent une charge comptabilisée dans un compte 695 à la clôture.

L'écriture est la suivante :

695.1 695.2 444	Impôts dus en France Contribution additionnelle à l'impôt sur les bénéfices État – Impôts sur les bénéfices *Impôt et contribution dus*	X X	 X

C La liquidation de l'impôt et de la contribution sociale

La liquidation a lieu au plus tard le 15 mai N+1 pour les sociétés qui clôturent leur exercice au 31 décembre N.

Solde de l'IS = IS dû au 31/12/N – Total des acomptes versés en N

Solde de la contribution = Contribution due au 31/12/N – Total des acomptes versés en N

L'écriture est la suivante :

444 512	État – Impôts sur les bénéfices Banques *Avis de débit n° ...*	X	 X

D Le report des déficits

1 Le report en avant des déficits

La créance IS née du report en avant n'est pas comptabilisée car les conditions de comptabilisation des créances ne sont pas remplies.

2 Le report en arrière des déficits

Seules les sociétés soumises à l'IS peuvent opter pour le report en arrière des déficits.

La possibilité de report en arrière est limitée au dernier exercice. Le report en arrière est limité au plus faible des deux montants entre le bénéfice d'imputation et 1 000 000 €.

Cette imputation fait naître une créance sur l'État, au taux normal ou au taux réduit des PME :

Créance IS = Déficit imputé x Taux d'IS

À la clôture de l'exercice au titre duquel le report en arrière du déficit est réalisé, il convient de débiter le compte 444 par le crédit d'un compte 699.

L'écriture est la suivante :

444 699	État – Impôts sur les bénéfices Produits – Report en arrière des déficits *Créance IS*	X	 X

La créance peut être utilisée pour le paiement de l'impôt futur pendant 5 ans (acomptes ou solde d'IS, rappel d'IS, à l'exception de la contribution sociale), ou être remboursée à la fin du délai de 5 ans si elle n'a pas pu être totalement utilisée. Un remboursement anticipé est possible pour les sociétés en redressement ou liquidation judiciaire. Le déficit qui n'a pas pu être imputé sur les bénéfices antérieurs reste reportable sur les exercices futurs (report en avant).

E Les aides représentées par des crédits d'impôts

Le crédit d'impôt vient diminuer l'impôt exigible. Il constitue une créance sur l'État.

La comptabilisation dépend du régime fiscal auquel est assujettie l'entreprise. Seuls les crédits d'impôts des entreprises soumises à l'IS sont comptabilisés. Ils sont enregistrés via le compte 699, au même titre que le report en arrière des déficits.

L'écriture est la suivante :

444 699	État – Impôts sur les bénéfices Produits – Crédits d'impôts *Crédits d'impôts*	X	 X

Chapitre 26
LES AIDES AUX ENTREPRISES

Ce chapitre va vous permettre d'identifier les aides aux entreprises et de les comptabiliser.

I Les subventions

A Les subventions accordées

Les subventions accordées ont pour but de subvenir à certaines dépenses de tiers. Elles constituent des charges exceptionnelles mais peuvent être comptabilisées dans un compte de charges d'exploitation si elles sont récurrentes. Le compte de charges d'exploitation varie selon la nature de la subvention consentie.

L'écriture est la suivante :

6715 512	Subventions accordées Banques *Avis de débit n° …*	X	 X

APPLICATION CORRIGÉE

Une société A a versé le 01/01/N une subvention de 5 000 € à l'entreprise B qui a accepté d'embaucher un salarié licencié par A.

Comptabiliser l'écriture chez A.

Correction

	01/01/N		
6715 512	Subventions accordées Banques *Avis de débit n° …*	5 000	 5 000

B Les subventions reçues

1 Les subventions d'exploitation

Les subventions d'exploitation servent à compenser l'insuffisance de certains produits d'exploitation ou à faire face à certaines charges d'exploitation. Elles sont comptabilisées au crédit du compte 74.

La comptabilisation comprend les étapes suivantes :

1. Attribution de la subvention

4417 74	État – Subventions d'exploitation Subventions d'exploitation *Attribution de la subvention*	X	 X

2. Encaissement de la subvention

512 4417	Banques État – Subventions d'exploitation *Avis de crédit n° …*	X	 X

ATTENTION

Les subventions d'exploitation sont imposables à la TVA si la condition de « lien direct » est remplie : subvention octroyée en contrepartie d'un service rendu ou en complément de prix.

Dans le cas où la subvention d'exploitation serait soumise à TVA, cela sera précisé dans le contexte.

2 Les subventions d'équilibre

Les subventions d'équilibre servent à compenser le déficit global que l'entreprise aurait constaté si la subvention ne lui avait pas été accordée. Elles sont comptabilisées au crédit du compte 7715.

La comptabilisation comprend les étapes suivantes :

1. Attribution de la subvention

4418 7715	État – Subventions d'équilibre Subventions d'équilibre *Attribution de la subvention*	X	 X

2. Encaissement de la subvention

512 4418	Banques État – Subventions d'équilibre *Avis de crédit n° …*	X	 X

ATTENTION
Les subventions d'équilibre sont imposables à la TVA si la condition de « lien direct » est remplie : subvention octroyée en contrepartie d'un service rendu ou en complément de prix.

Dans le cas où la subvention d'équilibre serait soumise à TVA, cela sera précisé dans le contexte.

APPLICATION CORRIGÉE

Une société a encaissé le 01/01/N une subvention de 6 000 € accordée par la société mère afin qu'elle puisse poursuive son activité déficitaire depuis plusieurs années. La poursuite de cette activité est nécessaire au développement futur du groupe.

Comptabiliser l'écriture au 01/01/N.

Correction

La subvention est assujettie à la TVA car elle est assortie de l'obligation par la société de poursuivre son activité.

	01/01/N		
512 7715 44571	Banques Subventions d'équilibre TVA collectée *Encaissement de la subvention*	6 000	 5 000 1 000

3 Les subventions d'équipement ou d'investissement

Les subventions d'équipement ou d'investissement servent à financer des éléments d'actif immobilisé nettement précisés (subventions d'équipement) ou des activités à long terme (subventions d'investissement).

L'entreprise a le choix entre deux méthodes de comptabilisation :

- comptabiliser la subvention immédiatement en produits ;
- étaler la subvention.

a La subvention est comptabilisée immédiatement en produit

La subvention est enregistrée en produits exceptionnels.

La comptabilisation comprend les étapes suivantes :

1. Attribution de la subvention

4411 77	État – Subventions d'investissement Produits exceptionnels *Attribution de la subvention*	X	 X

2. Encaissement de la subvention

512 4411	Banques État – Subventions d'investissement *Avis de crédit n° …*	X	 X

b La subvention est étalée

La subvention est considérée comme une ressource de financement ; elle est comptabilisée dans un compte faisant partie des capitaux propres (compte 131).

À la clôture de chaque exercice, le montant de la subvention est repris au compte de résultat par le biais des comptes 139 et 777.

La comptabilisation comprend les étapes suivantes :

1. Attribution de la subvention

4411 131	État – Subventions d'investissement Subventions d'équipement *Attribution de la subvention*	X	 X

2. Encaissement de la subvention

512 4411	Banques État – Subventions d'investissement *Avis de crédit n° …*	X	 X

3. Reprise de la subvention à la clôture

139 777	Subventions d'investissement inscrites au compte de résultat Quote-part des subventions d'investissement virée au résultat *Reprise de la subvention*	X	 X

ATTENTION
Les subventions d'équipement et d'investissement ne sont pas imposables à la TVA.

c Les modalités de reprise de la subvention d'investissement

Le rythme de reprise diffère selon que la subvention a financé une immobilisation non amortissable ou une immobilisation amortissable.

- ***Reprise des subventions sur biens non amortissables***

La reprise de la subvention d'investissement est étalée sur le nombre d'années pendant lequel l'immobilisation est inaliénable aux termes du contrat. À défaut de clause d'inaliénabilité, le montant de la reprise de chaque exercice est égal au dixième du montant de la subvention.

- ***Reprise des subventions sur biens amortissables***

La reprise de la subvention d'investissement s'effectue sur la même durée et au même rythme que l'amortissement de la valeur de l'immobilisation acquise ou créée au moyen de la subvention :

- ***soit la subvention est totale*** : la reprise de la subvention correspond à la dotation aux amortissements de l'immobilisation ;
- ***soit la subvention est partielle*** : on applique à l'amortissement de l'immobilisation le taux de la subvention égal à :

Subvention x 100 / Valeur de l'immobilisation

L'option de l'étalement peut être librement exercée pour chaque subvention reçue. En revanche, pour une même subvention, l'option pour l'étalement est définitive et, en vertu du principe de permanence des méthodes, elle ne peut être remise en cause ultérieurement.

ATTENTION

Variation des stocks = Stock initial – Stock final
Si l'immobilisation a bénéficié d'un amortissement fiscal différent de l'amortissement comptable, la reprise de la subvention s'effectue sur la même durée et au même rythme que l'amortissement fiscal de l'immobilisation.

Si la subvention porte sur un ensemble immobilier, il est indispensable de distinguer la subvention sur le terrain qui suit le régime des biens non amortissables, de la subvention sur la construction qui suit le régime des biens amortissables.

Si la subvention finance une immobilisation décomposée, elle doit être affectée aux différents composants de façon proportionnelle. La reprise de la subvention s'effectue sur la même durée et au même rythme que les amortissements de la structure et des composants.

APPLICATION CORRIGÉE

Une société a fait installer machine facturée et mise en service le 01/10/N. Elle comprend la partie motorisée (structure) de 600 000 € (durée d'utilisation 15 ans), un composant A de 200 000 € HT (durée d'utilisation 10 ans) et un composant B de 200 000 € HT (durée d'utilisation 5 ans). Une subvention de 200 000 € a été attribuée le 01/03/N et encaissée le 01/11/N. Le mode d'amortissement linéaire traduit le mieux le rythme de consommation des avantages attendus.

L'entreprise bénéficie de l'amortissement dégressif pour le composant B.

Comptabiliser les écritures en N.

Correction

	01/03/N		
441	État – Subventions à recevoir	200 000	
131	Subventions d'équipement		200 000
	Notification de la subvention		
	01/10/N		
2154.1	Matériel industriel – Structure	600 000	
2154.2	Matériel industriel – Composant A	200 000	
2154.2	Matériel industriel – Composant B	200 000	
44562	TVA déductible sur immobilisations	200 000	
404	Fournisseurs d'immobilisations		1 200 000
	Facture n° …		
	01/11/N		
512	Banques	200 000	
441	État – Subventions à recevoir		200 000
	Encaissement de la subvention		

Amortissements au 31/12/N :

Structure	Composant A	Composant B				
Amortissement comptable	**Amortissement comptable**	**Amortissement fiscal**	**Amortissable comptable**	**Amortissement dérogatoire**	
				Dotations	Reprises
(600 000 / 15) x 3 / 12 = 10 000	(200 000 / 10) x 3 / 12 = 5 000	200 000 x 35 % x 3 / 12 = 17 500	(200 000 / 5) x 3 / 12 = 10 000	7 500	

	31/12/N		
6811	Dotations aux amortissements sur immobilisations	25 000	
28154.1	Amortissements du matériel – Structure		10 000
28154.2	Amortissements du matériel – Composant A		5 000
28154.3	Amortissements du matériel – Composant B		10 000
	Annuités comptables		
	31/12/N		
68725	Dotations aux amortissements dérogatoires	7 500	
145	Amortissements dérogatoires		7 500
	Annuité dérogatoire		

Taux de la subvention = 200 000 x 100 / 1 000 000 = 20 %

Reprise de la subvention au compte de résultat = 20 % x (10 000 + 5 000 + 17 500) = 6 500

	31/12/N		
139 777	Subventions d'investissement inscrites au compte de résultat Quote-part des subventions d'investissement virée au résultat *Reprise de la subvention*	6 500	6 500

4 La cession d'immobilisations subventionnées

Les écritures de cessions des immobilisations subventionnées nécessitent trois écritures supplémentaires.

Reprise de la subvention l'année de la cession

139 777	Subventions d'investissement inscrites au compte de résultat Quote-part des subventions virée au résultat *Reprise de la subvention*	X	X

Solde de la subvention à rapporter :
Subvention totale – Cumul des reprises effectuées jusqu'à la cession du bien

139 777	Subventions d'investissement inscrites au compte de résultat Quote-part des subventions virée au résultat *Solde de la subvention à rapporter*	X	X

Reprise de la subvention totale

131 139	Subventions d'équipement Quote-part des subventions virée au résultat *Reprise de la subvention totale*	X	X

5 Les subventions entièrement rapportées au résultat

Les comptes doivent être soldés en fin d'étalement de la subvention, comme pour la cession d'un bien subventionné.

L'écriture est la suivante :

Reprise de la subvention totale

131 139	Subventions d'équipement Quote-part des subventions virée au résultat *Reprise de la subvention totale*	X	X

II Les subventions d'exploitation et d'équilibre accordées sous conditions

A Les subventions accordées sous conditions résolutoires

1 Les principes

Lorsque les subventions sont accordées à l'entreprise sous conditions résolutoires, le montant est réputé acquis dès la signature de l'accord (notification) et non lors de l'encaissement. La comptabilisation est donc identique à celle des subventions accordées sans conditions.

Si l'entreprise sait, à la clôture de l'exercice comptable, qu'elle ne pourra pas respecter les conditions imposées dans l'accord, le risque de remboursement doit être constaté par une provision, égale au plus, au montant de la subvention rapportée aux résultats de l'exercice et des exercices antérieurs (calcul possible au prorata de la période de remboursement).

L'écriture est la suivante :

6815 1518	Dotations aux provisions d'exploitation Autres provisions pour risques *Constatation de la provision*	X	 X

REMARQUE

Une charge à payer peut être comptabilisée en 671 Charges exceptionnelles sur opérations de gestion, pour le montant du remboursement à l'organisme.

2 Le remboursement des subventions

Le remboursement ultérieur est comptabilisé en charges exceptionnelles. La provision constatée antérieurement sera reprise.

Les écritures sont les suivantes :

Remboursement de la subvention

6715 512	Subventions accordées Banques *Remboursement de la subvention*	X	 X

Reprise de la provision

1518 7815	Autres provisions pour risques Reprises sur provisions d'exploitation *Reprise de la provision*	X	 X

B Les subventions accordées sous conditions suspensives

Lorsque les subventions sont accordées à l'entreprise sous conditions suspensives, les subventions ne sont acquises que lorsque l'entreprise aura satisfait à certaines conditions. Les sommes perçues par l'entreprise au titre des subventions avant de remplir les conditions requises sont comptabilisées dans un compte d'avance (compte 4419).

L'écriture est la suivante :

Constatation de l'avance

512 4419	Banques État – Avances sur subventions *Avis de crédit n° …*	X	 X

Deux cas de figure se présentent :

– soit les conditions sont réunies et l'avance doit être soldée :

4419 74	État – Avances sur subventions Subventions d'exploitation *Solde de l'avance*	X	 X

– soit les conditions ne sont pas réunies et l'entreprise devra rembourser en tout ou partie l'acompte sur subvention éventuellement perçu :

4419 512	État – Avances sur subventions Banques *Avis de débit n° …*	X	 X

III Les aides à l'emploi

A Les aides prenant la forme d'exonérations ou de réductions de charges

Toute exonération ou réduction de charges patronales ne fait l'objet d'aucune écriture comptable. Le compte de charge sera simplement débité pour le montant approprié. Lorsque ces aides ont un impact significatif, une information doit être communiquée dans l'annexe.

B Les aides et primes versées pour l'emploi de salariés

Les aides et primes versées pour l'emploi de salariés sont assimilées à des subventions d'exploitation.

Les écritures sont les suivantes :

Attribution de l'aide

4417 74	État – Subventions d'exploitation Subventions d'exploitation *Attribution de la subvention*	X	 X

Encaissement de l'aide

512 4417	Banques État – Subventions d'exploitation *Avis de crédit n° …*	X	 X

REMARQUE

Lorsque l'aide est conditionnée au respect de conditions, les règles sont les mêmes que pour les subventions d'exploitation et d'équilibre accordées sous conditions.

C Les aides constituées par des remboursements forfaitaires ou réels

Lorsque des aides à l'emploi sont accordées à l'entreprise, il est préconisé de les comptabiliser, non pas comme des subventions d'exploitation, mais comme le remboursement de charges de personnel.

La comptabilisation diffère selon que le remboursement de l'aide est forfaitaire ou réel.

Remboursement forfaitaire (remboursement d'une partie des frais de formation)

– ***Attribution de l'aide***

443 791	Opérations particulières avec l'État Transfert de charges d'exploitation *Attribution de l'aide*	X	 X

– ***Encaissement de l'aide***

512 443	Transfert de charges d'exploitation Banques *Avis de crédit n° ...*	X	 X

Remboursement réel (charges que l'entreprise a effectivement supportées)

– ***Attribution de l'aide***

443 64	Opérations particulières avec l'État Charges de personnel *Attribution de l'aide*	X	 X

– ***Encaissement de l'aide***

512 443	Transfert de charges d'exploitation Banques *Avis de crédit n° ...*	X	 X

IV Les abandons de créances

A La définition de l'abandon de créances

L'***abandon de créance*** est une aide ou un avantage accordé par une entreprise à une autre entreprise. Il peut être qualifié d'abandon commercial ou d'abandon financier selon les motifs et les circonstances qui ont conduit à sa réalisation.

Deux types d'abandons de créances :

- l'***abandon à caractère commercial*** : l'abandon a un caractère commercial s'il trouve son origine dans les relations commerciales entre les deux entreprises, s'il est consenti pour sauvegarder des débouchés ou des sources d'approvisionnement ;
- l'***abandon à caractère financier*** : l'abandon à caractère financier survient dans le cadre des sociétés « mères-filles », et concerne, le plus souvent des avances ou des prêts de la société-mère à sa filiale. Il n'existe aucun lien à caractère commercial. L'intérêt pour la société-mère, est de permettre la poursuite de l'activité de sa filiale et de sauvegarder l'image financière du Groupe.

REMARQUE
Lorsqu'un abandon présente à la fois un caractère commercial et financier, il est nécessaire de déterminer le caractère prédominant.

B Le traitement comptable

1 Le traitement comptable dans l'entreprise qui consent l'abandon

a L'abandon à caractère commercial

L'abandon constitue une charge exceptionnelle, inscrite au débit du compte 6788 *Charges exceptionnelles diverses*.

L'écriture est la suivante :

6788 411	Charges exceptionnelles diverses Clients *Abandon de créances consenti*	X	X

REMARQUE
Si un « lien direct » existe entre l'avantage reçu et le prix de cet avantage, l'opération est soumise à la TVA.

APPLICATION CORRIGÉE

Le 01/01/N, la société A abandonne une créance commerciale de 10 000 € sur la société B qui a des difficultés de trésorerie dans le but de conserver ce client pour des raisons stratégiques.

Comptabiliser l'écriture dans l'entreprise A.

Correction
Il s'agit d'un abandon de créance à caractère commercial. Le motif de l'abandon est commercial (conserver le client pour des raisons stratégiques). L'abandon n'est pas soumis à la TVA car il n'existe aucune contrepartie.

	01/01/N		
6788 411	Charges exceptionnelles diverses Clients *Abandon de créances consenti*	10 000	10 000

b L'abandon à caractère financier

L'étude des abandons à caractère financier porte sur des cas où la société bénéficiaire de l'abandon ne fait pas l'objet d'une procédure collective.

L'abandon correspond à une charge financière inscrite au débit du compte 664 *Pertes sur créances liées à des participations*.

L'écriture est la suivante :

664 267	Pertes sur créances liées à des participations Créances rattachées à des participations *Abandon de créances consenti*	X	 X

REMARQUE

Si l'abandon est comptabilisé dans le compte 664, il est impossible de déprécier les titres, et une reprise des dépréciations existantes doit être effectuée. Il est possible de comptabiliser l'abandon dans le compte 261 ; dans ce cas, un complément de dépréciation des titres peut être constaté.

1 Le traitement comptable dans l'entreprise bénéficiaire de l'abandon

a L'abandon à caractère commercial

L'abandon constitue un produit exceptionnel, inscrit au crédit du compte 7788 *Produits exceptionnels divers*.

L'écriture est la suivante :

401 7788	Fournisseurs Produits exceptionnels divers *Abandon de créances reçu*	X	 X

REMARQUE

Si la notion de « lien direct » est respectée, l'opération est soumise à la TVA.

b L'abandon à caractère financier

L'abandon constitue un produit exceptionnel, inscrit au crédit du compte 7788 *Produits exceptionnels divers*.

L'écriture est la suivante :

171 7788	Dettes rattachées à des participations Produits exceptionnels divers *Abandon de créances reçu*	X	 X

C Les clauses de retour à meilleure fortune

La clause de retour à meilleure fortune a pour objet de permettre au créancier, ayant précédemment abandonné sa créance, de contraindre le bénéficiaire de l'abandon, à rembourser tout ou partie des sommes abandonnées, dès que ses moyens financiers le lui permettront. L'abandon de créances est réalisé sous conditions résolutoires et fait l'objet d'un contrat, indiquant précisément les conditions quant à la nature de l'évènement constituant le retour à meilleure fortune et les modalités de remboursement. Tant que la dette n'est pas remboursée, une mention doit être portée dans l'annexe.

En cas d'un remboursement partiel de la dette, l'engagement hors bilan est réduit, à hauteur du montant remboursé.

1 Le traitement comptable dans l'entreprise qui consent l'abandon

Le remboursement constitue un produit exceptionnel ou un produit financier selon la nature de l'abandon.

L'écriture est la suivante :

512	Banques	X	
7788	Produits exceptionnels divers *(abandon commercial)*		X
768	Autres produits financiers *(abandon financier)*		X
	Avis de crédit n° …		

2 Le traitement comptable dans l'entreprise bénéficiaire de l'abandon

Le remboursement constitue une charge exceptionnelle ou une charge financière selon la nature de l'abandon.

L'écriture est la suivante :

6788	Charges exceptionnelles diverses *(abandon commercial)*	X	
668	Autres charges financières *(abandon financier)*	X	
512	Banques		X
	Avis de débit n° …		

APPLICATION CORRIGÉE

La société A a pris une participation de 35 % dans la B. Au cours des deux dernières années, cette entreprise a dû faire face à d'importantes restructurations et a vu sa rentabilité se détériorer. Afin de l'accompagner, la société A ainsi qu'un autre actionnaire, la société C, détenant 15 % du capital de B, acceptent le 01/01/N de renoncer à leurs créances qui sont respectivement de 54 000 € et de 36 000 €. Ces deux entreprises n'entretiennent aucune activité de type commercial avec B et ces abandons de créances ne constituent pas un acte anormal de gestion.

Comptabiliser les écritures dans les entreprises A et B.

Correction

Entreprise A :

L'abandon de créance est à caractère financier car les créances abandonnées sont d'origine financière et les sociétés n'entretiennent pas de relations commerciales.

	01/01/N		
664	Pertes sur créances liées à des participations	54 000	
267	Créances rattachées à des participations		54 000
	Abandon de créances consenti		

Entreprise B :

	01/01/N		
171	Dettes rattachées à des participations	90 000	
7788	Produits exceptionnels divers		90 000
	Abandon de créances reçu (54 000 + 36 000)		

Chapitre 27

LES CHANGEMENTS COMPTABLES

Ce chapitre va vous permettre d'analyser les conséquences comptables d'un changement de méthode comptable, d'un changement d'estimation et de corrections d'erreurs.

I Les principes généraux

Par dérogation au principe de permanence des méthodes, l'entité peut être amenée à appliquer des changements de méthodes comptables.

Un règlement de l'ANC a modifié le PCG sur les changements de méthodes, les changements d'estimation et les corrections d'erreurs comptables. Les nouvelles dispositions sont applicables depuis le 1er octobre 2018 (règlement 18-01, art. 23). Le règlement assouplit les conditions d'un changement de méthode ; il est désormais possible de changer de méthode à tout moment, sans avoir à justifier d'un changement exceptionnel dans la situation de l'entreprise, en démontrant que ce changement fournit une meilleure information.

II Les définitions

A Les méthodes comptables

Selon le PCG, une méthode comptable est définie comme « *les principes, règles et pratiques spécifiques appliquées par une entité lors de l'établissement de ses comptes annuels. Elles s'appliquent aux méthodes d'évaluation, de comptabilisation et de présentation des comptes* ».

Cette définition précise que l'adoption initiale d'une méthode résulte d'une décision de l'entité qui n'a pas à être justifiée.

B Les méthodes de référence

Les méthodes de référence conduisent à une meilleure information financière car elles répondent aux principes généraux des normes de comptabilité privée, c'est-à-dire à la définition des actifs et des passifs.

Ne sont plus des méthodes de référence :

- ***la comptabilisation des contrats à long terme à l'avancement,*** afin de résoudre la problématique des entreprises, qui selon la norme IFRS 15 sur la reconnaissance du chiffre d'affaires applicable, vont utiliser la méthode à l'achèvement ;
- ***l'imputation des frais d'augmentation de capital et de fusion sur les primes***.

Devient une méthode de référence : le rattachement des frais d'acquisition (droits de mutation, honoraires, commissions ou frais d'actes) au coût d'acquisition ou de production des immobilisations corporelles, des immobilisations incorporelles, des titres immobilisés et des titres de placement.

Restent des méthodes de référence :

- le provisionnement des engagements de retraite et assimilés ;
- la comptabilisation en charges des frais de constitution, de transformation et de premier établissement ;
- l'activation des coûts de développement.

L'adoption d'une méthode de référence n'a pas à être justifiée, et une fois adoptée, elle est irréversible.

III Les changements de méthodes comptables

Une entité peut changer de méthode comptable lors d'un changement de réglementation imposée par l'ANC ou à sa propre initiative selon certaines conditions.

À la différence des changements de méthodes qui sont à l'initiative de l'entreprise, les changements de réglementation s'imposent à elle. Un changement de réglementation n'a pas à être justifié par l'entreprise.

A Les changements de méthodes à l'initiative de l'entité

1 Les conditions de changement de méthodes

Avec le nouveau règlement ANC 18-01, un changement de méthode comptable à l'initiative de l'entreprise n'est possible que s'il existe un choix entre plusieurs méthodes et que la nouvelle méthode conduit à une meilleure information financière, c'est-à-dire reflétant de façon plus adaptée et plus pertinente la performance ou le patrimoine de l'entité au regard de son activité, sa situation et son environnement.

Ce choix peut être soit implicite et résulter de la pratique en l'absence de textes, soit explicite et résulter de l'existence d'une option dans les textes. Un changement de méthodes doit résulter de circonstances qui justifient l'adoption d'une autre méthode comptable.

Ne constituent pas des changements de méthodes :

- l'adoption d'une méthode comptable pour des évènements ou des opérations qui diffèrent sur le fond d'évènements ou d'opérations survenus précédemment ;
- l'adoption d'une nouvelle méthode comptable pour des évènements ou des opérations qui étaient jusqu'alors sans importance significative.

2 Le choix entre les différentes méthodes comptables

a Les options susceptibles de présenter un choix entre plusieurs méthodes

Il existe des choix entre plusieurs méthodes comptables explicites conformes aux principes d'établissement des comptes annuels dont aucune n'est une méthode de référence.

Les choix possibles sont les suivants :

- l'évaluation des stocks au CUMP ou au PEPS ;
- la comptabilisation d'un composant de deuxième catégorie en composant ou constatation d'une provision pour gros entretien ou grande révision ;
- la comptabilisation des frais d'augmentation de capital et de fusion en charges ou en frais d'augmentation de capital, ou imputation des frais sur les primes d'émission et de fusion ;
- la comptabilisation des contrats à long terme selon la méthode de l'avancement ou de l'achèvement.

b Les règles comptables comportant des options avec méthode de référence

Les méthodes de référence sont au nombre de quatre. Elles concernent :

- le provisionnement des engagements de retraite ;
- l'activation des coûts de développement ;
- l'activation des frais d'acquisition dans le coût d'acquisition ou de production des immobilisations incorporelles, corporelles, titres immobilisés et titres de placement ;
- la comptabilisation en charges les frais de constitution, de transformation et de premier établissement.

Les méthodes de référence sont récapitulées dans le tableau suivant :

Éléments	Méthode de référence	Autre méthode possible
Engagements de retraite	Provisionnement total	Information dans l'annexe
Coûts de développement	Activation si conditions réunies	Comptabilisation en charges
Frais d'acquisition des immobilisations	Activation	Comptabilisation en charges
Frais de constitution, de transformation et de premier établissement	Comptabilisation en charges	Comptabilisation en frais d'établissement

Les méthodes de référence sont considérées comme donnant une meilleure information financière. Le changement pour une méthode de référence n'a pas à être justifié.

Une entreprise peut considérer que la nouvelle méthode adoptée conduit à une meilleure information financière, sans pour autant être une méthode de référence (volonté d'harmoniser les méthodes comptables dans les comptes individuels et celles retenues dans les comptes consolidés, etc.).

Le changement de méthode est irréversible ; une méthode considérée par l'entité comme fournissant une meilleure information financière ne peut pas être remise en cause ultérieurement, qu'il s'agisse ou non d'une méthode de référence.

3 Le traitement comptable

Pour assurer la bonne lisibilité de l'information financière future, il convient de calculer l'effet après impôt de la nouvelle méthode de façon rétrospective, comme si elle avait toujours été appliquée.

L'application de la nouvelle méthode ne peut pas avoir pour effet de modifier les comptes des exercices antérieurs. L'impact du changement est obligatoirement imputé sur les capitaux propres, en report à nouveau dès l'ouverture de l'exercice (sauf exceptions). Le résultat de l'exercice n'est donc pas affecté par des corrections provenant d'exercices antérieurs. Par exception, il est possible de comptabiliser l'impact du changement de méthode en résultat, lorsque le changement de méthode porte sur des charges ou des provisions déductibles.

REMARQUE

Une modification a été intégrée dans le PCG et concerne la présentation de l'impact du changement de méthode net d'impôt, sur une ligne en dehors du résultat courant, dans le cas où le changement n'est pas porté en report à nouveau (pour des raisons fiscales) mais en résultat.

a Les changements de méthodes comptables explicites équivalentes

Si le changement de méthode s'accompagne d'une hausse du résultat, il doit être constaté en report à nouveau dès l'ouverture de l'exercice ; dans le cas d'une baisse du résultat, la baisse sera directement comptabilisée en charges.

• ***Changement de la méthode d'évaluation des stocks***

Si le stock final N–1 modifié est supérieur au stock final N–1 ancien, la différence augmente le compte de stocks ; le changement de méthode a donc pour conséquence d'augmenter le résultat, donc les capitaux propres et doit être crédité en report à nouveau.

La comptabilisation comprend les étapes suivantes :

1. Impact du changement de méthode au 01/01/N

3. 155 110	Comptes de stocks Provision pour impôt Report à nouveau *Impact du changement au 01/01/N*	X	 X X

2. Annulation du stock initial au 31/12/N (nouvelle méthode)

603, 713 3.	Variations de stocks Comptes de stocks *Annulation du stock*	X	 X

3. Constatation du stock final au 31/12/N (nouvelle méthode)

3. 603, 713	Comptes de stocks Variations des stocks *Constatation du stock*	X	 X

Si le stock final N–1 modifié est inférieur au stock final N–1 ancien, la différence diminue le compte de stocks ; le changement de méthode a donc pour conséquence de diminuer le résultat, donc les capitaux propres et doit être débité en report à nouveau.

La comptabilisation comprend les étapes suivantes :

Impact du changement de méthode

110 3.	Report à nouveau Comptes de stocks *Impact du changement au 01/01/N*	X	 X

Annulation du stock initial au 31/12/N (nouvelle méthode)

603, 713 3.	Variations des stocks Comptes de stocks *Annulation du stock*	X	 X

Constatation du stock final au 31/12/N (nouvelle méthode)

3. 603, 713	Comptes de stocks Variations des stocks *Constatation du stock final*	X	 X

• ***Changement de la méthode d'évaluation des contrats à long terme – Adoption de la méthode à l'avancement***

Deux cas de figure se présentent :

– ***soit le contrat est bénéficiaire*** :

L'écriture de l'impact du changement de méthode au 01/01 est la suivante :

4181 3. 110 155	Clients – factures à établir En-cours Report à nouveau Provisions pour impôts *Impact du changement de méthode*	X	 X X X

– ***soit le contrat est déficitaire*** :
L'écriture de l'impact du changement de méthode au 01/01 est la suivante :

4181	Clients – factures à établir	X	
39.	Dépréciations des en-cours	X	
3.	En-cours		X
	Impact du changement de méthode		

APPLICATION CORRIGÉE

L'entreprise XYZ décide d'évaluer ses stocks au CUMP à la place du PEPS. Stock de marchandises au 31/12/N–1 : 170 000 € (PEPS) et 200 000 € (CUMP).

Comptabiliser les opérations suivantes au 01/01/N.

Correction

Il s'agit d'un changement de méthode ne résultant pas de l'adoption d'une méthode préférentielle. Il est nécessaire de justifier d'un changement exceptionnel dans la situation de l'entité. Pour justifier du changement de méthode, la nouvelle méthode doit permettre d'obtenir une meilleure information financière. Le changement de méthode a pour conséquence une augmentation des capitaux propres : 200 000 – 170 000 = 30 000 €. La charge d'IS est de 30 000 x 30 % = 10 000 €.

	01/01/N		
37	Stocks de marchandises	30 000	
155	Provisions pour impôt *(30 000 × 30 %)*		10 000
110	Report à nouveau		20 000
	Impact du changement de méthode		

En reprenant ce même exemple, en considérant que l'entreprise décide d'évaluer ses stocks au PEPS à la place du CUPM, le changement de méthode aurait pour conséquence une diminution des capitaux propres : 170 000 – 200 000 = – 30 000 €. Pour pouvoir être déduite fiscalement, cette diminution doit être comptabilisée en charges et non pas venir en diminution du report à nouveau.

	01/01/N		
6037	Variations de stocks de marchandises	30 000	
37	Stocks de marchandises		30 000
	Impact du changement de méthode		

b L'adoption d'une méthode de référence

- ***Provisionnement des engagements de retraite***

Le changement de méthode a pour conséquence d'augmenter le résultat (baisse des charges), donc les capitaux propres. La provision pour engagements de retraite n'étant pas déductible fiscalement, aucun impôt ne doit être déduit.

L'écriture est la suivante :

110 153	Report à nouveau Provisions pour pensions et obligations similaires *Impact du changement au 01/01/N*	X	 X

APPLICATION CORRIGÉE

Une entreprise décide de comptabiliser ses engagements de retraite en N au lieu de les mentionner dans l'annexe. Les engagements sont de 150 000 € au 31/12/N–1.

Comptabiliser les opérations au 01/01/N.

Correction

Il s'agit d'un changement de méthode comptable résultant de l'adoption d'une méthode de référence qui n'a pas à être justifié en annexe.

La provision pour engagements de retraite n'étant pas déductible fiscalement, aucun impôt ne doit être déduit.

	01/01/N		
110 153	Report à nouveau Provisions pour pensions et obligations similaires *Impact du changement de méthode*	150 000	 150 000

- ***Activation des coûts de développement***

Le changement de méthode a pour conséquence d'augmenter le résultat (baisse des charges), donc les capitaux propres.

L'écriture est la suivante :

Activation des coûts de développement

203 2803 155 110	Frais de développement Amortissements des frais de développement *(cumul)* Provisions pour impôts *(VNC x Taux d'IS)* Report à nouveau *(VNC – Provision pour IS)* *Impact du changement au 01/01/N*	X	 X X X

• ***Rattachement des frais d'acquisition d'immobilisations au coût d'acquisition d'une immobilisation***

Le changement de méthode a pour conséquence d'augmenter le résultat (baisse des charges), donc les capitaux propres.

L'écriture est la suivante :

Activation des frais d'acquisition

2.	Immobilisations	X	
28.	Amortissements des immobilisations *(cumul)*		X
155	Provisions pour impôts *(VNC x Taux d'IS)*		X
110	Report à nouveau *(VNC – Provision pour IS)*		X
	Impact du changement au 01/01/N		

• ***Comptabilisation des frais de constitution en charges***

Le changement de méthode diminue le compte d'immobilisations et a pour conséquence de diminuer le résultat (hausse des charges), donc les capitaux propres. Pour pouvoir être déduite fiscalement, cette diminution doit être comptabilisée en charges et non pas venir en diminution du report à nouveau.

L'écriture est la suivante :

6.	Comptes de charges	X	
28.	Amortissements des immobilisations *(cumul)*	X	
2.	Immobilisations		X
	Impact du changement au 01/01/N		

IV Les changements d'estimation

Une estimation est révisée suite à :

– une modification des circonstances sur lesquelles elle était fondée ;

– de nouvelles informations ;

– une meilleure expérience.

La modification du plan d'amortissement d'une immobilisation est un changement d'estimation. L'étude a été développée Chapitre 4 Immobilisations corporelles, Partie 2 Actif.

L'incidence du changement correspondant à l'exercice en cours est constatée dans le résultat de l'exercice. Les changements d'estimation sont traités comptablement de manière prospective, c'est-à-dire qu'ils n'ont un effet que sur l'exercice en cours et les exercices futurs.

S'il s'agit d'une information significative, une mention et la justification du changement d'estimation doivent être portées dans l'annexe.

V Les corrections d'erreurs

Les corrections d'erreurs résultent d'erreurs, d'omissions matérielles, d'interprétations erronées ou de l'adoption, au cours des exercices antérieurs, d'une méthode comptable non admise.

Les corrections de ces erreurs sont comptabilisées dans le résultat de l'exercice au cours duquel elles sont constatées. Elles sont traitées comptablement de manière prospective, c'est-à-dire qu'elles n'ont un effet que sur l'exercice en cours et les exercices futurs.

Les corrections d'erreurs doivent faire l'objet d'une information dans l'annexe ; doivent être mentionnés :

- la nature de l'erreur corrigée ;
- l'impact de la correction de l'erreur sur les comptes de l'exercice ;
- la présentation des principaux postes des exercices antérieurs corrigés de l'erreur.

En respect du principe d'intangibilité du bilan d'ouverture, les corrections d'erreurs ne modifient pas le bilan de l'exercice précédent.

VI Les changements d'options fiscales

L'article sur les changements d'options fiscales dans le PCG a été supprimé afin de limiter les options fiscales aux traitements comptables dérogatoires prévus spécifiquement par un texte fiscal (provisions réglementées dont les amortissements dérogatoires).

Les méthodes comptables motivées à l'origine par un texte fiscal ne constituent pas des options.

VII La réorganisation de l'information dans l'annexe

Les informations en annexe ont été réorganisées, afin de distinguer les informations générales des informations à mentionner en cas de changement de réglementation, de méthode, d'estimation ou de correction d'erreurs :

- dans le cas où le changement de méthode, à l'initiative de l'entité, est appliqué de manière prospective, l'entité doit mentionner d'une part, l'estimation de manière fiable de l'impact chiffré sur les comptes de l'exercice, et d'autre part, une information comparative (sauf impracabilité pour cette dernière) ;
- lorsque le changement de méthode est rétrospectif, il est prévu une mesure de simplification pour les petites entités qui ne sont pas obligées de présenter les principaux postes des exercices antérieurs présentés retraités selon la nouvelle méthode.

PARTIE 6

ENTITÉS SPÉCIFIQUES

Selon le programme officiel de l'examen, cette partie va vous permettre d'identifier et appliquer les adaptations des règles de comptabilisation aux associations et aux collectivités territoriales.

Vous développerez ainsi les compétences suivantes :
– Exposer les spécificités propres aux associations et aux collectivités territoriales ;
– Citer les principales particularités comptables des associations et des collectivités territoriales ;
– Évaluer et comptabiliser les principales opérations.

Chapitre

LES ASSOCIATIONS 28

Ce chapitre va vous permettre de définir le cadre légal et réglementaire des associations et de traiter les principales opérations comptables.

I La définition de l'association

Une association, sans but lucratif, régie par la loi de 1901, est un ***regroupement de personnes, créé en vue de réaliser un projet, dans un but autre que de partager des bénéfices***.

II Les obligations comptables

L'obligation de tenir une comptabilité ne s'applique pas à toutes les associations. L'obligation d'établir les comptes annuels est réservée aux associations suivantes :

– les associations ayant une activité économique dont la taille dépasse deux des trois critères suivants : 3,1 M€ de chiffre d'affaires, 1,55 M€ de total bilan, 50 salariés ;
– les associations bénéficiant de fonds publics supérieurs à 153 000 € ;
– les associations émettant des obligations ;
– les associations dans lesquelles les statuts stipulent que le trésorier doit rendre compte de sa gestion et soumettre le bilan à l'approbation de l'assemblée.

III Les particularités comptables

Les associations n'ayant pas l'obligation de tenir les comptes annuels peuvent tenir une comptabilité de trésorerie. Pour les associations tenues d'établir les comptes annuels, les modalités d'établissement des comptes annuels des associations ont été approuvées par le règlement 99-01, adopté le 16 février 1999 par le comité de la réglementation comptable. Le plan comptable des associations est une adaptation du PCG 1999.

Le plan comptable de 1999 est abrogé à compter du 31 décembre 2019. Un ***nouveau plan comptable n° 2018-06*** du 5 décembre 2018, relatif aux comptes annuels des personnes morales de droit privé à but non lucratif, adopté par l'ANC, sera applicable à compter du 1er janvier 2020 à toutes personnes morales de droit privé non commerçantes, à but non lucratif, qu'elles aient ou non une activité économique, tenues d'établir des comptes annuels sous réserves de règles comptables spécifiques établies par l'ANC, dénommées « entités » dans le règlement.

A Les apports de biens

On distingue les apports de biens avec ou sans droit de reprise.

1 Les apports avec droit de reprise

Les apports de biens avec droit de reprise impliquent la mise à disposition provisoire des biens au profit de l'association. Ils sont inscrits au crédit du compte 103.

L'écriture est la suivante :

2. 103	Immobilisations Apports avec droit de reprise *Apports avec droit de reprise*	X	 X

On distingue deux cas de figure pour les biens amortissables :

– ***soit les biens sont renouvelables par l'entité à l'issue de leur durée d'utilisation*** :

Une dotation aux amortissements est constatée à la clôture de l'exercice.

L'écriture est la suivante :

68 28	Dotations aux amortissements, provisions et engagements Amortissements des immobilisations *Annuité comptable*	X	 X

– ***soit les biens ne sont pas renouvelables à l'issue de leur durée d'utilisation*** :

Le compte 103 est diminué pour un montant égal aux amortissements, via le compte 75 *Autres produits de gestion courante.*

L'écriture est la suivante :

103 75	Apports avec droit de reprise Autres produits de gestion courante *Neutralisation de l'amortissement*	X	 X

2 Les apports sans droit de reprise

Les apports de biens sans droit de reprise, qui impliquent la mise à disposition définitive des biens au profit de l'entité, sont inscrits au crédit du compte 102, à condition de correspondre à un bien durable utilisé pour les besoins propres de l'entité ; à défaut, ils seront inscrits dans un compte de produits.

L'écriture est la suivante :

2. 102	Immobilisations Fonds propres sans droit de reprise *Apport sans droit de reprise*	X	 X

Une information relative à l'ensemble des actifs incorporels, corporels et financiers inaliénables détenus par l'entité est fournie dans l'annexe :

- nature de l'actif inaliénable ;
- date d'inscription à l'actif ;
- durée d'inaliénabilité ;
- valeur nette de l'immobilisation.

B Les subventions

1 Les subventions d'investissement

Les subventions d'investissement servent à financer les biens immobilisés.

On distingue deux cas de figure :

– ***soit les biens subventionnés sont renouvelables par l'entité à l'issue de leur durée d'utilisation*** :

La subvention est inscrite au crédit d'une subdivision des compte 102 *Fonds propres sans droit de reprise* ou 103 *Fonds propres avec droit de reprise*.

L'écriture est la suivante :

512 102, 103	Banques Fonds propres avec ou sans droit de reprise *Avis de crédit n° ...*	X	 X

– ***soit les biens subventionnés ne sont pas renouvelables par l'entité à l'issue de leur durée d'utilisation*** :

La subvention est inscrite au crédit du compte 13 et elle est rapportée au compte de résultat au même rythme d'amortissement que le bien.

Les écritures sont les suivantes :

Avis d'encaissement de la subvention

512 13	Banques Subventions d'investissement affectées à des biens non renouvelables *Avis de crédit n° ...*	X	 X

Quote-part de subvention virée au résultat

139 777	Subventions d'investissement inscrites au compte de résultat Quote-part de subvention virée au résultat	X	 X

2 Les subventions de fonctionnement

Les subventions de fonctionnement sont destinées à couvrir une part des charges d'exploitation ou à pallier une insuffisance des produits d'exploitation. Elles sont inscrites en produits dans le compte 74 dès la notification de leur attribution et doivent être réparties, lorsqu'elles sont accordées pour plusieurs exercices, en fonction des périodes d'attribution définies dans la convention ou à défaut prorata temporis. Lorsqu'une subvention n'a pas été utilisée en totalité au cours de l'exercice de son attribution, l'engagement envers le tiers financeur est inscrit au débit du compte 6894 *Reports en fonds dédiés sur subventions d'exploitation* en contrepartie du compte 194 *Fonds dédiés sur subventions de fonctionnement*. Ces sommes inscrites en fonds dédiés sont reprises à compter des exercices suivants, au rythme de la réalisation des engagements, via le compte 7894 *Utilisations des fonds dédiés sur subventions d'exploitation*.

Les écritures sont les suivantes :

Avis d'encaissement de la subvention

512 74	Banques Subventions d'exploitation *Avis de crédit n° ...*	X	 X

Engagement envers le tiers payeur

6894 694	Reports en fonds dédiés sur subventions d'exploitation Fonds dédiés sur subventions d'exploitation *Engagement*	X	 X

Reprise des fonds dédiés

194 7894	Engagements à réaliser sur subventions attribuées Utilisations des fonds dédiés sur subventions d'exploitation *Reprise des fonds dédiés*	X	 X

REMARQUE

La comptabilisation des subventions assorties de conditions résolutoires ou suspensives a été développée dans le Chapitre 26 Les aides aux entreprises (Partie 5 Charges et produits).

L'entité doit fournir une information sur les montants les subventions qui lui ont été octroyées dans l'exercice en distinguant la nature de la subvention (subvention de fonctionnement et subvention d'investissement) et les différentes catégories d'autorités administratives (État, collectivités territoriales, etc.).

Les informations relatives aux fonds dédiés doivent être fournies dans l'annexe :

- les sommes inscrites à l'ouverture et à la clôture de l'exercice en « fonds dédiés » ;
- les reports en fonds dédiés ;
- les fonds dédiés utilisés comprenant les remboursements aux tiers financeurs ;
- les transferts entre fonds dédiés ;
- les fonds dédiés correspondant à des projets pour lesquels aucune dépense significative n'a été comptabilisée au cours des deux derniers exercices.

C Les legs et les donations

On distingue les legs et les donations en numéraire et ceux en nature.

1 Les legs et donations en numéraire

Les legs et donations en numéraire sont inscrits au crédit des comptes 754 *Ressources liées à la générosité du public*, 755 *Contributions financières* ou 756 *Cotisations*.

L'écriture est la suivante :

512 75	Banques Autres produits de gestion courante *(à subdiviser)* *Avis de crédit n° ...*	X	 X

2 Les legs et donations en nature

Le traitement comptable diffère selon les biens :

– ***soit les biens sont destinés à la réalisation de l'objet social***

Ils sont considérés comme des apports et sont inscrits au crédit des comptes 102 ou 103.

L'écriture est la suivante :

2. 102, 103	Immobilisations Fonds propres avec ou sans droit de reprise *Legs et donations en nature*	X	 X

– ***soit les biens sont destinés à être cédés***

Ils sont inscrits en engagements hors bilan. Les encaissements et les décaissements liés à la cession sont comptabilisés dans un compte d'attente 475 *Legs et donations en cours de réalisation* en contrepartie d'un compte de trésorerie. Le montant constaté en engagement hors bilan sera modifié au fur et à mesure des versements constatés. À la cession définitive du bien, le compte d'attente sera soldé par un compte de produits.

REMARQUE

Des comptes spéciaux de classe 8 sont utilisés pour comptabiliser les contributions volontaires en nature (mise à disposition gratuite de biens, personnel bénévole, etc.). Les écritures n'ont aucun impact sur le bilan, ni sur le compte de résultat.

L'entité doit fournir une information sur les contributions volontaires en nature dont elle a bénéficié. Si elle décide de ne pas comptabiliser les contributions volontaires en nature, elle doit mentionner les motifs de cette décision et donné une information sur la nature et l'importance des contributions volontaires en nature.

D L'affectation du résultat

Le résultat est qualifié d'« excédent » lorsqu'il s'agit d'un bénéfice et de « déficit » lorsqu'il s'agit d'une perte. Il ne peut pas être attribué aux adhérents de l'entité, qui n'ont aucun droit individuel sur celui-ci.

Deux cas de figure peuvent se présenter :

– ***soit l'excédent est définitivement acquis par l'entité***

L'excédent est reporté en report à nouveau avant d'être affecté en réserves.

Les écritures sont les suivantes :

Excédent reporté à nouveau

120 110	Excédent Report à nouveau *Report de l'excédent*	X	 X

Report transféré en réserves

110 106	Report à nouveau Réserves *Transfert de report en réserves*	X	 X

– ***soit l'excédent est repris par les tiers financeurs***

L'excédent est inscrit au crédit du compte 115 *Résultats sous contrôle de tiers financeurs.*

L'écriture est la suivante :

120 115	Excédent Résultats sous contrôle de tiers financeurs *Reprise de l'excédent par les tiers financeurs*	X	 X

Chapitre 29

LES COLLECTIVITÉS LOCALES

Ce chapitre va vous permettre de définir le cadre légal et réglementaire des collectivités territoriales et de traiter les principales opérations comptables.

I La comptabilité publique

La comptabilité publique suit les principes posés par le plan comptable général applicable au secteur privé. Différentes comptabilités sont applicables selon le type de collectivités (communes, départements, régions) et selon la nature de l'activité exercée (service public administratif ou service public à caractère industriel et commercial). Elles se déclinent par des instructions comptables : M14 pour les communes, M52 pour les départements, M71 pour les régions.

Chaque collectivité territoriale dispose d'une assemblée élue par les citoyens, chargée de voter le budget de l'année à venir et d'approuver les comptes de l'année passée.

II La comptabilité des communes

L'arrêté du 20 décembre 2018, relatif à l'instruction budgétaire et comptable M14 applicable aux communes, est entré en vigueur au 1er janvier 2019. Il actualise l'instruction budgétaire et comptable M14 en tenant compte des dernières évolutions législatives et réglementaires (mise à jour du plan de comptes) et il améliore la pratique budgétaire et comptable en précisant et en simplifiant le cadre.

A Les critères de classement comptable

Les opérations sont enregistrées dans les comptes dont l'intitulé correspond à leur nature.

L'établissement des documents de synthèse nécessite une répartition des opérations enregistrées en comptabilité selon les critères généraux de classement :

- ***au bilan*** : classement en fonction de la destination des biens (immobilisations, stocks, etc.) ;
- ***au compte de résultat*** : classement en fonction de la nature des charges et des produits de l'exercice.

B La nomenclature des comptes

1 La nomenclature par nature

L'instruction M14 fournit une liste des comptes budgétaires et non budgétaires pour d'une part, les communes de moins de 500 habitants, et d'autre part, pour les communes de 500 habitants et plus. Les communes de moins de 500 habitants, souhaitant un plan de compte plus détaillé, peuvent adopter la nomenclature applicable aux communes d'au moins 500 habitants.

2 La nomenclature par fonction

Depuis les lois de décentralisation de 1982, les communes ont en charge des missions multiples et hétérogènes. Un classement par fonction des recettes et des dépenses selon les équipements ou les services intéressés, destiné à faire apparaître, par activité, les dépenses et les recettes d'une commune, permet de répondre aux besoins d'information d'ordre politique, économique. La nomenclature fonctionnelle s'impose aux seules communes de 3 500 habitants et plus.

La codification fonctionnelle comporte trois niveaux :

- 10 fonctions principales à un chiffre ;
- des sous-fonctions à deux chiffres, numérotées de 0 à 9 ;
- des rubriques à trois chiffres.

C Le budget

Le budget est l'acte par lequel, sont prévues et autorisées par l'assemblée, les recettes et les dépenses d'un exercice. Il se compose de deux sections :

- ***une section de fonctionnement,*** correspondant aux recettes et aux dépenses nécessaires au fonctionnement courant de la collectivité ;
- ***une section d'investissement*** relative aux opérations d'investissement et à leur financement.

Le budget est à la fois :

- ***un outil de prévision***, dans la mesure où il décrit les recettes et les dépenses futures ;
- ***un outil d'autorisation,*** car une fois établi, il est voté par l'assemblée, et seules des dépenses inscrites au budget pourront être engagées.

D Les obligations comptables

L'assemblée élit le pouvoir exécutif, chargé de gérer les biens et les ressources de la collectivité, de préparer le budget et d'ordonner les dépenses.

Deux intervenants sont chargés de la tenue des comptes :

- ***l'ordonnateur*** (pouvoir exécutif) : il prépare le budget, il récapitule des recettes et les dépenses effectivement réalisées ; il est l'ordonnateur des dépenses. Il émet les titres de recettes et les mandats de paiement. La comptabilité est une comptabilité d'engagement. L'ordonnateur ne peut pas engager plus de crédit que ce qui a été prévu au budget ;
- ***le comptable public*** (fonctionnaire du Trésor public) : il retrace l'ensemble des recettes et des dépenses de l'exercice avec leurs contreparties.il est chargé du recouvrement des recettes et du paiement des dépenses. Il vérifie les dépenses et les pièces justificatives ; il contrôle que les fonds soient suffisants pour régler les dépenses.

III La comptabilité des départements et des régions

Comme pour les communes, la comptabilité des départements se décline l'instruction comptable M52, et la comptabilité des régions par l'instruction M71.

> L'arrêté du 18 décembre 2017, relatif à l'instruction budgétaire et comptable M52 applicable aux départements, est entré en vigueur au 1er janvier 2018. L'arrêté du 18 décembre 2018, relatif à l'instruction budgétaire et comptable M71 applicable aux régions, est entré en vigueur au 1er janvier 2009.

SUJET D'ENTRAÎNEMENT À L'EXAMEN

Ce sujet est conçu pour évaluer les compétences attendues dans l'identification des problèmes posés par la comptabilisation des actifs et des passifs et dans les traitements comptables relatifs au rattachement des charges et des produits au résultat d'un exercice comptable.

Les trois dossiers sont indépendants.

DOSSIER 1 – CONSTITUTION DE LA SOCIÉTÉ LUXO

La société LUXO est une société anonyme constituée le 2 janvier N, spécialisée dans la fabrication de petits matériels électroniques. Le capital, de 300 000 €, est divisé en 1 500 actions de 200 €.

M. Dourche, effectue un apport en nature, constitué des éléments de sa SARL :

- Un fonds de commerce : 25 000 €
- Une construction : 60 000 €
- Des créances clients : nominal de 18 000 €, reprises 15 000 €
- Un emprunt : 80 000 €

La SAS Voilou réalise un apport en numéraire en souscrivant 40 % du capital de la SA LUXO.

Le reste des actions est souscrit en numéraire par divers petits actionnaires.

Le minimum légal a été versé par les détenteurs d'actions auprès du notaire, M. Briard, en date du 3 janvier N. À cette date, un actionnaire titulaire de 50 actions, libère la totalité de sa souscription.

Le 12/01/N, le notaire vire les fonds en sa possession à la banque de la SA LUXO, en imputant les frais suivants :

- Honoraires : 1 000 € HT
- Droits d'enregistrement : 125 €

Le directeur financier de la société a décidé de comptabiliser ces frais en charges.

Le 01/09/N, la société appelle le troisième quart. La libération est réalisée le 01/10/N. M. Brumeau, souscripteur de 50 actions, fait défaut. La société procède à l'exécution en bourse, le 31/10/N, au prix unitaire de 102 € pour la partie appelée et reçoit le montant en chèque. Le solde de la vente, compte tenu des intérêts de retard de 6 % est réglé à l'actionnaire défaillant.

TRAVAIL À FAIRE

1. **Quelles sont les règles juridiques que vous devez observer pour la libération des actions lors de la constitution de la SA LUXO ?**
2. **Procéder aux enregistrements des opérations du mois de janvier et indiquer le nombre d'actions dont dispose M. Dourche, la SAS Voilou et les autres actionnaires.**
3. **Comment justifiez-vous le choix du directeur financier en matière de comptabilisation des frais de constitution ?**
4. **Procéder aux enregistrements des opérations relatives à l'appel du troisième quart.**
5. **Comptabiliser dans les comptes de la SAS Voilou les écritures de souscription et de libérations des titres LUXO. Justifier le classement comptable des titres.**

DOSSIER 2 – IMMOBILISATIONS

La société Luxo souhaite acquérir une machine-outil, destinée à la fabrication de produits. En février N, différentes études, réalisées par le cabinet d'expertise de la société montrent l'intérêt de cette acquisition ; les honoraires facturés s'élèvent à 4 000 € HT ; le 01/03/N, la société prend la décision d'acquérir cette machine. Le 15/06/N, la machine est livrée et facturée :

- Montant brut : 200 000 € HT
- Remise de 10 % sur le montant brut
- Frais de port : 1 000 € HT
- Frais de montage : 500 € HT
- Tests de fonctionnement : 300 € HT

La machine est financée par un emprunt contracté le 01/04/N pour 100 000 €, remboursable à terme échu par annuités constantes au taux de 2 %. L'entreprise décide d'activer les coûts d'emprunts.

Le 30/06/N, deux salariés sont formés à l'utilisation de cette machine. La facture de 1 000 € HT a été reçue.

Le 01/07/N, la machine est en état de fonctionner.

La durée d'utilisation prévue de la machine est de 10 ans avec une consommation linéaire des avantages économiques ; le fournisseur s'engage à la reprendre à l'issue de cette durée pour 22 300 € HT ; des coûts de sortie sont estimés à 2 000 € HT

Le directeur financier envisage une réduction de la durée d'utilisation de la machine à compter du 01/01/N+2 suite à son utilisation intensive et à sa volonté de réinvestir dans une machine plus performante ; la durée passerait de 10 ans à 4 ans.

TRAVAIL À FAIRE

1. Justifier à quelle catégorie d'actif appartient la machine.

2. Après avoir rappelé la période d'incorporation des coûts, déterminer la valeur d'entrée de la machine et procéder à sa comptabilisation. Justifier l'activation des coûts de l'emprunt.

3. Indiquer quelles auraient les incidences sur le coût d'acquisition dans l'hypothèse où les tests auraient été effectués par le personnel de l'entreprise. Procéder à l'enregistrement comptable dans cette hypothèse.

4. Comptabiliser les écritures relatives aux amortissements au 31/12/N.

5. Qualifier comptablement la modification de la durée d'utilisation envisagée et indiquer quelle sera la dotation comptable à comptabiliser en N+2.

DOSSIER 3 – PRINCIPES COMPTABLES ET PROFESSION COMPTABLE

Vous travaillez en tant que collaborateur du cabinet d'expertise Socogest et vous devez procéder à la révision des comptes de la SA Arthur. Les éléments dont vous disposez sont les suivants :

Opération 1 : Le chiffre d'affaires comptabilisé comprend toutes les factures comptabilisées jusqu'à la clôture de l'exercice ; les dernières commandes ont été livrées le 10 janvier N+1.

Opération 2 : L'un des fournisseurs de la société Arthur est également client de la société ; le comptable a enregistré les achats et les ventes dans un compte de tiers commun, le compte 467 « Débiteurs et créditeurs divers ».

Opération 3 : Le comptable s'est rendu compte d'une erreur de comptabilisation sur l'exercice N–1, une charge ayant été comptabilisée pour 20 000 € HT alors qu'il s'agissait d'un matériel industriel qui aurait dû être comptabilisé en immobilisations ; le comptable a procédé à la correction de l'erreur en enregistrant l'écriture suivante au 01/01/N :

2154		20 000	
28154			4 000
120			16 000

TRAVAIL À FAIRE

1. **Nommer les principes comptables concernés par chaque opération et indiquer s'ils sont correctement appliqués. Proposer les éventuelles corrections à effectuer.**
2. **Vous constatez que la société Arthur a dépassé les seuils à respecter et doit nommer un commissaire aux comptes à compter de l'exercice N+1. La société Arthur est-elle obligée de continuer à faire appel à son expert-comptable ?**

Correction Dossier 1

1. Règles juridiques à la constitution de la SA

À la constitution d'une SA, les actions en nature doivent être totalement libérées ; les actions en numéraire doivent être libérées de la moitié de leur valeur nominale, le solde devant être réalisé dans les 5 ans de la date d'immatriculation de la SA.

2. Comptabilisation des écritures de constitution

Apport en nature de M. Dourche :

Actif		Passif	
Fonds de commerce	45 000	Emprunt	40 000
Construction	60 000		
Créances clients	15 000		
Total	**120 000**	**Total**	**40 000**

Apport en nature = 120 000 – 40 000 = 80 000 €, totalement libéré
Apport en numéraire de la SAS Voilou : 40 % (300 000) = 120 000 €
Apports en numéraire des autres actionnaires : 300 000 – (80 000 + 120 000) = 100 000 €
Total des apports en numéraire : 120 000 + 100 000 = 220 000 €, libérés de 50 %, soit 220 000 x 50 % = 110 000 € ; il reste 50 % à libérer, soit 110 000 €

	02/01/N		
45611	Associés – Apports en nature	80 000	
45615	Associés – Apports en numéraire	110 000	
1012	Capital souscrit – appelé, non versé		190 000
	Promesses d'apports		
	02/01/N		
109	Actionnaires : capital souscrit – non appelé	110 000	
1011	Capital souscrit – non appelé		110 000
	Capital restant à libérer		
	03/01/N		
207	Fonds de commerce	45 000	
213	Constructions	60 000	
411	Clients	18 000	
164	Emprunts auprès des établissements de crédit		40 000
491	Dépréciations des créances douteuses		3 000
45611	Associés – Apports en nature		80 000
	Réalisation des apports en nature		
	02/01/N		
467	Autres comptes débiteurs	115 000	
45615	Associés – Apports en numéraires		110 000
4564	Associés – Versements anticipés *(50 x 200 x 50 %)*		5 000
	Réalisation des apports en numéraire		
	03/01/N		
1012	Capital souscrit- appelé, non versé	190 000	
1013	Capital souscrit- appelé, versé		190 000
	Régularisation du capital		
	12/01/N		
512	Banques	188 675	
6226	Honoraires	1 000	
6354	Droits d'enregistrement et de timbre	125	
44566	TVA sur autres biens et services *(1 000 x 20 %)*	200	
467	Autres comptes débiteurs		190 000
	Avis de crédit n° …		

Nombre d'actions possédées par les actionnaires
M. Dourche : 80 000 / 200 = 400 actions
SAS Voilou : 120 000 / 200 = 600 actions
Autres actionnaires : 100 000 / 200 = 500 actions
Vérification du capital : 400 + 600 + 500 = 1 500 actions

3. Méthode de comptabilisation des frais de constitution

Le directeur financier a choisi de comptabiliser les frais de constitution en charges. Il s'agit d'une méthode de référence qui donne une meilleure information financière. De plus, cela lui permet de déduire immédiatement la totalité des charges et de rendre possible la distribution de dividendes dès le premier exercice.

4. Comptabilisation de la libération du 3e quart

Apport libéré = 25 % (220 000) = 55 000

	01/09/N		
4562	Apporteurs – Capital appelé, non versé	55 000,00	
109	Actionnaires : capital souscrit – non appelé		55 000,00
	Appel du troisième quart		
	01/09/N		
1011	Capital souscrit – non appelé	55 000,00	
1012	Capital souscrit – appelé, non versé		55 000,00
	Régularisation du capital		
	01/10/N		
512	Banques	50 000,00	
4564	Associés – Versements anticipés *(50 x 200 x 25 %)*	2 500,00	
4566	Actionnaires défaillants *(50 x 200 x 25 %)*	2 500,00	
4562	Apporteurs – Capital appelé, non versé		55 000,00
	Réalisation des apports		
	31/10/N		
512	Banques	5 100,00	
4566	Actionnaires défaillants		5 100,00
	Avis de crédit n° … – Ventes des actions (102 x 50)		
	31/10/N		
4566	Actionnaires défaillants	12,50	
763	Revenus des autres créances *(2 500 x 6 % x 1 / 12)*		12,50
	Imputation des frais au défaillant		
	31/10/N		
4566	Actionnaires défaillants	2 587,50	
512	Banques		2 587,50
	Avis de débit n° … – (5 100 – 12,50 – 2 500)		
	31/10/N		
1012	Capital souscrit- appelé, non versé	55 000,00	
1013	Capital souscrit- appelé, versé		55 000,00
	Régularisation du capital		

Résultat net de cession pour le défaillant :

Vente nette des titres : 2 587,50
– Apport à la constitution : 50 x 200 x 50 % = 2 500
= + 75 € (Bénéfice)

5. Comptabilisation chez Voilou

Disposant de 40 % du capital de la société, les actions sont classées en titres de participation ; aucune information n'est donnée quant à la volonté de la SAS de ne pas s'immiscer dans la gestion de la SA Luxo ; il ne s'agit donc pas de TIAP.

	03/01/N		
261	Titres de participation *(600 x 200)*	120 000	
512	Banques *(600 x 200 x 50 %)*		60 000
269	Versements restant à effectuer sut titres non libérés		60 000
	Impact du changement de méthode		

Correction Dossier 2

1. Catégorie d'actif

La machine-outil est une immobilisation corporelle car c'est un actif physique détenu pour être utilisé dans la production de biens (petits matériels électroniques) et dont l'entité attend qu'il soit utilisé au-delà de l'exercice en cours (10 ans).

2. Période d'incorporation des coûts et valeur d'entrée de la machine

La période d'incorporation des coûts démarre à compter de la décision de la direction d'acquérir l'immobilisation ; les coûts cessent d'être activés lorsque l'immobilisation est mise en place et en état de fonctionner. En l'occurrence elle s'étend du 01/03 au 01/07/N, soit 4 mois.

Les coûts de l'emprunt peuvent être activés car ils concernent la période de production de l'actif et se rapportent à un actif éligible, c'est-à-dire qui exige une longue période de préparation avant de pouvoir être utilisé (4 mois).

Valeur d'entrée = (200 000 x 90 %) + 1 000 + 500 + 300 + (100 000 x 2 % x 3 / 12) = 181 800 + 500
= 182 300 €

	15/06/N		
2154	Matériel industriel	182 300	
44562	TVA sur immobilisations *(181 800 x 20 %)*	36 360	
404	Fournisseurs d'immobilisations		218 160
796	Transferts de charges financières		500
	Facture n° ...		

3. Incidence des tests effectués par le personnel de l'entreprise

Les tests effectués par le personnel de l'entreprise sont des coûts directement attribuables et sont donc incorporés dans le coût d'acquisition ; le coût d'acquisition sera inchangé.

Les charges de personnel seront neutralisées par le compte 722.

	15/06/N		
2154	Matériel industriel	182 300	
44562	TVA sur immobilisations *[(181 800 – 300) x 20 %]*	36 300	
404	Fournisseurs d'immobilisations		217 800
722	Production immobilisée		300
796	Transferts de charges financières		500
	Facture n° ...		

4. Comptabilisation des amortissements

Plan d'amortissement

Années	Amortissement fiscal	Amortissement comptable	Amortissement dérogatoire	
			Dotations	Reprises
N	9 115	8 100	1 015	

(1) (182 300 / 10) x 6 / 12 = 9 115

(2) [182 300 – (22 300 – 2 000) / 10] x 6 / 12 = (162 000 / 10) x 6 / 12 = 8 100

	31/12/N		
6811	Dotations aux amortissements des immobilisations	8 100	
28154	Amortissements du matériel industriel		8 100
	Annuité comptable		
	31/12/N		
68725	Dotations aux provisions réglementées	1 015	
145	Amortissements dérogatoires		1 015
	Annuité dérogatoire		

5. Modification envisagée

La révision d'un plan d'amortissement s'analyse comme un changement d'estimation. L'incidence du changement correspondant à l'exercice N est constatée dans le résultat de l'exercice. Les changements d'estimation sont traités de manière prospective car ils n'ont un effet que sur l'exercice en cours et les exercices futurs. S'il s'agit d'une information significative, une mention sera portée dans l'annexe.

VNC comptable 31/12/N+1= 182 300 – [8 100 + (162 000 / 10)] = 158 000

Durée résiduelle = 4 – 1,5 = 2,5

Dotation N+2 = 158 000 / 2,5 = 63 200

Correction Dossier 3

1. Principes comptables et corrections proposées

Opération 1

Principe de séparation des exercices non respecté ; le chiffre d'affaires ne doit comprendre que les produits commandés et livrés jusqu'à la clôture ; une charge constatée d'avance devra être constatée pour les produits livrés en N+1

Opération 2

Principe de non compensation non respecté ; la contrepartie du compte d'achats doit être un compte fournisseurs (401) et la contrepartie du compte de ventes doit être un compte client (411).

Opération 3

Principe de l'intangibilité du bilan d'ouverture non respecté ; l'écriture comptabilisée doit être contrepassée et l'écriture suivante doit être constatée à la clôture N :

	03/01/N		
2154	Matériel industriel	20 000	
687	Dotations aux amortissements exceptionnels des immobilisations	4 000	
771	Autres produits exceptionnels sur opérations de gestion		20 000
28154	Amortissements du matériel industriel		4 000

2. Nécessité d'un expert-comptable

Le recours à un expert-comptable n'est pas obligatoire, c'est une décision de gestion des dirigeants.

Cet ouvrage a été achevé d'imprimer dans les ateliers de Leitzaran (Espagne)
Numéro d'impression : 633 – Dépôt légal : Août 2019

IMPRIM'VERT
Votre imprimeur agit pour l'environnement